5판

유아교육 평가의 이론과 실제

| 최일선 조운주 지음 |

창지사

머리말

유아교육평가는 궁극적으로 유아교육의 질 개선과 유아의 건전한 성장을 지원하기 위한 것이다. 이와 같은 목적을 달성하기 위해서 유아교육평가는 유아에 대한 평가뿐 아니라 교육과정, 교사 및 유아교육기관 평가도 강조되고 있다. 2009년부터 논의가 시작된 유치원 교원 평가는 2019년부터 공·사립 유치원에 전면 확대하여 시행하였으며, 2008년부터 실행된 유치원 평가는 어느새 5주기 평가가 시행 중에 있다.

사회적으로 평가의 중요성이 강조되고 있음에도 불구하고 유아교육기관에서나 유아교사 모두에게 평가는 여전히 부담스럽게 느껴진다. 그동안 유아교육기관에서 유아 평가는 지속적으로 수행되어 왔으나 교사들은 효과적인 유아 평가 방법을 제대로 알지 못해서 많은 시행착오를 겪어 왔다. 더욱이 교육과정 평가, 교사 평가 및 유치원 평가는 교사들이 충분히 준비가 되지 않은 상태이다.

이러한 유아교육 현장에서의 평가의 어려움을 고려하여, 이 책은 예비교사뿐 아니라 현직교사들에게 유아, 교육과정, 교사, 유아교육기관의 평가 방법을 구체적으로 알려 주기 위해서 집필되었다.

이 책의 특성은 첫째, 기존에 출판된 평가 책들이 주로 유아 평가에 초점을 맞추거나, 기관 평가에만 초첨을 맞춘 것과 달리, 유아 평가, 유아교육과정 평가, 유아교사 평가, 유아교육기관 평가 영역까지 모두 포괄하였다. 특히 이번 개정판에서는 유아교육과정 평가를 새롭게 포함시켰는데, 이는 2019 개정 누리과정에서 교육과정 문해력과 교사의 자율적인 교육과정 운영을 강조함에 따른 교육과정 평가의 중요성을 반영한 것이다. 둘째, 다양한 평가 방법 중에서 총체적이고 종합적인 평가 방법인 포트폴리오 평가 방법 외에도 놀이 중심의 유아 평가에 대한 구체적인 실례를 제시하여 유아 중심, 놀이 중심의 유아 평가를 적절하게 수행할 수 있도록 하였다. 셋째, 교사들이 활용할 수 있는 최신 평가 예들을 보완하여 현장에서 직접 활용할 수 있도록 하였다.

책의 내용은 초판을 근거로 구성하였으나, 개정판에서는 2019 개정 누리과정 시행에 따른 변화를 반영하였고, 새로운 평가 척도 및 평가 루브릭, 평가 지표를 소개하였다. 내용 구성 및 중점 사항을 소개하면 다음과 같다. 제1부는 유아 평가 부분으로 유아 평가의 개념, 유아 평가의 방법, 유아 평가의 실제를 제시하고 있다. 개정판에서는 2019 개정 누리과정에 근거하여 유아 평가의 내용과 실제를 수정하였다. 제2부는 유아교육과정 평가 부분으로 유아교육과정 평가의 개념 및 필요성, 목적과 내용, 방법, 유아교육과정 평가의 실제를 새롭게 추가하였다. 제3부는 유아교사 평가 부분으로 유아교사 평가의 개념, 유아교사 평가의 제도, 유아교사 평가의 방법, 유아교사 포트폴리오 평가의 실제를 다루고 있다. 개정판에서는 유치원 교원 평가의 절차와 평가 지표를 제공하였다. 제4부는 유아교육기관 평가 부분으로 기존 유치원 평가와 달리 현장 평가가 폐지된 5주기 평가와 변화된 외국의 유아교육기관 평가를 제시하였다. 그리고 부록에서는 실제적으로 활용할 수 있는 최신 평가 양식들을 추가로 제공하였다.

이 책이 예비교사들에게 유아 평가, 유아교육과정 평가, 유아교사 평가, 유아교육기관 평가가 무엇이고, 어떻게 실행되는 것인지에 대한 올바른 기초를 마련하는 데 기여하기를 바란다. 그리고 현직교사들에게는 그동안 유아교육 현장에서 수행해 온 여러 가지 잘못된 평가 방식을 바로잡아서 체계적인 평가를 실행하는 데 도움이 되기를 기대한다.

개정판을 출간하면서도 여전히 보완할 내용들이 많지만, 아쉬운 부분은 지속적으로 보완하도록 할 것이다. 끝으로 이 책에 담긴 실례 수집에 도움을 주신 여러 선생님들과 출판을 허락해 주시고 정성을 기울여 주신 창지사 김기섭 사장님과 관계자 분들께 진심으로 감사를 드린다.

2020년 8월

저자 씀

차 례

4부 유아교육기관 평가 229

부 록 287

1부 유아 평가

1장 유아 평가의 이해

1. 유아 평가의 개념 및 필요성

1) 유아 평가의 개념

유아 평가에서 '평가'라는 용어는 일반적으로 평가(Evaluation)와 사정(Assessment)의 개념을 혼용하여 사용한다. 그러나 각각의 용어는 개념적으로 다르므로 정확하게 인식하여 사용할 필요가 있다. 이에 각 용어의 개념을 좀 더 명확하게 정의하면 다음과 같다.

- 사정(Assessment)

사정(assessment)은 유아의 행동과 발달 정도에 대해서 수집하는 일련의 과정으로 관찰(observing), 기록(recording), 서술(documenting)하는 과정을 말한다. 사정은 유아의 전반적인 발달과 교육과정이 실행되는 동안 유아가 어떻게 발전하고 변화하였는지를 이해하도록 돕기 때문에 적절한 교사의 지원, 개입 및 교수 시기 등을 확인할 수 있게 해 준다.

- 평가(Evaluation)

평가(Evaluation)는 수집한 자료를 해석하고 자료에 근거하여 판단하는 것으로 가치판단이 부여된 교육적인 의사결정의 과정이다. 간혹 평가라는 용어를 유아교육 상황에서 사용할 때 종종 관찰이라는 용어와 혼용하는 경우가 있는데, 관찰은 유아들이 성장하고 발달하고 있는 것을 평가하는 하나의 방법이다.

2) 유아 평가의 필요성

유아교육 현장에서 유아 평가의 필요성을 강조하는 이유를 살펴보면 다음과 같다(임재택, 1995).

- 서열화가 아닌 유아 개개인의 전인적 성장 발달 지원

유아 평가는 유아들에게 점수나 등급을 매겨 우수한 유아와 열등한 유아를 구분 · 선발하여 서열화하기 위한 것이 아니라 유아 개개인의 전인적 성장 발달을 도와주는 것으로 그 필요성이 강조된다. 유아마다 발달 수준에 차이가 있을 수 있으며, 같은 연령의 평균보다 높거나 낮은 발달 수준을 보이는 유아도 발견할 수 있다. 발달의 전반적인 수준과 함께 개인 유아의 영역별 발달 특성도 발견해야 한다. 발달 영역 간의 수준에 대한 평가는 개별 유아가 가진 발달상의 강점과 약점, 즉 개인 내 차이를 발견하는 데 도움을 준다.

- 유아교육 목표 성취 여부 확인

유아교육 목표가 성취되었는지의 여부를 밝혀 전반적인 유아교육 활동을 개선하기 위해서는 유아교육의 전반적인 과정에 대한 평가가 필수적이다. 특히 유아교육 활동이 설정된 목표에 어느 정도 도달하였는지, 만약 제대로 달성되지 않았다면 그 요인은 무엇이며 어떻게 수정 보완해야 할 것인지에 대한 합리적 근거를 유아 평가에서 찾을 수 있음으로 유아 평가 과정이 필요하다. 유아교육기관에서 제공하는 프로그램을 통해 유아가 입학 초기보다 어떤 측면에서 발전 또는 변화되었는가를 비교해 봄으로써 유아교육의 효과를 확인할 수 있다. 따라서 유아 평가를 통해 교육 프로그램이 목적한 바를 달성하고 있는가에 대한 증거를 수집할 수 있다.

● 부모들에게 유아교육의 효과 제시

유아교육기관에 자녀를 보내고 있는 부모들은 자신들의 투자와 노력에 대한 효과를 알고 싶어 한다. 유아교육기관에서는 유아교육의 효과에 대한 실증적이고 과학적인 증거를 수집 · 정리하여 그 결과를 부모들에게 알려 주어야 하기 때문에 유아 평가가 필요하다.

2. 유아 평가의 목적

유아 평가는 유아의 발달 정도, 특정 유아교육 프로그램이 유아에게 미치는 효과, 유아 개개인의 능력 및 특성과 잠재력에서의 개인차 등을 평가하여 교육에 반영시킴으로써 개인의 발달을 최대화하기 위한 것이다(황해익, 2000). 이러한 목적을 달성하기 위해서 유아 평가는 교실 현장에서 교사와 유아의 상호작용이 중요하다는 사실을 인정하고 의도된 학습 결과만이 아니라 교육이 유아에게 주는 영향 및 발생하는 사건 등에 초점을 두어 유아에게 내재되어 있는 잠재적 의미를 분석하고 발견하도록 해야 한다.

즉, 유아 평가는 유아의 학습 성취 여부에만 초점을 두기보다는 유아교육 활동의 전체적인 과정과 결과에 대한 가치판단을 하기 위한 것이다. 평가 활동은 유아의 이해 수준과 지식뿐 아니라 유아의 흥미, 성향, 기술 등에 관한 계속적인 과정으로 유아의 발달과 학습을 지원하는 경험을 제공해 주고, 그 강점을 기초로 교육과정을 계획하고 실행할 수 있다.

유아 평가의 목적은 교육 활동의 영향, 유아 개인의 능력 및 특성 등을 평가하여 교육에 반영시킴으로써 유아에 대한 이해를 돕고 유아의 행복과 전인적인 발달을 지원하는 데 있다(교육부, 보건복지부, 2019). 따라서 유아를 평가할 때는 설정한 목표에 적합한 것이어야 하며, 평가 방법이 유아의 발달과 경험에 적합하고, 평가의 목적과 본질이 유아에게 유익함을 주어야 한다는 점을 유념해야 한다. 유아 평가의 목적을 구체적으로 정리하면 다음과 같다(신은수 외, 2000; 이정환, 박은혜, 1996; Gullo, 1994; Stiggins, 1994).

● 유아의 발달과 성취 수준 이해

유아 평가는 일반적으로 유아의 진보와 성취 정도 및 현재의 상태를 파악하여 유아에 대한 이해를 더 잘하기 위한 것이다. 유아교육은 현재 유아가 발달상으로 어느 위치에 있는가를 파악하는 데에서부터 시작하여야 한다. 연령적으로 볼 때 발달이 적합한 수준에 있는지, 발달 영역마다 어떤 양상을 보이는지 등을 파악함으로써 발달상의 개인 차이와 개인 내 발달 영역 간의 차이를 발견할 수 있다(교육부, 1995).

● 개별적인 특성과 변화 정도 이해

유아 평가는 유아의 잠재력, 성향, 기질, 능력 등의 개별적 또는 특수한 요구를 파악하는 것을 도와주어 그에 적합한 교육 활동에 대한 지원 방향을 설정하기 위한 것이다. 유아의 개별적인 특성 진단 및 이에 따른 효과적인 유아의 놀이지원 및 행동 지도를 위한 기초 자료를 제공함으로써 학습자의 특수성을 반영한 개별화된 교육이 이루어질 수 있다. 유아의 놀이, 일상생활, 활동 속에서 유아의 고유한 특성이나 의미 있는 변화를 발견하고, 그것을 바탕으로 유아의 배움과 성장을 돕기 위하여 평가를 한다(교육부, 보건복지부, 2019).

● 유아의 동기 유발과 학습 촉진

유아 평가 결과에 근거하여 유아의 발달 수준과 특성을 고려한 언어적인 표현, 신체적인 접촉 등과 같은 피드백을 적절하게 사용하여 유아의 동기를 유발하고, 학습 의욕을 촉진시키기 위한 것이다.

● 교육의 목표 달성 확인 및 의사결정

유아 평가는 유아교육의 목표가 얼마나 성취되었는지 여부를 확인하고, 교육계획에 필요한 기본적인 정보를 제공하여, 추후 전반적인 교육과정을 계획하기 위한 것이다. 유아 평가는 유아를 위한 교육과정 운영과 학급 경영 개선 및 향상에 따른 정보 획득을 위하여 평가계획을 수립하고 의사결정을 위한 유용한 기초 자료나 정보를 제공한다.

● 교사의 교수-학습 방법 개선

교사는 과제의 특성이나 유아의 수준에 따라 적절한 교수-학습 방법을 지속적으로 개발하도록 노력해야 한다. 객관적이고 타당한 유아 평가의 결과는 교사 자신의 교수 방법에 대한 반성의 기회를 제공하여 교수-학습 방법을 개선할 수 있다.

- 부모 면담 및 이해 자료 제공

부모들은 자녀들을 유아교육기관에 보낸 후 자녀의 성취를 확인하기 원한다. 교사는 유아 평가 결과를 활용하여 부모와 면담하고, 부모에게 평가 자료를 제공하여 유아에 대한 이해를 높일 수 있다.

3. 유아 평가의 내용 및 지침

교사들은 유아를 평가할 때 어떤 행동, 기술, 활동들을 관찰하고, 수집하고, 기록해야 하는지에 대해 의문을 가진다. 많은 교사들은 유아가 교실에서 어떻게 지내는지, 또래들과 어떤 놀이를 하는지, 어떤 행동을 하는지 등에 대해 일반적으로 일화기록이나 발달 체크리스트를 사용하여 평가 자료를 수집한다. 한두 가지 방법만을 사용하여 자료를 수집한다면 유아들의 전체적인 모습을 정확하게 파악할 수 없을 뿐만 아니라 오히려 왜곡된 자료를 수집할 수 있다는 점을 간과해서는 안 된다. 구조화된 평가 방법과 더불어 관찰, 포트폴리오, 작품분석법 등과 대안적인 방법들을 사용하는 것이 유아들의 발달을 정확하게 이해하는 데 효과적이다.

1) 유아 평가의 내용

유아 평가 내용에는 교육과정, 유아의 발달, 성향, 교육성과 등이 포함될 수 있다.

- 교육과정

교육과정 목표와 내용을 준거로 하여 유아의 특성과 변화 정도를 평가한다(교육과학기술부, 2009). 이런 의미에서 유아 평가가 타당성을 지니려면 교육과정에 근거해서 이루어져야 한다. 따라서 국가수준 교육과정의 5개 영역인 신체운동 · 건강, 의사소통, 사회관계, 예술경험 및 자연탐구 내용을 유아들이 성취하였는지를 평가할 수 있다.

- 유아의 발달

연령에 따라 유아들은 신체적, 정서적, 사회적 학습 욕구가 다르므로 이러한 개개인의 발달 수준을 파악하는 것이 필요하다. 따라서 유아의 인지·언어·정서·신체·사회성과 도덕성 발달이 포함된 주요 성장·발달 영역 등이 유아 평가 내용에 포함된다.

- 유아 개인의 성향

유아의 독특한 발달 패턴, 지식, 태도 및 흥미 등은 개인의 성향을 보여주는 것으로 유아의 새로운 과제에 대한 호기심과 개방성, 주도성, 지구력, 주의력, 반성적 사고와 해석 능력 및 인지 양식이 유아 평가에 포함된다. 마지막으로 개별 유아 혹은 전체 집단에 관한 공동의 관심사나 문제들도 유아 평가 내용에 포함될 수 있다.

- 프로그램에서 기대하는 교육성과

프로그램 목적 및 목표, 기준, 학습 목적과 목표 등 일반적으로 각 프로그램에서 유아가 학습하여야 할 내용과 발달해야 할 성향과 태도에 대해서도 평가한다.

2) 유아 평가의 지침

유아 평가를 시행하는 데 있어 주의할 평가 지침을 제시하면 다음과 같다(교육과학기술부, 2008; 교육부, 보건복지부, 2019; Bredekamp & Rosegrant, 1992).

- 유아 평가와 교육과정의 통합

유아 평가가 타당성을 가지려면 교육과정과 밀접하게 관련되어야 한다. 교육과정과 평가의 내용이 일관성이 있어야 유아가 실제적으로 성취한 것을 제대로 평가할 수 있다. 따라서 유아 평가와 교육과정은 통합되어 이루어지는 것이 바람직하다.

- 유아의 모든 발달 영역 평가

유아의 정확한 전체 모습을 파악하도록 모든 발달 영역이 평가되어야 한다. 유아교육은 전인교육을 지향하기 때문에 특정 영역에만 한정된 평가는 바람직하지 못하므로 언어, 인지, 사회, 정서, 신체 발달에 관한 전 영역을 평가해야 한다.

- 지속적이며 체계적인 진행

평가는 현재 진행형으로 오랜 시간에 걸쳐 이루어져야 하며 실제 예들을 체계적으로 수집해야 한다. 유아는 지속적으로 성장하고 변화하기 때문에 특정 시점에 국한되어 평가가 시행되는 것은 유아에 대한 불완전한 자료를 수집하는 결과를 초래한다. 따라서 유아 평가는 일회적이지 않고 지속적이며, 체계적으로 진행하는 것이 중요하다.

- 다양하고 적합한 방법을 통한 자료 수집

유아 평가의 타당성과 신뢰성을 높이기 위해서 교사는 관찰, 활동 결과물, 면담, 작품 수집, 기록 등과 같은 다양한 방법을 사용하되 평가의 목적에 적합한 평가 방법을 선정하여 평가 자료를 수집하는 것이 바람직하다.

- 하루 일과에서 시행

유아 평가는 유아교육기관의 하루 일과에서 놀이, 일상생활, 교육 활동 전반에 걸쳐 평가가 이루어지도록 한다. 유아가 갖게 되는 교육 경험은 특정한 주제, 시간, 상황에서만 이루어지는 것이 아니라, 하루 일과를 통해 형성되는 것이다. 교육이 일과 속에서 자연스럽게 이루어지듯이 평가 또한 교육 장면과 분리되어서는 안 된다. 또한 특정한 교육 활동만을 평가하거나 정해진 시간에서만 평가를 실시하는 것도 바람직하지 않다. 그러므로 유아를 위한 평가는 교육과 놀이 활동이 이루어지는 맥락에서 유아가 보여 주는 생활 그 자체를 평가해야 한다.

- 평가 정보 제공

유아를 교육함에 있어 교사와 부모의 상호 이해를 바탕으로 한 긴밀한 협조는 필수적인 요소이므로, 교사들은 부모에게 평가 결과에서 나온 의미 있는 정보를 제공해야 한다. 즉, 유아교육기관에서 유아 행동에 대한 정보를 부모에게 제공하므로 부모들이 유아들을 더 잘 이해할 수 있다.

4. 유아 평가의 참여자

유아 평가의 참여자로는 교사, 부모와 유아 자신을 들 수 있는데 각각의 역할을 살펴보면 다음과 같다.

1) 교사

교사는 교실에서 유아와 늘 함께 생활하므로 유아를 바르게 평가하는 일차적인 평가자로서 다음과 같은 역할을 수행해야 한다(신은수 외, 2000; Fleeney & Chun, 1985).

- **평가 자료 수집과 보관**

유아 평가를 위한 다양한 자원을 체계적인 방법으로 수집한다. 교실 안에서 교사는 정보 수집자로서 유아를 위한 형식화된 발달 체크리스트를 기록하고 유아의 작품들을 모으며, 유아 및 부모와의 면담을 통해서 유아에 대한 정보를 다각적으로 수집한다. 평가 자료를 수집하는 과정에서 교사는 적절한 질문을 사용하고 유아와 언어적 상호작용을 하면서 유아 개개인의 다양한 경험을 수집해야 한다. 교사는 유아의 일상적인 활동을 제약하지 않는 범위에서 평가 과정을 시행하고 관찰한 것을 서술적인 기록으로 남겨 두어야 하며, 수집된 자료를 보다 체계적으로 보관해야 한다.

- **자료 정리와 해석**

수집한 자료는 체계적으로 정리하고, 사전에 선정한 평가 기준에 따라 바르게 분석하고 판단하여 유아에 대한 종합적인 해석을 한다. 유아 평가를 체계적으로 하기 위해서는 유아에 대한 충실한 기록과 정리만으로는 한계가 있기 때문에 해석하는 작업을 반드시 수행해야 한다.

- **평가 활용**

유아 평가는 사고를 요구하는 활동이지 기억한 사실을 복구시키는 단순한 활동이 아님을 인식해야 한다. 이에 교사는 유아 평가를 통해 유아에 대한 실제적인 이해를 하면서, 다양한 정보와 자료를 수집하고 분석하고 이를 교육에 반영하여, 유아의 전인적인 성장과 발달을 이끌어야 한다. 교사는 평가 자료를 교육 프로그램의 목적에 근거하여 교육적으로 활용해야 하므로, 판단한 결과를 교육의 계획과 수행에 적용하는 것이 필요하다.

2) 유아

유아 평가에 유아 자신이 참여하므로 풍부한 정보를 제공하고, 스스로 반성하는 기회가 될 수 있다.

- 정보 제공

유아는 자신에 대한 다양한 정보를 직접적으로 제공하는 정보원이다. 유아들은 몸짓, 행동, 언어, 작품 등을 통해 자신에 대한 풍부한 정보를 제공해 준다. 이러한 정보를 잘 수집하려는 교사의 노력이 필요하다.

- 평가 과정의 참여

유아는 자신의 포트폴리오에 포함시킬 활동 결과물을 스스로 선택하는 과정에서 학습을 되돌아보고 자신을 평가하는 기회뿐만 아니라 개별화 학습의 기회, 그리고 앞으로의 학습을 위한 계획과 의사결정의 시간을 갖는다. 유아가 두 주에 한 번, 혹은 한 달에 한 번 등 주기적으로 자기평가를 실시하도록 하는 것은 의미 있는 교수-학습 활동의 유기적인 부분으로 기능할 수 있다.

3) 부모

유아 평가에 부모가 참여하므로 기관 밖에서의 유아에 대한 정보를 제공받을 수 있고, 유아에 대한 이해를 폭넓게 할 수 있다.

- 정보 제공

부모는 기관 밖에서 유아의 행동이나 특성, 형제 관계 및 가정에서의 사건 등 유아에 대한 평가 정보를 제공한다. 이러한 정보들을 토대로 교사는 유아에 대한 이해의 폭과 깊이를 확장할 수 있다. 부모가 작성한 개인조사서나 부모 면담을 통해 수집된 유아에 관한 자료는 유아를 지도하기 위한 기본적인 방향 설정에 도움을 주며 가정과 기관의 일관성 있는 교육을 시행하는 데 있어 기초가 된다.

활동 평가 연상하기

1) 다음에 제시된 사진을 보고, 연상되는 단어를 5개 제시하고 이유를 설명해 보세요.

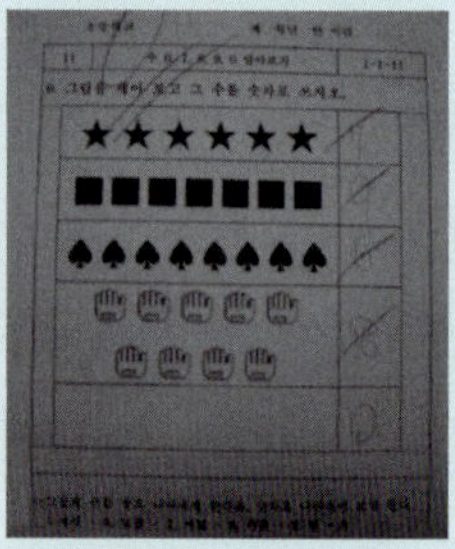

2) 평가에 대해 부정적인 생각을 갖고 있는 경우, 어떻게 하면 긍정적으로 평가를 생각할 수 있는지 이야기해 보세요.

2장 유아 평가의 방법

1. 표준화 검사

형식적 평가 방법인 표준화 검사는 전반적인 인지적 능력과 정서 상태, 성격 특성에 대한 객관적인 평가와 개인의 문제 영역과 관련된 세부적인 특수 검사(행동, 학습, 언어 영역 검사)들을 통해 개인이 가지고 있는 문제점들을 발견한다. 그와 더불어 잠재력과 강점 및 약점들을 파악하여 가장 적합하고 효율적인 지원 방법들을 설계하는 데에 큰 도움을 준다.

표준화 검사란 검사의 실시 및 채점 방법이 동일하고, 표준화 검사 제작 시의 대상, 즉 규준 집단의 수행에 비교해서 검사 점수를 해석할 수 있는 도구이다. 대체로 검사는 객관성과 신뢰도 면에서 우수하나, 검사를 실시하고 채점할 때 검사 요강에 제시된 지침을 엄격하게 준수해야 한다. 그렇지 않은 경우에는 검사 점수를 바르게 해석할 수 없다. 표준화 검사 중에서 일부 성격 검사는 실시나 해석을 위해 검사자의 심리학적 훈련과 배경이 요구되는 것도 있다. 표준화 검사 도구를 선정할 때의 유의점은 다음과 같다.

- 표준화 과정에 의해 올바르게 제작된 것이어야 한다.
- 제작 시기가 오래되지 않아야 한다.
- 검사의 타당도, 신뢰도가 높은 것인지를 확인한다.

유아는 발달 속도가 빠를 뿐만 아니라 통합적으로 발달하는 반면, 검사는 한 유아를 대상으로 개별적으로 실시되어야 하고 검사 상황에 따라 유아의 반응이 제한적으로 나타난다. 따라서 교사는 유아 발달 전문가와 연계하여 적절한 도구를 선정하여 교육에 활용하되 검사 도구 자체에 전적으로 의지하기보다는 보완적인 방법으로 인식하는 것이 필요하다. 표준화 검사에는 학습준비도 검사, 언어능력 검사, 지능 검사, 성격 검사, 적성 검사 등 여러 종류가 있다. 구체적인 검사 유형 및 내용을 살펴보면 다음과 같다.

1) 학습준비도 검사

(1) 학습준비도의 개념 및 정의

많은 교육자들은 유아가 학교에 입학할 수 있는 적합한 시기와 교육과정 내용의 전개에 적합한 시기를 알고자 오랫동안 학습준비도에 관심을 기울여 왔다. 모든 학교 학습은 학습자가 특정 학습에 대한 준비가 되어 있을 때 가장 성공적으로 성취할 수 있기 때문이다. 이에 유아가 학교에서 실패하는 것을 방지하고 성공을 증진시키기 위한 방안으로 준비도를 강조하게 되었다(Pheasant, 1985).

학습준비도의 개념은 학자들에 따라 다양하게 정의되는데, Anastati(1988)는 학습준비도를 학습으로부터 최대한 혜택을 받을 수 있도록 하는 사전 성취 기능, 지식, 태도, 동기 등의 행동적 특성의 획득 정도로 정의하고 있다. 이러한 사전에 성취해야 하는 요인들을 Hunt와 Kirk(1974)는 출발점 기술(entry skill)로 정의하고 있다. 일반적으로 유아교육 이론에서는 유아들의 신체적 성장뿐만 아니라 취학 전의 학습 경험을 지칭하는 개념으로 사용되고 있다.

(2) 학습준비도 검사의 활용 및 평가 방법

준비도 검사는 유아가 교수(Instruction)로부터 효과를 얻을 수 있는 현재의 상태를 측정하기 위해 사용된다. 유아의 현재의 상태란 단순히 성숙된 상태뿐만 아니라, 선수 학습을 성취한 상태로 이해되기 때문에 대부분의 준비도 검사들은 성숙과 선수 학습 성취 정도의 양쪽 모두를 평가한다(Spodek, 1978). 일반적으로 준비도 검사는 특정한 영역(예 읽기, 수 등) 또는 그 이상의 학습 영역에서 유아의 현 상태를 진단 또는 성취 여부를 예측하기 위한 것으로 활용되며 교육적 조치를 수반한다.

국내에서 개발된 학습준비도 검사로는 임의도 · 고종렬 · 이혜선(1968)이 개발한 학습준비도 검사, 이은해(1979)가 1970년 Caldwell의 CPI(Cooperative Preschool Inventory) 개정판을 수정 · 보완한 개인용 학습준비도 검사, 이연섭 · 김성일(1981)이 개발한 학습준비도 검사, 김정권 · 여광응(1987)이 미국의 Pate와 Webb이 표준화한 FGST(First Grade Screenning Test)를 번안한 것, 그리고 한국교육개발원(1987)에서 개발 · 표준화한 유아 학습준비도 검사가 있다. 이 외에 국립특수교육원(1997)에서 개발한 KISE 학습준비도 검사 도구가 있다.

일반적으로 널리 활용되고 있는 주요 검사 도구로는 이연섭 · 김성일의 학습준비도 검사와 한국교육개발원의 유아 학습준비도 검사 및 국립특수교육원의 KISE 학습준비도 검사 도구, 계몽아동연구소의 계몽학습준비도 검사, 외국 Phelps 도구를 우리나라에 적용하기 위해 타당화 연구를 한 Phelps 유아 학습준비도 검사 등이 있다. 이에 대한 주요 특징을 살펴보면 〈표 1-2-1〉과 같다.

표 1-2-1 학습준비도 검사

검사명	대상 연령	제작자(연도)	특징
학습준비도 검사	5~6세	이연섭 · 김성일 (1981)	환경과의 관계, 협응 능력, 변별력, 기억력, 이해 개념 형성 영역으로 구성
한국교육개발원 유아 학습준비도 검사	4.6~6.5세	박혜정 · 강혜원 · 장명림(1987)	운동 협응력, 변별력, 기억력, 개념 형성, 이해력 영역으로 구성
계몽학습준비도 검사	6~7세	계몽아동연구소 (1993)	언어생활, 수생활, 일상생활 영역으로 구성되며, 각각 15문항, 15문항, 10문항 등 총 40문항으로 구성
Phelps 유아 학습 준비도 검사 (PKRS)	3.6~6.5세	권영례 · 김암이 · 곽혜경 · 장미자 (1998)	언어 처리 영역, 지각 처리 영역, 청각 처리 영역으로 총 98개 문항의 8개 하위 검사로 구성

2) 언어능력 검사

유아기는 언어발달에 있어 결정적인 시기로, 이 시기 유아의 언어 수준을 정확히 판단함으로써 정상적인 언어발달 여부를 확인하는 것은 중요하다. 언어 능력 검사를 통해 조기에 유아의 언어발달 지체 및 장애를 진단함으로써 지원 프로그램을 통해서 유아의 정상적인 언어발달을 도모할 수 있다.

국내에서 사용되고 있는 대부분의 언어 능력 검사 도구는 외국의 도구를 우리나라 실정에 맞게 표준화하여 제작한 도구들이 대부분이며, 유아기의 발달적 특징으로 인해, 그림이나 면담을 통한 검사 방법이 일반적으로 사용되고 있다.

표준화 검사는 객관적으로 또래 유아와 비교하여 어느 정도 지체를 나타내는지, 정상 범주에 있는지를 파악할 때 매우 효과적이다. 검사자가 표준화 검사의 문제점을 충분히 인식하고 검사에 임할 때 검사를 통해서 좀 더 유익한 정보를 얻을 수 있다. 다음은 우리나라에서 많이 사용되고 있는 언어능력 검사 도구인데, 이 검사들은 언어 사용 능력이 어느 정도 활발한 유아들에게 사용할 수 있는 검사의 예이다.

표 1-2-2 언어능력 검사

검사명	대상 연령	제작자(연도)	특징
그림어휘력 검사	2세~8세 11개월	김영태 · 장혜성 · 임선숙 · 백현정 (1995)	• 검사 내용 구성은 초등학교 교과서와 언어발달에 관한 논문들을 근거로 112개 어휘를 그림을 활용하여 4지선다형으로 검사 실시 • 생활 연령별 시작 문항이 다르며 등가 연령 산출 • 품사별(명사, 동사, 형용사, 부사), 범주별(동물, 건물, 음식, 가구, 가정용품, 신체 부위, 직업, 도형, 식물, 학교 및 사무실의 비품, 기구 및 장치, 악기, 교통기관)로 구성하여 평가

검사명	대상 연령	제작자(연도)	특징
언어이해 · 인지력 검사	3세~5세 11개월	장혜성 · 임선숙 · 백현정(1992)	• 그림 자료, 블록, 구슬, 동전, 종이와 연필 등의 검사 자료 사용 • 대명사, 부정어, 크기 개념, 위치 개념, 색 개념, 수·양 개념, 남·녀 개념, 비교 개념, 분류 개념, 소유격, 시제, 단수 · 복수 개념, 의문사, 사물의 기능 · 비교 · 분류, 소유, 성 구별 등 총 40개의 문항으로 구성
취학 전 학생의 수용-표현언어 검사(PRES)	2세~6세	김영태 · 성태제 · 이윤경(2003)	• PRES는 표준화 검사로 아동의 수용언어 및 표현언어 수행 능력을 정상 발달에 근거하여 해석 • 아동의 현재 수행 능력을 평가하거나 언어 문제를 판별하는 데 사용

3) 발달 검사

유아기는 생애 발달에 있어서 매우 중요한 시기이며 성장 가능성이 가장 높은 시기로 가소성이 커서 조기 중재를 통한 조기학습이나 경험이 발달장애를 감소시키는 데 결정적 역할을 한다. 특히 유아교육 대상 연령이 하향화되는 현 추세를 고려할 때 발달 검사는 유아의 발달 정도를 정확하게 파악하고, 정상적인 발달을 하는 유아와 특별한 중재를 필요로 하는 유아를 조기에 선별하여 교육하는 데 활용할 수 있다.

발달 사정을 위한 검사들은 크게 발달 선별, 진단, 준비도 검사 및 특수평가로 구분될 수 있다. 발달 선별은 전문적인 진단이 필요한지를 결정하는 과정으로 정상적인 발달의 범주 내에 들어가지 않는 유아를 확인하고자 하는 과정이다. 발달 선별은 일회성 사건이 아닌 반복적으로 이루어져야 한다(이준석, 조광순, 2004). 진단 검사는 교육 서비스가 필요한 유아를 판별하여, 적절한 프로그램에 유아를 배치하고, 목표를 개발하는 데 정보를 제공한다. 특수평가는 특별한 장애가 의심이 되는 유아들을 대상으로 시행하는 것으로 좀 더 명확한 선별 기능을 가진다.

현재까지 국내에서 표준화가 완료된 발달 선별을 목적으로 개발된 검사들로는 한국형 영유아 발달 검사(대한소아과학학회, 2002), 한국형 Denver II(신희선 외, 2002), 한국판 DIAL-3(전병운, 조광순, 이기현, 이은상, 임재택, 2003) 등이다. 이 외에 표준화가 이루어지고 있는 발달 선별 및 진단 검사에는 유아발달 수준 검사(곽노의, 김진호, 유구종, 1998), Bayley 영유아 발달 검사(박혜원, 조복희, 최호정, 2003), 영유아 언어, 인지, 사회·정서 발달 평가 도구(이종숙 외, 2008) 등이 있다.

표 1-2-3 발달 검사

검사명	대상 연령	제작자(연도)	특징
한국판 DIAL-3	만 3세~ 만 6세 11개월	전병운 · 조광순 · 이기현 · 이은상 · 임재택(2004)	• 5개 발달 영역(운동, 인지, 언어, 자조, 사회성)으로 구성되어 있으며, 사회성 영역의 보완 영역으로 심리사회적 행동 영역이 포함. 각 영역별 문항은 각각 7문항, 7문항, 6문항, 15문항, 20문항, 9문항이다. 이때 운동, 인지, 언어 영역은 세부 과제로 구성 • 운동, 인지, 언어 영역은 검사자가 직접 검사를 시행하며, 심리사회적 행동 영역은 행동 관찰을 통해 평정 • 자조 영역과 사회성 영역은 부모용으로 제작된 질문지 사용
한국형 Denver II	0세~ 만 5세 12개월	신희선 · 한경자 · 오가실 · 오진주 · 하미나(2002)	• 4개 발달 영역(개인-사회성 발달, 미세운동 및 적응 발달, 언어 발달, 운동발달)로 구성되며, 각 영역별 문항수는 22개, 27개, 34개, 27개임 • 검사자가 검사 도중 유아가 보이는 전반적 행동을 평정하도록 5개의 검사 행동 문항 포함
영유아 언어, 인지, 사회 정서 발달 평가 도구 (KEBA 2 to 5)	만 2세~ 만 5세	이종숙 외(2008)	• 언어, 인지, 사회·정서 발달 영역을 평가 • 연령별로 각각 문항이 구성되어 있으며, 관찰형, 단서 제시형, 과제 제시형 등 역동적 평가로 구성

4) 지능 검사

지능 검사는 유아의 전반적 인지적 발달 수준과 하위 영역에 대한 분석을 통하여 유아의 인지적 측면의 문제점을 평가, 진단하는 데 있어 밑받침이 되는 검사이다. 지능에 대한 정의가 다양하기 때문에, 그에 따른 지능 검사도 다양하다. 지능의 평균치를 기준으로 유아 개개인의 능력을 비교하여 평가하지 않도록 주의하면서, 개인 내의 차이에 대한 이해를 얻기 위한 자료로 활용하도록 유념해야 한다.

표 1-2-4 유아용 지능 검사

검사명	대상 연령	제작자(연도)	출판사	특징
고대-비네 검사	4세~14세	전용신 (1970)	문천사	• 단일적인 전체적 기능으로 지능 정의 • 기억력, 계산 능력, 어휘력 하위 검사와 지각운동 능력 검사 측정
K-ABC 검사	2세 6개월~12세 5개월	문수백 · 변창진 (1997)	학지사	• 문제를 해결하고 정보 처리하는 개인의 인지 처리 양식으로 지능 정의 • 16개의 하위 검사로 구성
KEDI-WISC 검사	만 5세~만 15세	박경숙 외 (1987)	도서출판 특수교육	• 일반 요인과 특수 요인 구성으로서의 지능 정의(지능의 2요인설 지지) • 언어성 검사와 동작성 검사와 보충 검사로 구성
KISC 검사	만 3세 6개월 ~ 만 6세 6개월	한국행동과학연구소 (1994)	행동과학 연구소	• 지각력, 어휘력, 이해력, 수리력, 사고력 검사로 구성 • 검사자의 지시문 사용으로 언어장애나 정서장애 아동에게 시행 가능
한국Wechsler 유아지능 검사	만 3세~7세 3개월	박혜원 등 (1996)	굿에듀	• 동작성 검사와 언어성 검사로 구성 • 보충 검사(동물 짝 짓기, 문장) 별도 시행
한국판 그림지능 검사 (P.T.I)	4세~7세 (정상아/특수아)	서봉연 외 (1985)	중앙적성 연구소	• 어휘력, 수 계산 능력, 지각적 조직 능력, 기억력 및 추리력 측정 • 지능지수는 편차 지능지수와 정신 연령으로 계산

5) 성격 검사

성격 검사는 흔히 인성 검사라고 하며, 유아의 성격상의 부적응을 측정하는 방법으로 질문지법과 투사법이 있다. 질문지법은 성격상의 부적응을 측정해 내는 데는 한계가 있어 일반적으로 투사법이 사용된다. 투사법 종류에는 주제통각 검사(TAT), 아동용 주제통각 검사(CAT), Rorschch 검사, Rosenzweig의 그림좌절 검사, BGT 등이 있다. 이와 같은 투사법은 검사자가 제시하는 자극에 피험자의 시선을 집중시켜, 피험자의 무의식 세계 속에 잠재해 있는 성격의 경향을 자연스럽게 알아내는 데 유용하다.

투사법의 장점은 응답자에게 일정한 의미나 정답이 제시되지 않는다는 것이다. 또한, 개인의 독특한 반응에 대한 제한이 없으며, 성격의 여러 차원에 대한 해석이 가능하여 다요인적인 해석이 이루어진다는 점이다(박영숙, 1989).

표 1-2-5 성격 검사

검사명	대상 연령	제작자(연도)	출판사	특징
아동용 주제통각 검사 (CAT)	3세~10세	김태련 외 (1976)	이화여대 출판부	• 도판에 나타난 그림의 자극에 대해 개인이 나타내는 공상을 분석하고 해석하는 방법 • 아동의 성취 동기의 측정 및 인간관계 진단 및 생활 지도와 면담 활동에 기여
인물화 검사	3~12세	김재은 (1967)	배영사	• 자아상이 투사되는 검사법으로 성격 이해 시 임상에서 널리 사용됨
아동용 그림좌절 검사	유치원~초등학교 6학년	김태련 (1987)	중앙적성 연구소	• 욕구불만에 대한 재 반응을 측정하는 회화 연상 검사로 개인의 인격 구조를 이해하는 방법 • 검사 처리 결과가 간단하여 개별 및 집단으로 실시 가능함
유아 성격 검사	4~7세	송인섭 (1995)	학지사	• 성격 진단과 자아발달, 정서발달, 정신건강 여부 측정 • 학문성, 사회성, 가족성, 정서성, 타당성 검사

6) 사회 성숙도 검사

사회 성숙도 검사는 개인의 성장 또는 변화가 적응행동에 미치는 영향이 크다는 것을 인식하고 적응행동을 측정하는 검사이다. 검사 문항을 행동 영역별로 검토함으로써 검사받는 유아의 영역별 행동 수준을 측정할 수 있다(안영진, 장선철, 2002).

표 1-2-6 사회 성숙도 검사

검사명	대상 연령	제작자(연도)	출판사	특징
사회 성숙도 검사	0세~ 성인	김승국 · 김옥기 (1995)	중앙적성 연구소	• 자조, 이동, 작업, 의사소통, 자기관리, 사회화 영역 검사 • 개인의 사회지수 계산

7) 사회성 측정법

사회성 측정법(sociometry)은 유아 간의 상호 선택, 또는 배척을 통해 유아 개인의 사회적 수용도나 인기도를 알 수 있다. 사회성 측정법에는 두 가지 대표적 방법이 있는데, 또래 지명과 또래 평정법이다(이은해, 1995). 또래 지명(peer nomunation)은 각 유아에게 그 학급에 속한 유아 중에서 함께 놀고 싶은 친구, 좋아하는 친구 또는 놀기 싫은 친구를 2, 3명 정도 지적하게 하는 것이다. 이때 유아의 기억과 반응을 돕기 위해 그 학급 유아의 사진을 제시할 수 있다. 또래 지명에 의해 수집된 자료는 또래 집단에서 인기 있는 유아, 고립된 유아 그리고 배척받는 유아를 발견하는 데 도움이 된다. 또래 평정법(peer rating)은 집단 내 모든 유아를 선호의 정도에 따라 평정하도록 하는 방법이다. 유아에게 다른 유아들의 사진을 하나씩 제시하면서 좋아하는 정도에 따라 '조금', '보통', '많이' 라고 각각 표시된 상자에 넣게 하는 방법을 사용할 수 있다. 각 유아에 대해 집단의 모든 다른 유아들이 평정한 후 그 점수를 합산하여 높은 점수를 받을수록 인기가 많은 유아이다. 이와 같이 사회성 측정법은 성인의 입장이 아니라 유아의 시각에서 유아를 평가하는 방법이며 또래 집단 내 유아의 사회적 위치를 발견하는 데 의의가 있다. 그러나 어린 유아의 또래 선택은 안정성이 낮고, 조사 시기나 상황에 의해 영향을 많이 받으므로 이 결과에만 의존하여 유아의 사회성을 평가하는 것은 위험이 따른다.

이상에서 유아를 평가하는 대표적인 방법에 대해 서술하였다. 유아교육 현장에서는 이와 같이 유아 평가의 방법이 다양하다는 것을 인식하고 어느 한 가지 고정된 방법만 사용하기보다 평가하려는 특성과 목적에 따라 보다 적합한 방법을 선택하고 각각의 장단점에 대해 충분히 이해할 필요가 있다. 그리고 비형식적인 절차는 객관성과 신뢰성 면에서 형식적인 절차보다 뒤떨어지기 쉬우므로 항상 이를 보완할 수 있도록 평가 절차에서 유의해야 한다.

2. 관찰법

1) 개념 및 특징

비형식적 방법인 관찰법은 관찰을 통해서 일련의 정보를 수집하는 측정 방법으로 유아의 특정 행동이나 발달 수준에 대한 객관적인 자료를 수집해서 사용한다. 관찰법에서는 표준화된 검사 도구를 사용하지는 않지만 서술, 체크리스트, 평정척도 등을 활용하여 관찰한다. 관찰법은 유아교육 현장에서 가장 자연스럽게 활용되고 있는 방법으로 교사에게 유아의 발달 수준에 대한 이해와 더불어 개성과 문제점을 발견하는 데 도움을 준다. 관찰을 통해 교사는 유아의 실제 행동에 가까운 생생한 자료를 수집할 수 있으며, 이를 교수 활동에 적용할 수 있기 때문이다. 교사의 관찰 능력은 경험과 훈련에 의해 신장될 수 있으나, 관찰 능력보다 더 중요한 것은 유아의 독특성과 개인차를 인정하는 교사의 태도이다. 이러한 기본 태도가 형성되어 있어야 교사의 관찰 훈련과 능력은 실효를 거둘 수 있다. 교사가 관찰을 할 경우에는 별도의 평가 도구를 사용하지 않고 직접 자료 수집을 한다. 이때 교사의 관찰 능력 및 기술이 우수할수록 교사는 유아 행동과 발달에 대해 보다 정확한 판단에 이르게 되며, 유아가 왜 그런 행동을 보이는지 이해할 수 있게 된다.

(1) 관찰 단계(이정환, 박은혜, 1996)

관찰은 기록, 추론, 해석(평가)의 단계로 이루어지는데, 구체적인 내용을 살펴보면 다음과 같다. 첫째, 기록 단계는 관찰자 앞에서 일어나고 있는 장면을 가능한 한 자세하고 객관적으로 적는 것이다. 둘째, 추론의 단계는 눈에 보이는 것만이 아니라 행동의 원인, 그 행동을 할 때의 감정 등을 추측해 보고 기록된 자료의 의미를 찾아보는 과정이다. 셋째, 해석(평가)의 단계는 평가로서 축적된 관찰 자료를 바탕으로 현재의 상태와 앞으로의 지도 방향에 대한 결론을 내리는 단계이다.

(2) 관찰 시 유의점

관찰 방법에는 관찰자 개인의 느낌과 판단에 기초하여 기록하는 주관적인 관찰 방법과 관찰자의 개인적인 평가나 판단 혹은 느낌이 제외되고 대신 관찰 대상의 말과 행동만을 기록하는 객관적인 관찰이 있다. 관찰자의 주관적인 느낌이나 판단을 배제한 객관적인 관찰을 하기 위해서는 관찰 대상의 실제 행동 모습을 구체적으로 기술하고, 관찰 대상의 말을 사실 그대로 직접화법으로 기록해야 한다. 더불어 기술 시 관찰자는 관찰 대상이 실제로 보여주는 행동의 질을 명확하게 설명하도록 유념해야 한다. 관찰 시 교사가 유의할 점을 구체적으로 제시하면 다음과 같다(이은해, 1985).

- 사전에 관찰에 대한 계획 구상

관찰에 대한 계획을 가지고 시작한다. 구조화되지 않은 관찰일지라도 하루 중 어느 시간대에 관찰하며, 어떤 장면에서 어떤 유아를 관찰할 것인가에 대한 계획이 세워져야 한다. 교사는 교사 역할을 하면서 동시에 유아를 관찰해야 하므로, 유아를 맞이하는 시간, 자유놀이 시간, 간식 시간 등 개별 접촉이 이루어지는 시간이 관찰하기에 효과적이다. 또한 가능한 한 여러 장면에서 유아에 대한 관찰이 이루어질수록 한 장면에서 이루어진 것보다 유아의 행동이 다양하게 수집될 수 있다. 그리고 하루에 관찰할 수 있는 유아의 수를 고려하여 몇 명씩(예 4, 5명) 계획하고, 일정한 기간이 지나면 모든 유아에 대한 관찰이 이루어지도록 해야 한다.

- 사전에 관찰 결과 기록 방식 결정

관찰한 결과를 기록하는 방식을 사전에 결정한다. 대체로 유아의 행동을 기록하는 양식은 두 가지로 대별된다. 하나는 일정한 형식 없이 그때그때 우발적으로 나타나는 행동과 사건을 서술식으로 기록하는 일화기록, 다른 하나는 관찰하려는 행동의 목록을 관찰 전에 일정한 기록 양식에 열거해 놓고 이에 따라 표기하는 행동목록이나 평정척도이다.

- 관찰 내용에 대한 즉각적인 기록

관찰에 대한 기록은 가능한 한 관찰이 이루어진 직후, 또는 가까운 시간 내에 완성할 수 있도록 기록 용지와 필기도구를 손에 닿기 쉬운 곳, 예를 들어 피아노 위나 자료 선반 등에 준비해 두어야 한다. 교사는 기억하기 쉽도록 유아의 특징적 행동이나 말을 그때그때 간략히 기록하고 일과가 끝난 후 완성한다.

- 사실적이고 객관적인 기록

관찰 내용은 사실적이며 객관적으로 기술하는 것이 중요하므로, 교사는 훈련을 통해 객관적인 관찰 능력을 높이도록 노력해야 한다. 관찰 자료는 교사의 감각기관과 지각에 의존하므로 관찰 과정에 편견이 개입되기 쉽다. 즉, 관찰 대상 유아에게 개인적인 기대를 하거나 자신의 감정에 기초하여 주관적인 해석을 하는 경향 또는 어떤 현상을 지나치게 당연시하고 쉽게 일반화하는 경향 등이 있다. 교사는 이러한 편견이 최소화되도록 동료 교사와 자신의 관찰 간에 일관성이 있는가를 검토해 보는 등 훈련을 통해 객관적인 관찰자가 되도록 노력해야 한다.

활동 선풍기 관찰기록 분석하기

다음의 관찰기록은 아래 제시된 사진을 보고 기술한 것입니다. 기록된 내용 중 주관적인 진술을 찾아보세요.

	• 잠자리 날개 같은 팬이 3개 달려 있어요. • 선풍기 다리가 십자가 모양이고 4개예요. • 선풍기가 커서 바람이 잘 불 것 같아요. • 선풍기 기둥에 원형 모양의 조작 버튼이 있어요. • 신형처럼 보여요. • 선풍기 철망이 촘촘해서 손가락이 안 들어갈 것 같아요.

2) 관찰 유형

(1) 일화기록

① 정의

일화기록(anecdotal records)이란 짧은 내용의 사건이나 우발적 행동에 대한 사실적인 기록이다. 사건이나 행동을 기록하되 마치 사진을 보는 것같이 사실적으로 묘사되는 글이라 하여 일화기록을 '글로 묘사된 사진(word picture)' 이라고 표현하기도 한다(이은해, 1985).

② 특징

- 일화기록은 특정한 시간이나 사건에 제한 없이 언제, 어디서나 손쉽게 기록할 수 있다.
- 교사가 발견하는 흥미 있는 사건이나 예기치 못했던 행동들을 사실 그대로 서술함으로써 유아 행동이나 생활의 한 단면을 기록에 남기게 된다.
- 유아들이 어떻게 자라고 변화했는지에 대한 하나의 객관적인 그림을 제공하므로 부모들에게 보여주면서 이야기하기가 쉽다.

- 지속적인 정보를 모을 수 있으며, 유아의 장점과 단점을 파악할 수 있으므로 이를 이용하여 매일의 활동을 계획하고 유아들이 알고자 하는 것을 반영할 수 있다.
- 일화기록은 구조화되지 않은 관찰 방법이므로 대상 유아에게서 기대되는 행동이나 연령에 적합한 행동을 관찰하는 데는 효과적이지 못하다.
- 단편적인 사건의 기록이므로 한두 개의 일화기록만으로는 크게 의미를 부여하기 어려울 때가 있다.

③ 유의점

일화기록은 흥미영역, 자유놀이 시간, 급·간식 시간, 낮잠 시간 등 언제 어디서든지 이루어질 수 있으며 일주일에 한 번 유아들에 대한 관찰기록을 유지하며, 하루 중 시간을 정하여 유아들에 대한 관찰기록을 한다. 유아 교사는 특별한 기록 양식을 갖지 않고 작은 노트나 독서 카드 같은 곳에 유아의 이름, 관찰 일시, 관찰 장면 등의 기본적인 정보만 기입한 후 의견보다는 있는 사실을 자유롭게 서술한다. 그 밖에 교사가 일화기록을 기록할 때의 유의점을 보면 다음과 같다.

- 사건이 생긴 후, 즉시 기억이 선명할 때 기록한다.
- 하나의 사건에 대해 사건이 일어난 순서대로 기록한다.
- 대상 유아가 한 말과 행동을 사실 그대로 기록한다.
- 관찰 시간, 장면, 진행 중인 놀이나 활동 등 상황에 대한 정보를 제공한다.
- 상황 내의 다른 유아나 교사의 반응도 기록한다.
- 유아의 전체적 행동만이 아니라 목소리, 몸짓, 얼굴 표정 등 감정을 표현하여 사건에 대한 이해를 도울 수 있도록 한다.
- 반드시 모든 유아들에 관한 일화기록을 작성하는 것이 중요하다.
- 각 유아의 사회, 정서, 신체 및 언어 발달 등을 보여주는 구체적인 예를 기록한다.
- 일화기록 시 다음과 같은 일련의 질문을 선정해 놓고 이에 따라 기록하는 방법도 효과적이다.

> **〈질문의 예〉**
>
> - 어떤 일이 일어나고 있는가?
> - 놀이, 간식, 식사 시간에 그 유아가 어떤 유아와 함께 지내고 있는가?
> - 그 유아는 어떤 감정 혹은 태도를 보이고 있는가?
> - 게임 활동 동안에 그 유아가 자기 신체를 잘 조절하는가? 신체의 움직임이 잘 이루어지고 있는가?
> - 그 유아가 다른 유아들과 어떻게 말하고 상호작용하는가? 사용하는 어휘를 구체적으로 기록한다.

- 일화기록 자료는 지속적으로 누적된 기록이 있어야 하며 좀 더 구조화된 관찰 방법과 함께 시행하는 것이 바람직하다.
- 일화기록이 끝나면 유아의 폴더에 옮겨 놓고 순서대로 정리하여 보관한다.

④ 일화기록의 예

<table>
<tr><td colspan="2">관찰 유아 : 윤진서   성별 : 남(여)   생년월일 : 2014년 4월 13일
관찰일 : 2019년 5월 15일   관찰 장면 : 자유놀이 시 싸움 발생</td></tr>
<tr><th>관찰 시간</th><th>기 록</th></tr>
<tr><td>10:25
~
10:35</td><td>담임선생님은 잠시 원장실에 가시고 나는 몇몇 아이들에게 책을 읽어 주었다. 그때 갑자기 종식이가 울음을 터뜨렸고 놀란 나는 종식이에게 갔다. 종식이는 바닥에 넘어져 울고 있었고 정원이는 그 옆에서 씩씩대며 서 있다. 나 혼자 교실에 남아 있을 때 아이가 울음을 터뜨린 적은 처음이었다. 이때 현서가 다가오더니 “정원아, 너 왜 종식이를 밀었니? 종식이가 얼마나 아프겠어?”라고 물었고 정원이는 “종식이가 내 것 가져갔어!”라고 말한다. 이에 현서는 “어서 둘이 손잡고 사과해.”라며 둘을 화해시킨다.
</td></tr>
<tr><td>해석</td><td>현서는 다른 사람의 감정을 알고 공감한다. 친구와의 갈등을 긍정적인 방법으로 해결한다. 또한 다른 사람에게 도움을 준다.</td></tr>
<tr><td>지도 계획</td><td>정원이와 종식이에게는 친구와 협동하여 놀이하는 것에 대한 지도가 필요하다. 상황 딜레마나 동화를 통해 상황을 보여주고 잘못된 행동이 무엇인지, 올바른 행동은 무엇인지에 대해 이야기 나누기를 한다.</td></tr>
</table>

활동 관찰기록하기

관찰 유아 : 김종근 성별 : 남
관찰 장소 및 시간 : 소꿉놀이영역, 오전 10:30~50
관찰기록 : 종근이는 아침에 혜미와 함께 일찍 왔다. 혜미와 종근이와 건우는 역할 영역에서 슈퍼마켓 놀이를 했다. 종근이가 슈퍼마켓 주인이 되고 혜미와 건우는 사러 오는 사람이다. 건우가 와서 과자 봉투를 짚으며 얼마냐고 묻자 종근이는 "500원이요."라고 이야기했다. 또 혜미가 와서 "인형 있어요?"라고 하자 종근이는 퉁명스럽게 "없어요."라고 말했다.

• 위에서 제시한 관찰기록을 통해 수집할 수 있는 유아에 대한 정보를 이야기해 보세요.

• 관찰기록이 부적절하게 된 부분을 찾아서 수정하세요.

(2) 표본식 기술

① 정의

표본식 기술(specimen description)은 관찰자가 관찰 대상이나 장면과 시간을 미리 선정한 후 그 장면에서 일어나는 유아의 행동과 상황을 집중적으로 기록하는 방법이다.

② 특징

- 있는 그대로의 원 자료를 가능한 한 많이 수집할 수 있다.
- 모든 장면을 아주 자세하게 기록하기 때문에 관찰 대상에 대한 자세한 정보를 얻을 수 있다.
- 특별한 도구가 필요 없고 단순히 필기도구만 있으면 된다.
- 시간이 많이 걸리고 주관적인 해석이나 추론이 될 가능성이 많다.

③ 유의점

- 보통 1회 10분 내지 30분 정도 관찰한다.
- 유아의 행동을 관찰한 장소 및 장면을 기록한다.
- 실제 보고 들은 것을 있는 그대로 기록한다.
- 관찰 대상 유아뿐 아니라 대상 유아와 상호작용하는 모든 사람의 말과 행동을 기록한다.
- 현재형으로 기록하고 직접화법을 이용하여 유아의 대화를 그대로 기록한다.
- 사건이 일어난 순서에 따라 기록한다.
- 발달 영역별로 간단하게 요약한다.

④ 표본식 기술의 예

표본식기술 관찰 양식

관찰 아동 : 이재현　　　생년월일 : 2014년 10월 22일 (남)
관 찰 일 : 2019년 11월 4일　　　관 찰 자 : 권유진
장　　면 : 조형 영역에서 만들기를 하고 있다.

관찰 시간	기 록
3:00	재현이가 “본드 어딨어? 본드. 본드.”라고 말한다. 재현이 앞자리에 앉은 수아가 “저기 있잖아.” 하면서 본드가 있는 곳을 가리킨다. 재현이가 본드를 찾아서 하나 집은 다음에 수납장 쪽에 있는 재활용통에서 달걀 포장용기와 종이를 가져온다. 재현이가 달걀 포장용기 안의 오목한 부분에 본드를 짠다. 종이를 껍질 안에 넣으려다가 모양에 맞게 들어가지 않자 가위를 가져와서 자른다. 재현이가 종이를 자를 때 한 곳에 있지 않고 돌아다닌다. 자른 종이를 달걀 포장용기 안에 붙인다. 다른 종잇조각을 달걀 포장용기 안에 붙인다. 붙인 종이 위에 또
3:05	본드를 짠다. 내가 “그게 뭐야?”라고 물어보니까 재현이가 “색종이도 오려야 돼요.”라고 말한다. 재현이가 색종이를 불규칙한 모양으로 오리고 접어서 그 상태에서 다시 한 번 잘라서 달걀 포장용기 안의 종이 위에 붙인다. 색종이를 오려서 붙이는데 색종이가 종이 위에 잘 붙지 않는다. 다른 색종이를 꺼낸다. 색종이가 담겨 있는 바구니 안에 여러 가지 색종이가 같이 있어서 자신이 원하는 색을 찾기 위해 색종이들을 들춰서 찾는다. 재현이가 색종이를 들춰서 찾다가 나머지 색종이를 꺼내 놓는다. 자신이 원하는 색종이(파란색 색종이)를 찾은 뒤 나머지 색종이를 바구니 안에 바르게 넣어 놓는다. 재현이가 “이렇게 잘
3:10	만들 수 있어요.”라고 나에게 말하면서 자신이 자른 색종이를 나에게 보여준다. 이번에는 달걀 포장용기의 볼록한 부분에 색종이를 붙인다. 재현이가 작업은 계속하면서 “언제 갈 거예요?”라고 나에게 물어본다. 그래서 내가 “왜? 나 빨리 갔으면 좋겠어?”라고 물어보니까 재현이가 “아니요, 전 내… 내일 재산 가요.”라고 말한다. 내가 “재산? 아~ 제사?”라고 물어보니까 재현이가 “네. 네. 제사요. 증조할아버지 제사라서 내일모레 아빠랑 기차 타고 가요.”라고 말한다. 내가 “아, 기차 타고? 그렇구나.”라고 말했다. 재현이는 본드를 색종이에 칠한다. 손에 본드가 묻어서 본드를 닦으러 휴지가 있는 출입문 쪽으로 가서 휴지를 뜯어서 닦는다. 재현이가 자리로 돌아와서 종이에 본드를 붙이고 하늘색 색
3:15	종이를 반 접는다. 재현이가 “물이다. 물이에요.”라고 나에게 자신이 만든 활동 작품을 보여주면서 말한다. 내가 “어? 물?”이라고 물어보니까 재현이가 “네. 이렇게 수돗물이요.”라고 말한다. 그러더니 수납장에서 사인펜을 가져온다. 재현이가 ‘수돗물’이라고 말한 작품에 빨간색 사인펜으로 점을 4개 찍는다. 내가 점을 가리키며 “이게 뭐야?”라고 물어보니까 재현이가 “수돗물이요.”라고 대답한다. 내가 “이거 빨간색 점은?”이라고 물어보니까 재현이가 “물이 이렇게 흘러요.”라고 대답한다. 그리고 휴지로 옷에 묻은 본드를 닦는다.

3:20	다시 재현이가 새 종이에 가운데에 본드를 짠다. 종이가 뒤집어져서 책상에 본드가 묻었다. 종이를 다시 바르게 놓은 다음에 처음에 달걀 포장용기를 가지고 만들었던 작품의 오목한 부분이 종이와 맞닿게 붙인다. 책상에 묻은 본드를 재현이가 휴지로 닦는다. 다 닦고 나서 재현이가 "이제 깨끗하다. 여기 제가 다 닦았어요. 다 했다. 냉장고까지 다 했다."라고 말한다. 내가 "선생님한테 설명해 줘."라고 말하니까 재현이가 "냉장고예요."라고 말한다. 내가 "냉장고? 재현아 선생님에게 설명해 줘."라고 말하니까 재현이가 "냉장고 문 여는 거. 냉장고 문 여는 거예요."라고 말한다. 그리고는 빨간색 사인펜으로 종이 위에 붙은 달걀 포장용기 주위에 선을 그린다. 재현이가 "다 했다."라고 말한다. 재현이가 "선
3:25	생님 이름은 모르지만 우리 가족 이름은 다 알아요."라고 말한다. 내가 "거기(작품)에 가족 이름 쓸 거예요?"라고 물어보니까 재현이가 "네. 선생님 이름은 모르지만 내 이름은 알아요."라고 말한다. 재현이가 작품에 이름, 연도, 월, 일, 일은 한자까지 썼다. 책상에 묻은 것을 휴지로 닦는다. '수돗물' 작품에도 이름, 연도, 월, 일, 일 한자까지 다 쓴다. 밑에 9. 30 이렇게 적었다. 내가 "(9. 30 숫자를 가리키며) 이게 뭐예요?"라고 물으니까 재현이가 "음력이요."라고 대답한다. 내가 "음력도 쓴 거예요? 와~ 대단하다."라고 말하니까 재현이가 "이거 선생님 가져요."라고 말한다. 내가 "재현이가 만든 작품 선생님 주는 거예요?
3:30	와~ 너무 좋다. 고마워요."라고 말하니까 재현이가 "네. 선생님 가지세요."라고 말한다. 재현이가 만든 '수돗물' 작품의 위 아래를 모르겠어서 재현이에게 "재현아, 이게 똑바로예요? 이게 똑바로예요?"라고 방향을 바꿔 가면서 물었더니 재현이가 물이 수평으로 있는 모습을 가리키며 "이게 똑바로예요."라고 말한다. 내가 "아 이게 똑바로예요? 알려줘서 고마워요."라고 말했다. 자신이 꺼내서 쓴 도구들을 제자리에 잘 정리해 놓는다. 정리를 다 마친 재현이가 나에게 오더니 "다른 데 갈래요. 잘 있으세요."라고 말한다. 내가 "응. 재현이도 잘 있어."라고 말하니까 역할놀이로 간다.
해석	이날 재현이는 달걀 포장용기를 가지고 만들기를 먼저 시작하다가 중간에 종이와 파란색 색종이를 잘라 붙인 '수돗물'이라는 작품을 간단하게 완성하고 다시 달걀 포장용기를 이용한 만들기를 마무리 지었다. 재현이는 만들기로 자신의 생각과 느낌을 표현한다. 그리고 자신의 느낌, 생각, 경험을 적절한 낱말과 문장으로 말한다. 만들기를 마치고 자신의 이름을 작품에 썼는데 이름뿐만이 아니라 오늘 날짜와 요일을 한자로까지 쓸 수 있었다. 연, 월, 일 같은 날짜에 관해서 잘 알고 있다.

(3) 시간표집법

① 정의

시간표집법(time sampling)은 사전에 선정된 행동을 시간 간격을 정해 놓고 지속적으로 관찰하는 방법이다.

② 특징

- 한 번에 끝나는 것이 아니라 시간 간격에 맞추어 여러 번 시행한다.
- 짧은 시간 동안에 일어나는 행동을 체계적으로 관찰하는 데 적합한 방법으로, 행동이나 사건의 발생 빈도를 파악함으로써 수량화가 용이하고 비교적 짧은 시간 안에 효율적으로 많은 정보를 수집할 수 있다.
- 외현적 행동에는 적합하나 유아 내면의 감정이나 생각을 관찰하기에는 부적합하며, 상대적인 빈도만을 제시하므로 유아 행동에 대한 풍부한 정보를 수집할 수 없다.
- 기록 방법에는 행동의 출현 여부만을 표시하는 방법, 행동이 나타나는 빈도수를 세기표 등을 사용하여 표시하는 방법, 행동의 빈도와 지속 시간을 추가하여 표시하는 방법이 있다.

③ 유의점

- 관찰 대상 행동이나 사건 그리고 이를 설명하는 데 사용하는 용어가 정확하게 정의되어야 한다.
- 전체 관찰할 시간과 1회 관찰 시간을 결정한다.
- 관찰자가 각 관찰 범주의 정의를 충분히 이해하고 대표적인 예를 기억하고 있는 것이 기록에 많은 도움을 준다.

④ 시간표집법의 예

사회적 놀이 시간표집법

관찰 유아 : 한진수　　개월수 : 38개월　　성별 : 남

관 찰 자 : 박선영

관 찰 일 : 2019년 4월 17일

초	사회적 놀이			비활동적 놀이			활동	메모
15초	혼자 놀이	병행 놀이	집단 놀이	몰입하지 않은 행동	쳐다보는 행동	전환		
15초					✓			친구를 쳐다본다.
15초		✓						친구의 장난감에 흥미를 보인다.
15초		✓						친구의 장난감을 바라본다.
15초		✓						친구가 노는 데 앉는다.
15초		✓						친구의 놀이를 바라본다.
15초		✓						레고를 가지고 조립한다.
15초		✓						친구의 장난감을 빼앗으려 한다.
15초						✓		친구가 장난감을 주지 않자 신경을 다른 곳으로 돌린다.
15초	✓							가지고 놀 장난감을 찾는다.
15초						✓		언어 영역에서 책을 집는다.
15초		✓						교사에게 다가가 읽어 달라고 한다.
15초		✓						교사의 무릎 위에 앉는다.
15초		✓						책을 읽어 주는 것을 듣는다.
15초				✓				친구가 옆에 다가오는 것을 본다.
15초				✓				친구가 책 읽기를 방해하자 친구를 민다.
15초				✓				하지 말라고 한다.
15초		✓						교사가 친구와 같이 보자고 하자 알았다고 하고 책으로 시선을 돌린다.
15초		✓						책 읽기에 집중한다.
15초						✓		책을 다 읽은 후 자리에서 일어나 장난감을 찾는다.
15초	✓							레고를 하면서 놀이한다.
15초	✓							혼잣말을 하면서 자신이 만드는 것에 대해 말한다.
15초	✓							장난감을 다시 해체한다.
15초						✓		그대로 두고 다른 장난감을 찾아 나선다.
합계	4	11	0	3	1	4	0	
해석	• 친구의 행동에 관심을 가진다. • 친구의 놀이에 끼기는 하지만 그 속에서 혼자의 놀이를 한다. • 다른 자극이 생기면 주의가 분산된다. • 하고 싶은 일을 스스로 선택하여 한다. • 친구와 함께 놀이한다.							

(4) 사건표집법

① 정의

사건표집법(event sampling)은 특정한 행동이나 사건이 생길 때에만 관찰하는 방법이다. 사건표집법의 종류에는 문제행동의 전·후 사건을 서술하여 행동의 인과관계를 규명하는 데 효과적인 서술식 사건표집법, 문제행동이 얼마나 자주 일어나는가를 파악할 수 있는 빈도 사건표집법 그리고 행동이 시작한 시간과 끝난 시간을 기록하는 지속 시간 표집 방법이 있다.

② 특징

- 관찰자가 특정 행동이 나타날 때까지 기다렸다가 일단 그 행동이 발생하면 관찰하고 기록하기 때문에 언제 꼭 관찰해야 한다는 시간적 제약이 없다.

③ 유의점

- 관찰하고자 하는 행동이나 사건의 성격에 대해 분명하게 규정해야 한다.
- 관찰하고자 하는 행동을 언제, 어디서 잘 관찰할 수 있을 것인지를 결정해야 한다.

④ 사건표집법의 예

<table>
<tr><th colspan="4">서술식 사건표집법</th></tr>
<tr><td colspan="4">관찰 유아 : 김주현/김영준　　연　령 : 만 5세 (남 여)
관 찰 자 : 권유진　　관 찰 일 : 2019년 10월 22일 화요일
관찰 행동 : 유희실로 이동 시 줄서기</td></tr>
<tr><th>날짜</th><th>사건 전</th><th>사건(갈등 상황)</th><th>사건 후</th></tr>
<tr><td>10월 22일</td><td>등원 후 선생님과 친구들과 인사를 나눈 뒤 날짜 이야기를 한 후 기도를 한다. 그 뒤 선생님이 머리에 손 짚어 준 친구들부터 문 앞의 교생선생님 앞에 한 줄 기차 한다.</td><td>주현이가 달려와 앞터치를 해 달라며 영준이에게 손을 내민다. 영준이가 손바닥을 쳐 주자 주현이는 “영준이가 앞터치 해줬다.” 하며 앞으로 온다.</td><td>선생님은 그것을 보고 “앞터치 그런 건 없어요. 먼저 온 친구들이 얼마나 속상하겠니?” 하며 제자리로 돌려보낸다.</td></tr>
<tr><td>해석</td><td colspan="3">• 유아들이 줄을 서서 가려고 하면 모두들 앞에 서고 싶어 하는 것 같다.
• 친한 친구 앞에 서려고 한다. 그래서 줄을 서서 내려가려 할 때에는 친한 친구에게 앞터치라는 것을 해서 앞으로 나오려고 한다.
• 이런 갈등은 교실에 있을 경우에는 생기지 않지만 다른 곳으로 이동하려 할 때생긴다.
• 이동할 때 마다 누가 그런 행동을 하는지 관찰하여 지도할 계획이다.</td></tr>
</table>

<table>
<tr><th colspan="3">빈도 사건표집법</th></tr>
<tr><td colspan="3">관찰 유아 : 장은정　　성　별 : 남 여　　생년 월일 : 2014년 4월 8일
관 찰 일 : 2019년 3월 9일　　관찰 행동 : 우는 행동　　관 찰 자 : 정은진</td></tr>
<tr><th>관 찰 일</th><th>발생 횟수</th><th>계</th></tr>
<tr><td>3월 6일</td><td>///</td><td>3</td></tr>
<tr><td>7일</td><td>//</td><td>2</td></tr>
<tr><td>8일</td><td>///</td><td>3</td></tr>
<tr><td>9일</td><td>////</td><td>4</td></tr>
<tr><td>10일</td><td>////</td><td>4</td></tr>
<tr><td>합 계</td><td></td><td>16</td></tr>
<tr><td>평 균</td><td></td><td>3.2</td></tr>
</table>

(5) 행동목록법

① 정의

행동목록법과 평정척도법은 일화기록과 달리 어느 정도 구조화된 관찰의 일종이다. 행동목록법은 교사가 관심 있는 행동의 목록을 사전에 준비하고, 각 행동의 출현 여부를 관찰한 후 '예/아니오' 또는 '그렇다/그렇지 않다'로 표기하는 방법이다.

② 특징

- 미리 작성된 행동목록표를 사용하기 때문에 사용이 간편하고 기록의 신속성을 높일 수 있다.
- 행동목록표를 한 번 이상(예 학기 초와 학기 말) 사용함으로써 행동 발달의 변화를 평가하는 데 도움이 된다.
- 중요한 영역들을 쉽게 설명하여 유아가 특정 나이에 알아야 하고 할 수 있어야 하는 것에 대한 전반적인 지침을 제공한다.
- 적용 가능한 행동목록표를 작성하는 데 시간과 노력이 많이 들고, 좋은 행동목록표를 발견하기 어렵다.

③ 유의점

- 행동의 목록은 직접 관찰이 가능한 구체적 행동들로 기술한다. (예 "언어가 발달되어 있다"라는 항목 대신 "실내놀이영역의 명칭을 말할 수 있다", 또는 "존댓말을 사용한다" 등과 같이 구체적으로 기술함)
- 분명한 한 가지 행동을 나타내는 간결한 표현을 사용한다. (예 "교사의 지시를 잘 따르며, 친구들과 협동한다"는 두 가지 다른 행동을 나타내므로 바람직하지 않음)
- 행동의 목록은 관찰하려는 영역에 관해 가능한 한 대표적인 목록으로 구성해야 한다. (예 '자연탐구'에 수 개념만 포함되어 있지 않은 것은 그 영역을 고르게 대표하지 못함)
- 관찰 항목 간 상호 중복이 없어야 한다. 서술은 다르게 했으나 실제 행동이 같은 내용의 항목을 중복해서 관찰하는 것은 행동목록을 비효과적으로 만든다.

- 관찰하려는 행동의 목록은 논리적으로 조직해야 한다. 행동목록을 배열할 때, 행동의 영역이나 난이도 등 일정한 체계에 따라 배열함으로써 관찰기록을 의미 있게 해석할 수 있게 한다.
- 기록할 때는 객관적이며 관찰 날짜가 있어야 한다.
- 유아들의 행동, 발달 기술들을 표시할 때 유아들의 작업 표본이나 일화기록 등을 근거로 함께 제시한다.

④ 행동목록법의 예

<table>
<tr><td>관찰유아</td><td>장희욱</td><td>생년월일</td><td colspan="2">2014년 8월 13일</td><td>성별</td><td>남</td></tr>
<tr><td>관찰일</td><td>1회</td><td colspan="2">2019년 4월 17일</td><td>2회</td><td colspan="2">2019년 5월 15일</td></tr>
<tr><td>영 역</td><td colspan="4">내 용</td><td>1회</td><td>2회</td></tr>
<tr><td rowspan="2"></td><td colspan="4">자신의 감정을 말로 표현할 수 있다.</td><td>✓</td><td>✓</td></tr>
<tr><td colspan="4">새로운 환경이나 교구에 흥미를 보인다.</td><td></td><td>✓</td></tr>
<tr><td rowspan="9">사회·정서 발달</td><td colspan="4">성격이 명랑하다.</td><td>✓</td><td>✓</td></tr>
<tr><td colspan="4">감정이 쉽게 바뀌는 편이다.</td><td></td><td></td></tr>
<tr><td colspan="4">혼자서 노는 편이다.</td><td></td><td></td></tr>
<tr><td colspan="4">놀이에서 주로 지도자 역할을 한다.</td><td></td><td></td></tr>
<tr><td colspan="4">이미 진행되고 있는 놀이에 자연스럽게 끼어든다.</td><td>✓</td><td>✓</td></tr>
<tr><td colspan="4">문제 상황이 생겼을 때 혼자서 잘 해결한다.</td><td></td><td></td></tr>
<tr><td colspan="4">문제 상황이 생겼을 때 말로 해결한다.</td><td></td><td></td></tr>
<tr><td colspan="4">다양한 놀이에 참여한다.</td><td>✓</td><td>✓</td></tr>
<tr><td colspan="4">친구들의 활동을 방해하지 않는다.</td><td></td><td></td></tr>
<tr><td rowspan="6">친사회성 발달</td><td colspan="4">다른 사람의 감정을 이해하고 그에 맞는 말이나 행동을 한다.</td><td></td><td></td></tr>
<tr><td colspan="4">친구와 나누어 쓸 수 있다.</td><td></td><td>✓</td></tr>
<tr><td colspan="4">친구에게 양보할 줄 안다.</td><td>✓</td><td>✓</td></tr>
<tr><td colspan="4">놀이나 작업을 할 때 협동을 잘한다.</td><td></td><td></td></tr>
<tr><td colspan="4">다른 사람의 부탁을 들어준다.</td><td></td><td>✓</td></tr>
<tr><td colspan="4">친구나 교사를 잘 도와준다.</td><td></td><td></td></tr>
<tr><td>해석</td><td colspan="6">사회·정서 발달 영역에서 성격이 명랑하며, 주변 환경에 대한 흥미를 보이며, 놀이상황에 자연스럽게 참여할 수 있다. 양보할 줄 알며 타인의 요청에 잘 수용한다.</td></tr>
</table>

(6) 평정척도

① 정의

평정척도는 교사가 사전에 관찰하려는 행동의 영역을 결정해 놓고 있을 때 사용하는 관찰 방법이다. 평정척도는 어떤 행동의 출현 여부만이 아니라 관찰하려는 행동에 대해 질적 특성의 차이가 있는지를 몇 단계로 구분하여 판단할 때 이용된다. 대표적인 평정척도 유형으로는 어떤 특성을 나타내려는 수준에 따라 각각의 척도치에 숫자를 부여하는 숫자 평정척도, 행동 수준을 연속적인 범주들로 나누어 진술한 기술 평정척도, 행동 수준에 선을 첨가시킨 도식 평정척도 등이 있다.

② 특징

- 평정척도는 관찰하고자 하는 행동에 대한 충분한 이해가 이루어질 때 신뢰로운 평가 결과를 얻을 수 있으므로 숙달된 관찰 경험을 가진 교사가 사용하는 것이 적절하다.
- 평정척도의 종류는 수집 자료의 성격과 관찰 목표에 따라 결정되는데, 일반적으로 행동에 대한 질적 특성이나 발생 빈도에 따라서 수량적인 정도 차이를 나타내도록 구성한다.
- 평정척도는 대개 3단계, 5단계, 7단계로 평정하는데, 보통 5~7점 척도가 적절하다. 평정척도의 표시 방법도 숫자, 언어, 그림 등의 다양한 형태로 나타낸다.

③ 유의점

- 일정 기간 동안 관찰을 한 후 관찰한 인상에 기초하여 몇 단계로 질적인 평가를 해야 한다.
- 평정척도는 평정 문항에 대한 관찰 내용과 연결하여 해석하기 때문에 관찰자의 편견이 개입될 가능성이 더 많다는 점을 유의해야 한다.
- 평정을 매기기 전에 유아에 대한 편견이 생기지 않도록 타인에게 유아에 대한 의견을 물어보지 않는다.
- 평정하기 전 모든 항목을 읽고 내용을 파악한다.
- 평정한 결과에 대한 해석을 기록한다.

④ 평정척도의 예

숫자 평정척도

관찰 유아	김지현	생년월일	2014년 5월 26일
조형 영역	움직이는 사진기 만들기	관찰일	2019년 11월 29일

순서	내 용	1 매우 그렇지 않다	2 그렇지 않다	3 보통이다	4 약간 그렇다	5 매우 그렇다
1	다양한 재료를 이용하여 작품을 만든다.			✓		
2	만든 것을 가지고 다른 놀이에 이용한다.			✓		
3	활동에 몰두하고 즐거워한다.				✓	
4	친구와 상호작용을 통하여 협동 작품을 만들기도 한다.			✓		
5	스스로 정리 정돈을 할 줄 안다.					✓
6	재료를 친구와 나누어 쓸 줄 안다.					✓
7	자기의 감정과 의견을 담은 작품을 만들기도 한다.					✓
8	시작한 활동을 끝까지 하여 성취감을 느낀다.				✓	
9	익숙한 활동뿐만 아니라 새로운 활동에도 참여를 잘 한다.					✓
10	획일화된 활동보다 창의성이 돋보이는 작품을 만든다.			✓		

활동 평가

해석	영역	내용
해석	탐색	– 사진기 틀에 대한 관심을 보였다. – 그림을 그리기 위한 도구들을 탐색한다. – 자신이 선호하는 색의 매직을 찾아서 이용한다.
	표현	– 자신이 보고 생각하는 것들을 그린다. – 선호하는 색깔을 사용해 그림을 칠했다. – 다른 유아들보다 긴 종이에 여러 그림을 그렸다. – 활동을 오래 계속했다.
	감상	– 자신의 작품에 이름과 날짜를 쓴다. – 작품을 어떻게 만들었는지 말할 수 있다. – 자신이 만든 작품을 설명할 수 있다. – 활동하면서 느낌과 기분을 설명할 수 있다. – 완성된 작품을 보고 느낌을 말할 수 있다.

기술 평정척도			
관찰 유아	정상은	생년월일	2014년 6월 19일 (여)
관찰자	김진희	관찰일	2019년 5월 3일

1. 유아의 놀이 참여 정도는 어떠한가?
   ( ) 주로 자기 혼자 논다
   (✓) 다른 유아들 옆에서 비슷한 놀이를 한다.
   ( ) 집단 놀이에 참여한다.
   ( ) 역할을 분담하여 집단놀이에 참여한다.

2. 유아는 교실의 규칙을 잘 준수하는가?
   ( ) 교실의 규칙을 전혀 준수하지 않는다.
   ( ) 교실의 규칙을 가끔 준수한다.
   (✓) 교사의 지시가 있을 때에만 규칙을 준수한다.
   ( ) 교사의 지시가 없어도 스스로 자발적으로 규칙을 준수한다.

3. 유아의 읽기 수준은 어느 정도인가?
   ( ) 글자와 숫자를 구별하지 못한다.
   ( ) 자기의 이름은 읽을 수 있다.
   (✓) 주변에 친숙한 글자를 5개 이상 읽을 수 있다.
   ( ) 간단한 문장을 읽을 수 있다.

해석

- 유아의 놀이 참여 정도는 병행놀이 수준으로 놀이를 공유하거나 의사소통하지 않는다.
- 자발적으로 규칙을 준수하기보다는 교사의 지시가 있을 때에만 규칙을 지킨다.
- 글자와 숫자를 변별하여 자기의 이름을 읽을 수 있으며 친숙한 단어는 읽을 수 있다.

도식 평정척도			
관찰 유아	조현수	생년월일	2014년 7월19일 (남)
관찰자	박선영	관찰일	2019년 4 월 11일

1. 바른 자세와 태도로 식사하지 못한다.					✓	바른 자세와 태도로 식사한다.
2. 옷차림이 단정하지 않다.				✓		옷차림을 단정히 한다.
3. 대상과 상황에 따라 적절하게 인사하지 않는다.	✓					대상과 상황에 따라 적절하게 인사한다.
4. 대상에 따라 예절 바른 언어를 사용하지 않는다.		✓				대상에 따라 예절 바른 언어를 사용한다.
5. 도움을 받았을 때 고마움을 표현하지 않는다.			✓			도움을 받았을 때 고마움을 표현한다.
6. 실수나 잘못에 대하여 사과하지 않는다.				✓		실수나 잘못에 대하여 사과한다.
7. 하루 일과에 적응하지 못한다.					✓	하루 일과에 적응한다.
8. 자기 물건을 정리하지 못한다.	✓					자기 물건을 정리한다.
9. 차례를 지키지 않는다.				✓		차례를 지킨다.
10. 물건을 간수하거나 아껴 쓰지 않는다.				✓		물건을 간수하고 아껴 쓴다.

해석

- 하루 일과에 적응이 빠르다
- 옷 입기, 벗기 등은 교사의 도움이 필요하다.
- 상황에 따른 적절한 대응을 하지 못한다.
- 스스로가 아니라 교사의 조언으로 차례를 지키거나 사과를 한다.
- 자기 물건을 잘 정리하지 못하지만 교사의 지시가 있을 경우 물건 간수는 한다.

활동 일화기록 분석하기

다음의 일화기록에 제시된 해석 내용 중 유찬이가 '자신의 감정을 조절할 수 있는 능력'을 가지고 있다고 보기 어려운 이유를 찾아서 무엇이 문제인지를 쓰세요.

관찰 유아 : 한유찬　　생년월일 : 2014년 8월 19일　　성별 : 남

기 록 : 쌓기 영역에 유찬이와 진수를 포함한 4명이 블록을 가지고 놀이를 하고 있었다. 다른 곳에서 놀이를 하던 명준이가 쌓기 영역으로 왔다. 명준이도 쌓기 놀이를 하고 싶어 하는 것 같았다. 명준이가 서서 보자 유찬이가 이 영역에 들어오지 말라고 하였다. 유찬이가 명준이를 싫어하는 것 같다. 유찬이의 말을 듣고 명준이는 자기도 들어가겠다고 말했지만, 유찬이는 기다리라고 했다. 명준이는 유찬이가 진수와 블록놀이를 하는 모습을 지켜보고 있었다. 유찬이는 명준이에게 내가 이 블록을 다 만들면 나오겠다고 말했다.

해 석 : 유찬이는 교실에서 만든 규칙들을 지키려고 노력하는 것 같다. 그리고 옆에서 자꾸 재촉하는 친구의 말에 자신이 블록을 다 만들면 나오겠다고 말을 하여 자신의 감정을 조절할 수 있는 능력을 가지고 있는 것 같다.

문제점 기술

•

•

•

•

•

활동 웃는 행동의 질 기록하기

다음은 흔히 관찰되는 유아들의 행동이다. 유아들이 보이는 행동의 질은 다양하게 표현될 수 있다. 예를 들어 우는 장면의 경우, 펑펑(눈물을 주룩주룩 흘리며) 우는 모습, 눈물을 흘리며 우는 모습(눈에 눈물이 맺히는 모습) 등 다양하게 표현될 수 있다. 다음은 유아들의 웃는 모습을 담은 사진들이다. 웃는 행동의 질을 표현해 보세요.

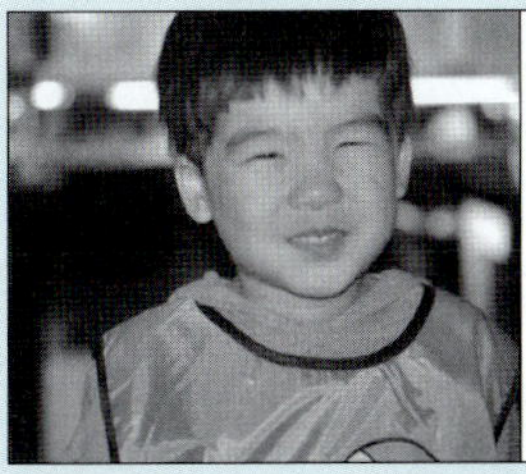

-
-
-
-
-

-
-
-
-
-

활동 행동 관찰기록하기

다음은 자유놀이 시간에 종이와 가위를 이용하여 놀이하는 유아들의 모습이다. 다음의 장면에 대해서 기록해 보세요.

• 관찰 대상이 실제로 행동한 것만 기록하기

• 관찰 대상의 행동을 구체적으로 기록하기

3. 면접법

1) 개념 및 특징

면접법은 유아에 대한 정보를 유아와 직접 면담하거나 부모나 교사 등 유아를 잘 아는 성인과의 면담을 통하여 얻는 방법이다. 면접법은 비교적 짧은 시간에 유용한 자료를 얻을 수 있으며 유아의 행동에 대한 이유나 맥락을 이해할 수 있는 정보를 얻을 수 있다. 하지만 질문이 명확하지 못하거나 면접 대상자가 대답하고자 하는 의지가 없는 경우에는 수집된 정보가 부정확할 수 있다. 이외에도 면접자와 피면접자의 편견이 개입될 수 있으며 수량적인 분석이나 해석에 어려움이 있다.

2) 면접 유형

(1) 유아면담

① 정의

유아면담은 쓰기와 읽기가 힘든 유아와의 직접적인 대화를 통해 자료를 수집하는 방법이다.

② 특징

유아면담은 쓰기와 읽기가 힘든 유아에게 사용하기에 적절한 평가 방법이다. 면접 과정에서 유아의 동기를 유발시켜 솔직한 응답을 유도할 수 있다.

③ 유의점

- 교사는 유아와의 면담에 앞서 유아의 가족이나 또래 등에 대한 사전 지식을 확보하여 유아와 라포를 형성하는 것이 필요하다.
- 유아들은 언어 능력이 부족하기 때문에 질문에 따라서 그림을 사용하는 것이 효과적이다.

- 유아는 주의집중 시간이 짧기 때문에 면담 시간을 짧게 한다.
- 유아의 생각을 말하게 할 때는 알고 싶은 내용을 직접적으로 질문하는 것이 좋다.
- 유아의 응답 내용에는 상상적인 내용과 실제적인 내용이 있을 수 있으므로 이를 잘 구분해야 한다.

④ 유아면담의 예

유아면담	
유아명 : 박준영	연령 : 만 5세
면담일 : 2019. 6. 30	주제 : 팽이 만들기

▶ 팽이 어떻게 만들었어?
– 동그란 종이로 만들었어요. 색칠도 했어요.

▶ 어떤 점이 마음에 들어?
– 색깔이 마음에 들어요. 이거 돌리면 색이 합체돼요.

▶ 그렇구나. 바꾸고 싶은 것이 있어?
– 근데, 오래 돌아가지를 못해요. 오래 돌아가게 다시 만들고 싶어요.

▶ 어떻게 하면 오래 돌아갈 것 같아?
– 딱딱한 것으로 만들면 오래 돌아갈 것 같아요.

▶ 선생님이 어떤 자료를 준비해 주면 좋겠어?
– 딱딱한 거요.

▶ 선생님도 딱딱한 거 어떤 것이 좋을지 생각해 볼게.

- 해석

– 준영이는 다양한 미술 활동으로 자신의 생각과 느낌을 표현한다(의사소통).
– 색의 특성을 안다(자연탐구).
– 팽이에 호기심을 가지고 탐구한다(자연탐구).

- 지도계획

– 팽이를 만들 수 있는 다양한 딱딱한 자료와 팽이 관련 자료(책, 사진 등)를 제공해 주어야 하고, 친구들과 만든 팽이를 가지고 함께 놀이할 수 있도록 지원이 필요하다.

(2) 부모면담

① 정의

부모면담은 부모와의 직접적인 상호작용을 통하여 유아에 대한 자료를 얻는 방법이다.

② 특징

부모면담은 가정에서 유아의 생활 모습을 폭넓게 이해할 수 있을 뿐 아니라 부모와 신뢰로운 관계를 형성할 수 있는 좋은 기회를 제공한다. 유아의 정보를 얻기 위해서 부모와 형식적인 면담을 하거나 등원이나 귀가 시 또는 전화 등과 같은 비형식적인 면담을 통해 수시로 여러 가지 자료를 얻을 수 있다. 부모상담을 통해 얻게 되는 유아의 욕구, 흥미, 습관, 성격, 선호에 관한 정보는 개별 유아를 이해하는 데 유용한 자료가 될 수 있다.

③ 유의점

- 가능하면 면담 날짜를 연간계획으로 작성하여 미리 짜 놓는다.
- 부모와 면담을 하기 위해 하루나 이틀 동안 보조교사나 자원교사를 활용한다.
- 계획을 세울 때 원장의 지원을 받도록 한다.
- 한 가족당 20~30분씩 충분히 면담하도록 계획을 짠다.
- 부모에게 면담 일정을 사전에 알린다.
- 조용한 장소를 준비하여, 유아 없이 성인과 대화하도록 한다.
- 부모나 보호자를 만날 때 미소로 맞이한다.
- 면담을 할 때는 유아에 대해 긍정적인 것을 말한다.
- 유아들을 대할 때처럼 열성을 가지고 진지하게 임하도록 한다.
- 따뜻하고 우호적이며 열린 마음을 가지고 열심히 듣는다.
- 면담이 교사가 유아에 대해 더 많이 알 수 있는 하나의 방법이라는 점을 부모에게 알린다.
- 면담 양식을 직접 만들어 사용하거나 기존 양식들을 사용한다.

④ 부모면담의 예

부모면담 양식(학기 초)	
유아명 :	날짜 :
부모명 :	

▶ 부모면담을 시작하려고 할 때 긍정적이고 우호적인 분위기를 조성할 수 있는 대화로 시작하면 부모님의 반응도 긍정적이 될 수 있다. 따라서 다음과 같이 말하는 것이 좋다.

올해 자녀를 맡게 되어서 매우 기쁩니다. 아이들에게 멋진 시간이 되도록 노력하겠습니다.

▶ 다음의 질문이나 이와 비슷한 질문을 사용하여 면담을 시작한다.

1. 가족 구성원에 대해 말씀해 주시겠습니까?
2. 아버님, 어머님 모두가 직장에 다니십니까? 어떤 종류의 일을 얼마나 하십니까?
3. 자녀에 대해 제가 꼭 알아야 할 필요가 있는 아주 중요한 것은 무엇입니까?
4. 자녀의 식습관이나 잠버릇에 대해 말씀해 주실 수 있나요?
5. 가정에서 얼마나 아이들과 함께 놀아 주십니까? 놀아 주실 때 주로 어떤 놀이를 하시나요?
6. 자녀가 가지고 있는 장점과 단점에 대해 말씀해 주실 수 있나요?
7. 자녀가 기관에 다니면서 변화되기를 원하는 점이 있다면 무엇인지 말씀해 주십시오.

▶ 질문을 마친 후 그 동안 유치원 생활에서 알게 된 자녀의 장점이나 긍정적인 점을 부모에게 이야기해 준다. 그리고 이 유아에게 필요한 목표나 계획(예 스스로 정리 정돈 하기, 차례 지키기 등)도 이야기해 줄 수 있다.

▶ 부모와 면담을 끝날 때 다음과 같이 말하는 것이 효과적이다.

가정에서 자녀가 어떻게 생활하는지 알려주실 것이 있다면 언제든지 메모나 전화를 주십시오. 저도 자녀가 기관에서 어떻게 지내고 있는지 종종 연락 드리겠습니다. 오늘 소중한 시간 내주신 점에 감사드립니다. ______________는 정말 믿음직합니다. 감사합니다.

부모면담 양식(학기 중)

유아명 :　　　　　　　　　　날짜 :
부모명 :

▶ 부모면담을 시작할 때 자녀에 대한 긍정적인 대화로 시작하여 우호적인 분위기를 조성한다.

- 부모와 함께 의논하기 원하는 몇 가지 사항을 간추린다. 유아 사진, 미술작품, 쓰기 자료, 체크리스트, 일화기록 등을 준비한다. 이에 대해 토론하는 것은 부모 면담에서 유아에 대한 장점과 문제점을 이야기할 수 있는 근거가 된다.
- 준비한 자료를 정리하여 보관하고 있다고 설명하고 학기 말에 가정으로 보낸다고 말하며, 체크리스트 복사본을 부모에게 줄 수도 있다.
- 자녀에 대한 긍정적인 점을 나열한 후 문제점에 대해 토론한다.
- 문제점을 말 할 때, 이를 해결하기 위해 부모의 도움, 충고, 지시 등이 필요하다는 것을 말하고 문제 영역을 어떻게 향상시킬지에 대한 토론한다.
- 긍정적인 이야기로 부모 면담을 끝낸다.

▶ 부모 면담 시 다음과 같은 내용을 말할 수 있다.

- 유아와 관련하여 보여줄 자료 내용
- 유아의 장점과 단점
- 이전에 이야기되지 않은 부모의 관심사 질문
- 올해 고려해야 할 교사와 부모의 목표

4. 작품분석법

1) 개념 및 특징

작품분석법은 여러 시간에 걸쳐서 수집된 특정 유아의 작품을 분석하고 비교함으로써 유아의 발달 특성을 평가하는 방법이다. 유아들의 작품으로는 긁적거린 자료, 그리기, 쓰기 자료 등을 들 수 있다. 유아의 작품들은 유아들의 학습에 대한 풍부한 자료를 제공할 뿐만 아니라 매일의 놀이와 활동에 대한 증거를 보여

준다. 작품들은 부모들에게 유아를 이해하는 데 도움이 되며, 오랜 시간에 걸쳐 이루어진 유아들의 작품은 유아들의 성장과 발달을 보여준다. 예를 들어, 종이에 큰 모양 형태의 긁적거리기의 낙서를 하다가 나중에 닫힌 형태의 원을 그리게 되는 발달은 유아들의 소근육 발달을 보여주는 좋은 자료가 된다.

2) 작품분석법 유형

(1) 교사에 의한 분석

① 정의

교사가 유아의 작업 결과물을 평가준거에 의하여 평가하는 방법이다.

② 특징

교사는 사전에 평가목표, 평가영역 및 평가초점을 계획해야 하며 선정된 작품은 평가준거를 사용하여 분석한다. 평가계획에 의해 의도적으로 유아의 작품을 수집해야 하며, 수집된 작품에는 유아의 발달상황이 내포되어야 한다.

③ 유의점

- 교사는 유아가 긁적거리기, 그리기, 쓰기 등의 활동을 수행할 때 격려해 주어야 한다.
- 쓰기 혹은 미술 활동 영역을 개방적인 환경으로 조성하여 다양한 작품이 수집되도록 한다.
- 긁적거리기, 그리기, 쓰기를 위한 도구들이 항상 교사의 관리 및 감독 하에 이용 가능해야 한다.
- 유아 작품에는 반드시 이름과 날짜를 표시한다.
- 원하는 만큼의 많은 작품을 보관할 수 있도록 공간과 보관 장소를 충분히 확보할 필요가 있다.

④ 교사에 의한 작품분석법의 예

그리기 작품	 					
평가 준거	내용		못함	보통	잘함	관찰안됨
	창의적인 표현 과정	예술 활동에 참여하여 표현 과정을 즐긴다.		✓		
		다양한 예술 활동을 스스로 선택하여 시도한다.			✓	

(2) 유아의 자기평가

① 정의

유아가 자신의 작업 결과물을 평가하는 방법으로, 유아의 생각이나 의견을 평가 자료에 반영한다.

② 특징

유아는 자신의 작업 결과물을 평가해 보는 기회를 통해 능동적인 평가자로 참여할 수 있다. 또한 자신의 작품을 점검하는 과정에서 장·단점을 파악하게 하여 자기 주도적인 학습 및 개선의 기회를 제공할 수 있다.

③ 유의점

- 작업 결과물에 대한 면담 시, 평가할 작업 결과물을 선정하고 논평할 내용을 사전에 계획한다.
- 유아의 의견을 기록할 수 있도록 필기도구를 준비한다.
- 유아가 안정된 분위기에서 평가에 참여할 수 있도록 편안한 환경을 조성한다.

- 유아의 기억이 희미해질 수 있으므로, 작업 결과물에 대한 평가는 가급적 빠른 시일 내에 시행한다.

④ 유아 자기평가의 예

유아 논평지					
관찰 유아	전현성			생년 월일	2014년 11월 12일
연령	만 4세	성별	남	평가일시	2019년 11월 21일
활동명	폐품을 이용해 연필꽂이를 만들어요.				
교수 방법	□ 교사 주도 ☑ 유아 주도 □ 교사와 유아가 함께 주도				
기술/개념	다양한 폐품과 종이의 성질을 탐색한다. 폐품을 이용해 나만의 연필꽂이를 만들어 본다. 유아 스스로 창의적으로 표현하도록 한다.				

- 어떻게 이 작품을 만들었나요?
  ➔ 요플레 통에 종이들을 붙였어요.
- 무엇을 표현한 것인가요?
  ➔ 책상 같은 데 놓아 두는 거예요.
- 이 작품에서 어떤 점이 마음에 드나요?
  ➔ 옆에 붙인 색 비닐 부분이요.
- 바꾸고 싶은 부분이 있나요?
  ➔ 없어요.
- 가장 어려웠던 점은 무엇이었나요?
  ➔ 종이가 통에 잘 안 붙어서 좀 힘들었어요.
- 활동을 하고 난 후의 느낌은 어떤가요?
  ➔ 재밌어요.

5. 포트폴리오 평가

1) 포트폴리오의 정의 및 목적

포트폴리오는 일반적으로 예술가나 건축가들이 자신의 재능을 보여주기 위해 작품 활동 과정에서의 작품들이나 스케치를 모아 놓은 것을 의미한다(배호순, 1997). 유아교육 상황에서의 포트폴리오는 한 가지 또는 그 이상의 영역에서 오랜 기간에 걸친 유아의 노력, 진보, 성취를 시기별로 설명하는 유아의 작품 모음을 말하는 것이다(Arter & Spandel, 1992; Meisels & Steels, 1991). 포트폴리오 평가는 단편적 또는 일회적으로 평가하는 것이 아니라 유아 개개인의 변화, 발달 과정을 종합적으로 평가하기 위해 전체적이면서 지속적으로 평가하는 방법이다. 포트폴리오 평가는 수집된 자료들을 기초로 유아의 학습 및 수행 능력을 향상시키거나 모니터하기 위해 고안된 평가이다(Shaklee, Baebour, Ambross, & Hansford, 1997).

포트폴리오 평가의 구체적인 목적을 살펴보면 다음과 같다(Meisel & Steele, 1991).

첫째, 교수 활동과 평가를 통합할 수 있도록 돕는다. 포트폴리오에 담긴 정보들 자체가 교육과정의 결과이기 때문에 교사가 개별 유아의 요구를 알아보는 데 도움을 준다.

둘째, 유아, 교사, 부모, 원장 및 원감 그리고 다른 결정권자에게 유아의 진보나 학습에서의 다양한 정보를 제공해 준다.

셋째, 유아에게 자신의 작업을 평가하는 데 참여하게 할 뿐 아니라 자기반성의 기회를 제공한다. 유아는 스스로 자신의 학습을 정리하고 반성할 수 있는 기회를 갖는다. 이 과정을 통해 유아의 성장과 성취를 타당하게 평가할 수 있는 방법을 제공한다.

넷째, 유아의 발달을 계속 추적해 가며 기록하게 한다. 즉, 포트폴리오는 장시간에 걸친 유아의 성장과 학습을 나타내는 것으로, 유아의 변화를 관찰할 수 있게 해 준다.

다섯째, 유아의 전체적인 발달의 질을 평가하는 기초를 제공해 준다. 포트폴리오는 하루 아침에 만들어질 수 없는 것으로 일정 기간 동안 교실에서 이루어진 유아의 발달상의 변화와 학습 성과의 변화에 초점을 둔 다양한 자료들을 포함한다.

2) 포트폴리오 장·단점

포트폴리오 평가는 그 특성상 기존의 평가가 갖지 못한 여러 가지 장 · 단점이 있다. 포트폴리오 평가의 장점에 대한 여러 학자들의 의견을 종합하여 정리해 보면 다음과 같다(황해익, 2000; Gullo, 1997; MacDonald, 1997; Martin, 1999; McMillan, 1977).

- 발달 과정에 대한 정보 수집

학습 과정에서 유아가 어떤 어려움을 겪는지, 혹은 어떠한 과정으로 발달하고 있는지에 대한 정보를 얻을 수 있다.

- 유아의 긍정적 자존감 형성

교사가 유아와 협력하여 평가의 과정을 공유하므로 유아의 긍정적인 자존감 형성에 도움이 된다. 특히 유아가 포트폴리오 자료를 스스로 선택하는 경험과 잘 된 것을 중심으로 수집하는 과정은 자신에 대해서 긍정적인 생각을 갖게 한다.

- 일상생활에서 평가 시행

인위적인 검사 상황을 지양하고 일상의 수업 진행 과정 속에서 유아의 행동을 총체적으로 파악할 수 있어서 별도의 시간을 내서 평가를 할 필요가 없다.

- 유아의 장점 강조

포트폴리오 평가는 유아가 무엇을 할 수 없는가에 초점을 두기보다는 무엇을 할 수 있는가에 대해 관심을 갖게 해 준다.

- 개별 유아에게 적합한 평가 실시

개별 유아에게 가장 적절하고, 정밀하고, 완전하며, 발달적으로 적합한 평가를 실시할 수 있다.

• 부모와 가족의 참여

유아에 대하여 가장 많은 정보를 가지고 있는 부모가 평가 과정에 참여함으로써 유아에 대한 이해를 높이고 교육의 효과를 증진시킬 수 있다.

• 협동 장려

포트폴리오 평가 과정에서 유아와 유아, 유아와 교사, 교사와 교사 사이의 협력적 관계가 유지되고, 그 결과 상호 간의 협동 및 신뢰감 형성에 기여한다.

• 교수 계획에 반영

포트폴리오 평가 결과는 교수 과정을 계획하고 수정하는 데 활용될 수 있다.

이와 같이 포트폴리오 평가는 여러 가지 장점에도 불구하고 다음과 같은 단점들이 있다. 따라서 교사는 포트폴리오 평가를 계획할 때 이러한 점들을 고려하여야 한다(박영충, 1997; 배호순, 1997; 황해익, 2000; Martin, 1999).

• 비용과 시간 소요

포트폴리오 평가를 시행하는 과정에서 유아의 작품을 모으고 평가하는 데 교사의 노력과 시간이 많이 소요되며 비용 또한 많이 든다.

• 단순한 자료 수집

포트폴리오 평가의 목적이나 방법에 대한 이해가 선행되지 않으면 단순히 유아의 작품들만을 모아 둔 자료집에 머물게 된다.

• 충분한 공간 필요

유아들의 작품을 수집하고 조직할 수 있는 상자나 파일 등을 두기 위해서 충분한 공간이 필요하다.

• 교사의 주관 및 편견 개입

자료 수집 및 평가의 과정에 교사의 판단과 주관이 개입되고, 또 교사마다 관점이 다르기 때문에 같은 유아에 대해서도 전혀 다른 작품을 수집하고 다른 평가를 내릴 가능성도 배제할 수 없다.

3) 포트폴리오 내용 및 평가 준거

포트폴리오를 활용하여 평가를 하고자 하는 교사가 가장 관심을 두어야 하는 것은 어떻게 포트폴리오의 내용을 구성하고, 조직하여, 활용할 것인가이다. 포트폴리오 내용이 무엇이냐에 따라 포트폴리오의 특성이나 개념이 달라질 수 있고, 그 활용 목적이 달라질 수 있기 때문이다.

포트폴리오의 내용은 국가수준의 교육과정인 2019 개정 누리과정(교육부, 2019) 의 5개 영역을 중심으로 구성할 수 있다. 이러한 각 영역별 내용의 경험 여부는 누리과정의 목표가 유아에게 적절하게 구현되었음을 확인하는 준거가 될 뿐 아니라, 이후의 유아 발달과 성장을 돕도록 교육과정을 계획하고 구성하는 데 도움이 된다. 누리과정 내용에 기초한 포트폴리오 평가 내용을 제시하면 다음과 같다.

(1) 신체운동·건강 영역

누리과정의 신체운동 · 건강 영역의 목표는 실내외에서 신체활동을 즐기고, 건강하고 안전한 생활을 하는 것이다. 신체운동·건강 영역의 내용 범주는 '신체활동 즐기기', '건강하게 생활하기', '안전하게 생활하기' 로 이루어져 있다(교육부, 2019).

따라서 신체운동·건강 영역의 포트폴리오는 누리과정의 내용에 근거하여 '신체활동 즐기기', '건강하게 생활하기', '안전하게 생활하기' 등을 평가 내용으로 구성할 수 있다.

(2) 의사소통 영역

누리과정의 의사소통 영역의 목표는 일상생활에 필요한 의사소통 능력과 상상력을 기르는 것이다. 의사소통 영역의 내용 범주는 '듣기와 말하기', ' 읽기와 쓰기에 관심 가지기', ' 책과 이야기 즐기기' 로 이루어져 있다(교육부, 2017).

따라서 의사소통 영역의 포트폴리오는 누리과정의 내용인 '듣기와 말하기', '읽기와 쓰기에 관심 가지기', '책과 이야기 즐기기' 등을 평가 내용으로 구성할 수 있다.

(3) 사회관계 영역

누리과정의 사회관계 영역의 목표는 자신을 존중하고 더불어 생활하는 태도를 가지는 것이다. 사회관계 영역의 내용 범주는 '나를 알고 존중하기', '더불어 생활하기', '사회에 관심 가지기'로 이루어져 있다.

따라서 사회관계 영역 포트폴리오에서 평가 내용은 누리과정의 내용에 따라 '나를 알고 존중하기', '더불어 생활하기', '사회에 관심 가지기' 등으로 구성할 수 있다.

(4) 예술경험 영역

누리과정의 예술경험 영역의 목표는 아름다움과 예술에 관심을 가지고 창의적 표현을 즐기는 것이다. 예술경험 영역의 내용 범주는 '아름다움 찾아보기', '창의적으로 표현하기', '예술 감상하기'로 이루어져 있다.

따라서 예술경험 영역 포트폴리오에서 평가 내용은 누리과정 내용에 따라 '아름다움 찾아보기', '창의적으로 표현하기', '예술 감상하기' 등으로 구성할 수 있다.

(5) 자연탐구 영역

누리과정의 자연탐구 영역의 목표는 탐구하는 과정을 즐기고, 자연과 더불어 살아가는 태도를 가지는 것이다. 자연탐구 영역의 내용 범주는 '탐구과정 즐기기', '생활 속에서 탐구하기', '자연과 더불어 살기'이다.

따라서 자연탐구 영역 포트폴리오에서 평가 내용은 누리과정 내용에 따라 '탐구과정 즐기기', '생활 속에서 탐구하기', '자연과 더불어 살기' 등으로 구성할 수 있다.

이러한 포트폴리오 내용을 객관적으로 평가하기 위한 포트폴리오 평가 준거는 평가 내용을 근거로 체계적으로 구성된 것을 활용하는 것이 효과적이다. 포트폴리오의 내용을 2019 개정 누리과정에 근거하여 구성한다면, 평가 준거도 누리과정 내용에 기초하여 개발된 유아 평가 척도를 활용할 수 있다.

4) 포트폴리오의 수집 자료

포트폴리오의 수집 자료는 유아의 발달과 연령, 프로그램의 목표, 교육과정 또는 발달 영역과 교사의 선호도에 따라 다양화될 수 있다. 유아의 성장과 발달에 대한 다양한 자료와 맥락을 제공하기 위해서는 수집할 자료의 유형을 다양화하고 균형 있게 선택하는 것이 바람직하다.

포트폴리오에는 건강 기록, 이전 교육기관에서 넘어온 기록들과 다양한 맥락에서 관찰한 기록물이나 일화기록, 면담 기록, 유아의 언어·읽기·음악에 대한 녹음 자료 및 기록, 창의적인 쓰기 샘플, 작업 결과물, 읽은 책의 목록, 유아의 활동 및 작품 사진, 유아의 활동 평가 기록, 체크리스트, 평정척도, 사건/시간 표집, 표준화 검사의 평가 결과 등 유아에 대한 자료를 포함한다. 유아뿐 아니라 부모 관찰지, 다양한 부모 참여 자료와 교사의 저널 기록 등 다양한 유형의 자료가 포함될 수 있다(Helm, Beneke, & Steinheimer, 1998).

이처럼 포함될 수 있는 자료가 다양하기 때문에 포트폴리오 평가의 목적, 용도, 유아의 능력 수준, 관심 영역 등에 따라서 필수 자료의 범위를 규정하기 힘들다. 일반적으로 포토폴리오에 포함될 수 있는 자료로는 유아 배경 정보(가정환경 조사서, 건강기록부), 작업 표본, 유아의 자기반성, 논평, 학습 일지, 교사의 관찰 기록 등이 있다.

포트폴리오 자료를 체계적으로 수집하는 방법에는 유아들의 성취도를 확인할 수 있는 핵심 자료와 유아의 개별적 특성을 알 수 있는 개별화 자료로 나누어 수집하는 방법이 있다. 핵심 자료는 1년 동안 유아들이 진보한 기록을 보여주는 것으로 각 영역에서 이루어지는 일상적이고 대표적인 수집 자료 유형이다. 이러한 핵심 자료는 유아들의 일반적인 진보의 정도를 확인하기 위한 것이기 때문에 모든 유아에게 공통적으로 수집한다. 개별화 자료는 핵심 자료 이외에 유아의 개별적인 흥미나 특성, 학습 성향을 평가하기 위해서 수집한다. 포트폴리오에 포함될 모든 자료에는 실행한 날짜를 기록해 놓고 작품의 특성, 유아의 특정 행동, 함께 한 친구의 이름 등의 맥락을 기록한다.

(1) 수집 자료 유형별 종류와 방법

유아 포트폴리오를 위해서 수집하는 자료의 유형(item)과 종류 및 수집 방법을 제시하면 다음 〈표 1-2-7〉과 같다.

표 1-2-7 수집자료 유형별 종류와 방법

자료 유형	자료 종류	수집 방법
작업 표본	• 유아 작품 결과물 - 미술 작품 - 언어 활동 - 과학 활동	• 사전 준비 - 수집할 작업 표본 종류를 정한다. - 개별 유아마다 반드시 수집할 작업 표본을 정한다. - 자료 수집 시기를 정한다. - 작품 선정 기준을 정한다. - 작품 평가 시기를 정한다. • 실행 - 항목 선정, 보관 자료 수집, 날짜를 기록한다. - 유아에게 자료에 대한 견해를 말하거나 써 보게 한다. - 교사도 간단하게 자신의 의견을 기록한다. - 가능하면 작품마다 교사와 유아의 의견을 덧붙인다. - 학습 경험을 강화 · 확장시킬 수 있는 교수-학습 방법을 생각한다. - 가족 참여 확대를 위해 이용할 수 있는 방법을 생각한다.

자료 유형	자료 종류	수집 방법
면접	• 유아 면담	• 사전 준비 - 면담 내용을 정한다. - 면담 방법 및 시기를 정한다. - 면담 자료 정리 및 활용 방법을 정한다. • 실행 - 면담 양식에 날짜 및 면담한 내용을 기록한다. - 유아가 편안한 분위기에서 자신의 의견을 이야기할 수 있도록 충분한 시간을 가진다. - 면담 후, 가급적 빠른 시일 내에 작성한다. - 면담 결과를 교육 활동에 연관할 수 있는 방법을 생각한다. - 면담 내용을 부모와 공유한다.
사진	• 활동 사진 • 견학 사진 • 작품 결과물 사진 • 일상생활 사진	• 사전 준비 - 교사의 손이 닿기 쉬운 곳에 카메라를 준비한다. - 자연스런 상황의 장면을 찍는다. - 사진 촬영이 필요한 활동을 사전에 생각해 놓는다. • 실행 - 날짜, 상황, 관련된 유아의 이름 등의 간단한 기록을 한다. - 사진은 바로 출력하고, 사진에 날짜와 세부 사항을 기록한다. - 교사가 기록한 것에 근거하여 교사의 의견을 기록한다.
관찰기록	• 일화기록 • 표본식 기술 • 서술식 보고서	• 일화기록: 개별 유아 혹은 소집단 유아들의 자발적인 행동을 기록한다. • 표본식 기술: 관찰할 유아와 관찰 장면과 시간을 미리 정한 다음, 그 장면에서 일어나는 유아의 행동 및 상황을 구체적으로 기록한다.

자료 유형	자료 종류	수집 방법
표준화 검사	• 준비도 검사 • 발달 검사 • 창의성 검사 • 신체 검사	• 사전 준비 - 연령별, 발달 수준, 평가 영역, 평가 목표에 기초하여 표준화 검사 도구를 선정한다. - 검사 시기 및 시행 방법을 검토한다. - 선정된 검사 도구의 시행 방법을 숙지한다. - 검사 결과 활용 계획을 세운다. • 실행 - 표준화 검사 방법에 준하여 시행한다. - 표준화 검사 결과를 작성한다. - 표준화 검사 결과를 부모 면담 및 학습 활동 계획에 반영한다.
녹음 및 녹화	• 오디오 기록(말하기, 이야기하기, 읽기, 인상적인 놀이 에피소드 등) • 비디오 기록(미술 및 음악 활동, 사회적 상호작용, 프로젝트 활동, 인상적인 놀이)	• 사전 준비 - 녹음 장소 및 시간을 선정한다. - 녹음 장비를 사전에 확인한다. • 실행 - 녹음, 녹화 자료를 정리한다.
부모 관련 자료	• 부모 면담 기록 • 가정환경 조사서	• 사전 준비 - 부모로부터 수집할 수 있는 자료 유형을 정한다. - 시기와 일정을 계획한다. - 사용할 면담 양식지와 가정환경 조사서를 준비한다. - 수집된 자료의 활용 방법을 계획한다. • 실행 - 부모에게 자료를 요청한 후, 자료를 수집한다. - 수집된 자료를 정리한다. - 정리된 자료를 교육 활동이나 사전 목표에 따라 활용한다.
기타 서류	• 건강검진 결과 • 신체발육 상태 기록 자료	• 사전 준비 - 건강검진 일정을 준비한다. • 실행 - 건강검진 결과를 정리하고 보관한다.

(2) 누리과정 영역별 수집 자료

누리과정 영역별 수집할 수 있는 구체적인 자료 유형과 자료의 예시는 다음 〈표 1-2-8〉과 같다.

표 1-2-8 누리과정 영역별 수집 자료 유형 및 종류

영역	자료 유형	자료의 예
신체운동·건강 영역	작업 표본	• 가위질 결과물 • 긁적거리기, 글자나 숫자 쓴 것 • 바느질 결과물
	유아 면담	• 유아가 좋아하는(싫어하는) 사람, 놀이, 음식, 동물 또는 기분 상태 등에 대한 자기보고
	사진	• 대소근육 활동에 참여하는 모습 사진 및 관찰기록 • 끈 끼우기, 단추나 지퍼 잠그기 등의 모습 사진 및 관찰기록 • 그림 그릴 때 자료나 도구를 사용에 대한 사진 및 관찰기록
	관찰기록	• 신체표현, 실외놀이, 게임 등의 활동에서 신체 움직임에 대한 일화기록 • 손 유희, 점토, 조작놀이, 쓰기 도구 사용에 대한 일화기록
의사소통 영역	작업 표본	• 다양한 그림, 쓰기 결과물 • 동화나 음악을 듣고 그린 그림이나 쓰기 결과물 • 유아 자신의 일이나 활동에 대하여 쓴 글이나 의견 • 책이나 글을 선택한 이유를 적은 글
	유아 면담	• 읽기와 쓰기 태도에 관한 면담 자료
	사진	• 책 읽기, 동극, 이야기하기, 주말 발표 등에 관한 사진 및 관찰기록
	녹음 및 녹화	• 책 읽기, 동극, 이야기하기, 주말 발표 등에 관한 녹음 및 녹화 테이프
	기타	• 읽은 책의 목록
사회관계 영역	작업표본	• 사회과학 지식에 대한 쓰기 결과물 • 자기를 표현한 그림 결과물 • 공동 작업 결과물
	사진	• 소집단 프로젝트 수행 시 협동 놀이 사진 및 관찰기록
	유아 면담	• 자아개념에 대한 유아의 자기보고 • 친구관계에 대한 사회측정법
	관찰기록	• 또래와의 상호작용이나 친구관계에 대한 일화기록 • 문제 해결에 대한 일화기록 • 다른 사람과의 관계 및 리더십에 대한 일화기록
	표준화검사	• 사회 성숙도 검사(김승국 · 김옥기, 1995) • 유아 성격 검사(송인섭, 1995)

영역	자료 유형	자료의 예
예술경험 영역	작업표본	• 쌓기나 프로젝트 결과물 • 조형 활동 작품 결과물
	사진	• 조형 활동 작품 결과물의 사진 • 노래, 율동, 손 유희, 신체표현 등에 대한 사진 및 관찰기록
	녹음 및 녹화	• 노래, 율동, 손 유희, 신체표현 등에 대한 녹음 및 녹화 자료
	관찰기록	• 창의적 동작 표현에 대한 일화기록 • 미술, 음악 등을 감상하는 태도에 대한 일화기록
자연탐구 영역	작업 표본	• 관찰 및 탐구 활동에 대한 관찰기록지
	사진	• 요리, 관찰, 실험 활동 사진 및 관찰기록
	유아 면담	• 유아가 가장 좋아하는 물건, 동식물, 날씨에 대한 면담
	관찰기록	• 사물, 동식물의 변화에 탐구에 대한 일화기록 • 분류 패턴, 서열, 상징부호, 수 개념 등의 사용에 대한 일화기록

(3) 자료 수집 시 유의점

포트폴리오 평가 자료는 평가 목적에 따라 유치원의 여러 가지 상황에서 다양한 방법으로 수집할 수 있다. 포트폴리오 자료를 수집할 때에는 다음과 같은 점들에 유의하여야 한다.

- 유아의 활동 결과물, 일화기록 자료 등을 유아의 개인 파일에 체계적으로 수집하여 정리한다.
- 유아의 결과물 중 수집이 어렵거나 보관이 어려운 경우는 사진으로 남겨 두어 평가 자료에 첨부한다.
- 신체 활동이나 행동 등은 사진 촬영 및 비디오로 녹화하여 객관적이고 정확한 평가가 되도록 한다.
- 평가를 실시하는 날짜와 작업이 행해질 때의 상황 등을 평가 자료와 함께 기록한다.
- 부모와의 면담 내용 및 부모의 평정 결과도 유아 평가의 중요한 자료이므로 기록하여 보관한다.

5) 포트폴리오의 절차

포트폴리오 평가의 타당성 및 신뢰성을 높이기 위해서는 평가의 절차 및 방법을 체계화하고 이에 입각한 객관적이고 공정한 평가 활동을 전개하는 것이 필요하다. Hill과 Ruptic(1994)은 포트폴리오 평가의 주요 절차를 사정(assessment) 단계, 평가 단계, 보고 단계로 구분하였다. 먼저 사정 단계에서는 자료 및 작업 견본의 수집, 유아의 수행 기록 등이 주로 이루어진다. 평가 단계에서는 수집된 자료의 요약, 의미 부여 및 결정 및 판단, 유아의 자기 반성적 평가 및 교사 평가 등이 이루어질 수 있다. 그리고 보고 단계에서는 포트폴리오를 총괄적으로 정리 및 종합, 해석, 결과를 보고하는 것 등이 이루어진다.

포트폴리오 평가를 위한 일반적인 절차는 평가 내용 및 기준 설정, 수집 시기 선정, 수집 자료 선정 및 수집, 자료 정리 및 보관, 해석의 과정을 통해 이루어진다. 이러한 절차에 대해서 구체적으로 소개하면 다음과 같다.

첫째, 포트폴리오 평가를 위한 평가 내용 및 기준(rubric)을 설정한다. 포트폴리오를 만드는 목적이 무엇인지를 분명하게 결정하고, 그 목적이 달성되었는지의 여부를 알 수 있는 평가 내용과 기준(rubric)을 정한다.

둘째, 포트폴리오 수집 시기를 정한다. 포트폴리오 수집 시기는 정확한 월, 일을 정하기보다는 기관의 상황, 교사 업무, 주제, 유아, 발달 연령 등을 고려하여 융통성 있게 정할 수 있다. 일반적으로 1년에 3회 정도로, 학기 초, 학기 중, 학기 말로 나누어 수집한다.

셋째, 포트폴리오에 포함시킬 수집 자료를 정한 후, 자료를 수집한다. 포트폴리오에는 관찰기록, 면접, 표준화 검사의 평가 결과, 유아가 그린 자화상, 가족 구성원에 대한 그림, 창의적인 그림, 입체 구성물의 사진, 글이나 말의 샘플, 다양한 양식의 부모 참여 자료, 유아의 활동 사진, 유아가 만든 물건 사진, 작업 표본, 유아의 언어 · 읽기 · 음악에 대한 녹음 자료, 유아 저널, 친구 관계 기록, 유아 자기 보고 자료 등을 넣을 수 있다.

넷째, 포트폴리오에 수록할 자료를 정리하여 보관한다. 포트폴리오에 포함된 자료를 선정하여 편집하고 정리하는 과정을 가진다. 포트폴리오를 만들 때는 클리어 파일, 스케치북 또는 파일 상자를 사용하여 자료를 보관하고, 개별 작품에는 날짜를 기록하고 배경 정보를 기입한다. 전체적으로는 영역 및 날짜순으로 정리하고, 일정한 간격을 두고 포트폴리오를 계속해서 추가한다. 포트폴리오에 수록할 자료들을 선정하는 과정에서 유아가 참여하는 기회를 가진다. 유아가 자료를 선정하는 과정에서 유아의 의견(comment)을 포스트잇이나 종이에 기록하고 해당 작품 위에 붙여 놓는다.

다섯째, 평가 기준에 기초하여 정리된 포트폴리오에 대해서 해석을 한다. 교사는 한 번에 한 명의 유아에 대하여 정보를 편집하고 한 번에 한 영역씩 요약한다. 자료의 요약이 끝나면 바람직한 성장 경향이나 학습에서의 성취도, 유아의 독특한 특성, 지원이 필요한 부분, 발달 단계 수준을 평가 준거에 기초하여 분석하고 지도 계획도 작성한다.

6) 포트폴리오의 조건

포트폴리오가 단순한 자료 모음집이나 결과물만이 아니라 유아의 학습에 도움이 되는 평가 도구로서 기능하기 위해서는 다음과 같은 것들이 갖추어져야 한다.

첫째, 교사 스스로가 포트폴리오의 목적과 그 활용에 대해 명확하게 인식하고 있어야 한다. 교사가 포트폴리오의 목적을 이해하지 못한다면 포트폴리오는 단순히 가정에 보내기 위한 작품 모음집에 불과하다. 교사는 자신이 포트폴리오 평가를 하는 목적에 대해 인식하고 포트폴리오를 자신의 교수 활동을 계획하고 수정하는 데 활용할 수 있어야 한다.

둘째, 유아들에게 자신의 활동이나 결과물에 대한 반성적 사고의 기회를 제공해야 한다. 수집한 결과물 모두를 포트폴리오에 반영할 수 없으므로, 많은 결과물 중 어떠한 결과물을 선택할 것인가에 대한 의견을 듣는 과정이 필요하다. 이를 통해 유아는 자신을 학습자로 재인식하고, 자신의 작품에 가치를 경험할 수 있다. 또한 이러한 과정을 통해 유아의 발달과 학습을 적합하게 평가하여 총체적이고 개별화된 교육과 자기 주도적 학습을 가능하게 한다.

셋째, 일정 기간 목적을 가지고 체계적으로 자료를 수집하여야 한다. 유아의 전반적인 학습과 발달의 변화를 파악하기 위해 포트폴리오 자료들을 주, 월, 학기, 계절별로 지속적으로 수집하여야 한다. 즉, 일회적인 작품의 수집이 아니라 유아의 성장·발달을 반영할 수 있는 일정 기간 동안에 걸친 유아의 작품이 포함되어야 한다. 특히 수량적인 결과보다는 포트폴리오 평가의 목적에 부합하는 자료를 수집하는 것이 중요하다.

넷째, 유아들에 대한 다양한 자료들을 수집해야 한다. 포트폴리오에는 교사가 수집한 자료나 유아 작품, 이외에 유아의 의견이 반영된 자료도 수집되어야 한다. 유아 면담 자료는 유아가 어떤 과제에 관심이 있고, 계속 성취되고 있는 부분은 무엇인지, 어떤 과정이 선택되고, 어떤 상황에서 유아가 어려워하는지를 알 수 있게 해 준다. 또한 유아 행동에 대한 관찰 결과가 포트폴리오에 포함되어야 한다. 관찰기록은 유아의 독특한 흥미, 장점 및 요구를 보여주기 때문에 매우 중요하다. 이 외에도 유아의 일반적인 배경 정보, 작업 결과물, 녹음 자료, 표준화 검사 내용 등이 포함될 수 있다.

다섯째, 유아의 작품이나 활동에 대한 교사의 의견을 반드시 제시해야 한다. 유아의 작품에 대한 교사의 의견이 반영되지 않는다면 단순히 아무 작품이나 이것저것 모아 둔 자료집에 불과하다. 유아의 작품이 이전의 작품과 비교하여 변화된 점이나 작품을 하는 동안 특이한 사항에 대해 기록해 두어야 한다.

여섯째, 주기적인 검토가 이루어져야 한다. 포트폴리오 평가의 목표는 유아나 포트폴리오를 비교하는 것이 아니라 시간에 따른 유아 개인의 성장, 발달, 학습을 살펴보는 것이다. 따라서 각 유아의 포트폴리오를 주기적으로 적절하게 검토할 수 있도록 계획을 짜야 한다.

지금까지 유아 평가 방법을 살펴보았는데, 이러한 평가들은 크게 형식적인 평가와 비형식적인 평가로 나눌 수 있다. 비형식적인 평가에서는 유아의 행동에 제한을 두지 않고 자연스런 상황에서 폭넓게 자료를 수집한다. 비형식적인 평가의 대표적인 예가 관찰이라 할 수 있다. 반면 형식적인 평가에서는 평가하려는 유아의 행동이 구체적으로 제한되어 있으며 일률적이고 통제된 절차에 따라 자료가 수집된다. 형식적인 평가의 대표적인 예로는 각종 표준화 검사를 들 수 있다. 유아 평가에서는 두 가지 평가 방법 간의 차이가 엄격하게 구별되기 어려울 수도 있다.

유아교육 현장에서는 일반적으로 사용하는 형식적인 평가와 비형식적인 평가의 구조성 수준을 [그림 1-2-1]에 제시하였다.

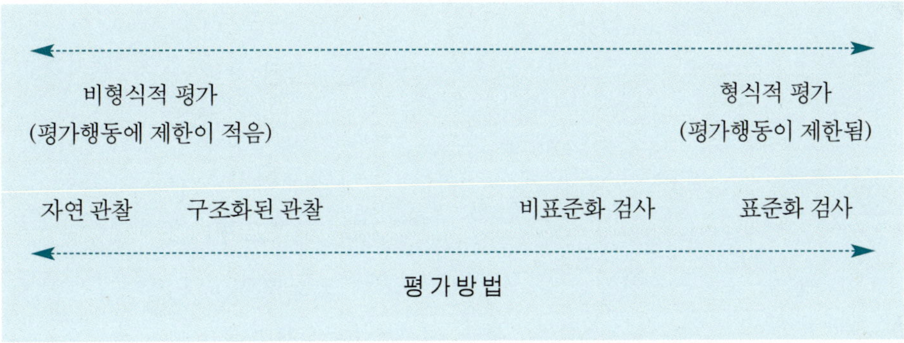

그림 1-2-1 유아 평가의 구조성 수준

3장 유아 평가의 실제

1. 유아 포트폴리오

1) 계획

포트폴리오의 계획 단계에서는 연간 또는 학기별로 유아 평가 목적 및 내용을 정한다. 누리과정 내용에 기초하여 평가 내용을 선정하는 것이 교육과정과 유아의 발달을 연계시키는 데 효과적이다. 평가 내용을 정한 다음 적합한 수집 자료의 유형 및 종류, 횟수, 수집 시기 등을 결정한다. 그리고 이러한 자료를 수집하기에 적합한 놀이 및 활동 등을 계획한다. 계획 과정을 구체적으로 살펴보면 다음과 같다.

(1) 평가 내용 및 준거 선정

평가 내용은 누리과정의 5개 영역의 목표 및 내용에 근거하여 선정할 수 있다. 평가 준거는 누리과정에 근거하여 개발된 KICCE 유아관찰척도(강은진 외, 2019)를 활용할 수 있다. 2019 개정 누리과정에 기초한 포트폴리오 평가 내용 및 준거는 다음 〈표 1-3-1〉과 같다.

표 1-3-1 개정 누리과정에 기초한 포트폴리오 평가 내용 및 준거

	내용 범주	관찰 문항(관찰 요소)	관찰 수준
신체운동·건강	신체활동 즐기기	1. 신체 각 부분의 이름을 안다. (신체 인식, 수행력)	1. 신체 각 부분의 이름을 알지 못한다.
			2. 도움을 받아 신체 각 부분의 이름을 안다.
			3. 신체 각 부분의 이름을 일부 알 수 있다.
			4. 신체 각 부분의 모든 이름을 안다.
		2. 신체를 조절하여 움직인다. (대소근육 협응, 조절력	1. 신체를 조절하여 움직이는 데 어려움을 갖는다.
			2. 도움을 받아 신체를 조절하여 움직인다.
			3. 신체를 조절하여 움직일 수 있다.
			4. 신체를 조절하여 능숙하게 움직인다.
		3. 기본 운동(기초적인 이동 운동, 제자리 운동, 도구를 이용한 운동)을 한다. (수행력, 운동 능력)	1. 기본 운동(기초적인 이동 운동, 제자리 운동, 도구를 이용한 운동)을 수행하는 데 어려움이 있다.
			2. 도움을 받으면 기본 운동(기초적인 이동 운동, 제자리 운동, 도구를 이용한 운동)을 시도한다.
			3. 기본 운동(기초적인 이동 운동, 제자리 운동, 도구를 이용한 운동)을 할 수 있다.
			4. 기본 운동(기초적인 이동 운동, 제자리 운동, 도구를 이용한 운동)을 능숙하게 한다.
		4. 실내외 신체활동에 자발적으로 참여한다. (자발성, 참여 정도)	1. 실내외 신체활동에 참여하지 않는다.
			2. 도움을 받으면 실내외 신체활동에 참여한다.
			3. 실내외 신체활동에 참여할 수 있다.
			4. 실내외 신체활동에 자발적으로 참여한다.
	건강하게 생활하기	5. 자신의 몸과 주변을 깨끗이 한다.(자율성, 건강)	1. 자신의 몸과 주변을 깨끗이 하는 데 관심이 없다.
			2. 도움을 받으면 자신의 몸과 주변을 깨끗이 하는 데 관심을 갖는다.
			3. 자신의 몸과 주변을 깨끗이 할 수 있다.
			4. 스스로 자신의 몸과 주변을 깨끗이 한다.
		6. 몸에 좋은 음식을 즐겁게 먹는다. (자율성, 바른 식습관)	1. 몸에 좋은 음식에 관심을 갖지 않거나 꺼린다.
			2. 도움을 받으면 몸에 좋은 음식에 관심을 갖고 먹는다.
			3. 몸에 좋은 음식을 바른 태도로 먹을 수 있다.
			4. 스스로 몸에 좋은 음식을 즐겁게 먹는다.
		7. 하루 일과에서 적당한 휴식을 취한다.(자율성, 건강)	1. 하루 일과에서 휴식을 취하지 않는다.
			2. 도움을 받으면 하루 일과에서 적당한 휴식을 취한다.
			3. 하루 일과에서 적당한 휴식을 취할 수 있다.
			4. 스스로 하루 일과에서 적당한 휴식을 취한다.
		8. 질병을 예방하는 방법을 실천한다. (자율성, 건강)	1. 질병을 예방하는 방법을 모른다.
			2. 질병을 예방하는 방법을 알지만 실천하지 않는다.
			3. 질병을 예방하는 방법을 알고 도움을 받아 실천할 수 있다.
			4. 스스로 질병을 예방하는 방법을 알고 실천한다.

	내용 범주	관찰 문항(관찰 요소)	관찰 수준
신체 운동 · 건강	안전하게 생활하기	9. 일상에서 안전하게 놀이하고 생활한다.(자율성, 안전)	1. 일상에서 안전하게 놀이하거나 생활하지 못한다.
			2. 도움을 받으면 일상에서 안전하게 놀이하고 생활하는 방법에 관심을 갖는다.
			3. 일상에서 안전하게 놀이하고 생활할 수 있다.
			4. 스스로 일상에서 안전하게 놀이하고 생활한다.
		10. TV, 컴퓨터, 스마트폰 등을 바르게 사용한다.(자율성, 안전)	1. 전자 미디어(TV, 컴퓨터, 스마트폰 등)를 바르게 사용하지 않는다.
			2. 전자 미디어(TV, 컴퓨터, 스마트폰 등)를 바르게 사용하는 방법에 대해 관심을 갖는다.
			3. 도움을 받으면 전자 미디어(TV, 컴퓨터, 스마트폰 등)를 바르게 사용할 수 있다.
			4. 스스로 전자미디어(TV, 컴퓨터, 스마트폰 등)를 바르게 사용한다.
		11. 교통안전 규칙을 지킨다. (규칙 이해, 안전)	1. 교통안전 규칙을 지키지 못한다.
			2. 도움을 받으면 교통안전 규칙을 지킨다.
			3. 교통안전 규칙을 지킬 수 있다.
			4. 스스로 교통안전 규칙을 지킨다.
		12. 위험한 상황(안전사고, 화재, 재난, 학대, 유괴 등)에서 도움을 요청한다.(자율성, 안전)	1. 위험 상황을 모른다.
			2. 도움을 받으면 위험 상황을 안다.
			3. 위험 상황에서 도움을 요청할 수 있다.
			4. 스스로 위험 상황에서 도움을 요청한다.
의사 소통	듣기와 말하기	1. 말이나 이야기를 관심 있게 듣는다. (듣기, 주의 집중)	1. 교사나 또래의 말이나 이야기를 주의 깊게 듣지 않는다.
			2. 교사의 제안이나 시범이 있으면, 타인의 말이나 이야기에 관심을 갖는다.
			3. 교사나 또래의 말이나 이야기를 관심 있게 듣지만, 중간에 생각이 떠오르면 상대의 말이 끝나기 전에 곧바로 말한다.
			4. 타인의 말이나 이야기를 끝까지 관심 있게 들으면서 적절한 표현이나 행동을 한다.
		2. 자신의 경험, 느낌, 생각을 말한다.(말하기, 적극성)	1. 자신의 경험이나 느낌, 생각을 말할 차례가 되었을 때, 생각이 안 난다며 말하지 않는다.
			2. 교사의 시범이나 제안이 있으면, 단어나 짧은 문장으로 자신의 경험이나 느낌, 생각을 말한다.
			3. 자신의 경험이나 느낌, 생각을 말할 기회가 오면 간단한 문장으로 표현한다.
			4. 적극적으로 자신의 경험을 말하며, 그때의 느낌이나 생각을 덧붙여 말한다.

	내용 범주	관찰 문항(관찰 요소)	관찰 수준
의사 소통	듣기와 말하기	3. 상황에 적절한 단어를 사용하여 말한다. (말하기, 어휘력)	1. 상황에 적절한 단어 사용에 어려움이 있다.
			2. 상황에 대해 익숙한 단어로 간단히 말한다.
			3. 상황에 적절한 단어를 사용하여 말하며, 새로운 단어에 관심을 보인다.
			4. 익숙한 단어와 새로 익힌 단어를 적절히 활용해 상황에 맞게 말한다.
		4. 상대방이 하는 이야기를 듣고 적절하게 말한다. (듣기, 이해력)	1. 상대방이 하는 이야기를 듣고 관련해서 말하지 못한다.
			2. 도움이 있으면, 상대방이 한 이야기를 듣고 관련해서 말한다.
			3. 상대방이 한 이야기를 듣고 일부 적절하게 말한다.
			4. 상대방이 하는 이야기는 듣고 적절하게 말한다.
		5. 상황에 맞는 바른 태도로 듣고 말한다. (듣기, 말하기, 바른 태도)	1. 교사나 또래의 말에 집중하지 못하고 주변 사물을 만지작거리거나, 엉뚱한 말을 한다.
			2. 교사의 지시가 있으면, 교사나 또래의 말을 듣지만 오래 지속되지는 않는다.
			3. 교사의 질문이나 설명에 관심을 갖고 듣지만, 생각나는 대로 자신의 생각을 말한다.
			4. 교사나 또래의 말을 끝까지 듣고 난 후, 차례가 되었을 때 말한다.
		6. 고운 말을 사용한다. (언어 습관, 바른 태도)	1. 또래에게 속어를 사용하거나 공격적인 언어를 사용해 말한다.
			2. 교사의 시범과 도움이 있으면, 고운 말을 사용해 말한다.
			3. 갈등 상황에서도 상대방에게 공격적인 표현 대신에 자신의 생각을 긍정적으로 표현하려고 한다.
			4. 다양한 상황에서 스스로 고운말을 사용해 말한다.
	읽기와 쓰기에 관심 가지기	7. 말이 글로, 글이 말로 바뀌는 것을 안다. (주도성, 문해력)	1. 소리나 말을 글자로 표현하거나, 글자를 읽으면 나는 소리에 관심이 없다.
			2. 교사의 도움이 있으면, 자기의 생각이 글자로 표현되거나, 글자를 보며 읽을 수 있다는 것에 관심을 보인다.
			3. 글자가 있는 곳을 짚으며 읽어 달라거나, 자신의 이름이나 친숙한 단어를 적어 달라고 요청한다.
			4. 소리가 비슷한 글자를 주변에서 찾아보거나, 자신의 말을 문장으로 적어 달라고 요청한다.
		8. 주변의 상징, 글자 등의 읽기에 관심을 가진다. (주도성, 문해력).	1. 주변에서 접하는 도로표지판, 안내문, 간판 등의 상징이나 글자에 관심이 없다.
			2. 교사의 도움이 있으면, 주변의 상징이나 글자에 담긴 의미에 관심을 갖는다.
			3. 친숙한 상징이나 글자를 찾아서 읽기를 시도한다.
			4. 글자를 한 자씩 짚으며, 글자와 소리를 연결해 읽어 본다.
		9. 자신의 생각을 글자와 비슷한 형태로 표현한다. (문해력, 기초 쓰기)	1. 글자와 비슷한 형태로 표현하는 것에 관심이 없다.
			2. 교사의 도움이 있으면, 글자를 쓰는 데 관심을 가진다.
			3. 좋아하고 친숙한 이름이나 창안글자(사물글자)를 반복해서 써 본다.
			4. 글자와 비슷한 형태나 글자로 자신의 말이나 생각을 표현한다.

	내용 범주	관찰 문항(관찰 요소)	관찰 수준
의사소통	책과 이야기 즐기기	10. 책에 관심을 가지고 상상하기를 즐긴다. (책에 대한 태도, 상상력)	1. 책을 보거나 이야기 듣기에 관심이 없다.
			2. 교사가 읽어 주거나 또래가 책을 읽는 경우에만 관심을 가진다.
			3. 책에서 보거나 들은 내용에 대해 인상 깊거나 재미있는 장면에 관심을 보인다.
			4. 책에서 보거나 들은 내용을 통해, 머릿속에 그려지는 상상을 말이나 그림으로 표현한다.
		11. 동화, 동시에서 말의 재미를 느낀다. (언어 민감성)	1. 교사가 들려주는 동화, 동시에 흥미를 보이지 않는다.
			2. 동화, 동시를 들으면서 반복되는 구절이나 표현에 다른 사람이 관심을 보이면 따라서 관심을 가진다.
			3. 동화, 동시에서 반복되는 구절이나 재미있는 표현에 관심을 가진다.
			4. 동화, 동시에서 재미를 느낀 표현을 반복해서 말하고, 자신이 생각해 낸 의성어, 의태어 등의 표현을 덧붙인다.
		12. 말놀이와 이야기 짓기를 즐긴다. (창의성)	1. 그림책의 장면이나, 친구의 이야기를 듣고 이어서 이야기 짓기를 어려워한다.
			2. 다른 사람의 시범이나 도움이 있으면, 간단한 문장으로 이야기 짓기를 시도한다.
			3. 그림책이나 친구 이야기에 연결된 이야기 짓기를 시도하지만 앞의 내용을 반복하는 단순한 내용이다.
			4. 그림책이나 친구 이야기와 연관되도록 이야기 짓기를 하며 확장하여 표현할 수 있다.
사회관계	나를 알고 존중하기	1. 자신의 특성을 알고 소중히 여긴다. (자아인식, 자아존중감)	1. 자신의 특성을 모른다.
			2. 도움이 있으면 자신의 특성을 안다.
			3. 나와 다른 사람의 차이를 통해 자신의 특성을 안다.
			4. 자신의 특성을 알고 소중히 여긴다.
		2. 자신의 감정을 알고 상황에 맞게 표현한다. (감정인식, 감정표현)	1. 자신의 감정을 알지 못한다.
			2. 도움이 있으면 자신의 감정을 표현한다.
			3. 자신의 감정을 알고 표현한다.
			4. 자신의 감정을 알고 상황에 맞게 표현한다.
		3. 혼자서 할 수 있는 일을 스스로 한다. (자율성, 자조 능력)	1. 혼자서 할 수 있는 일을 하지 못한다.
			2. 도움이 있으면, 혼자서 할 수 있는 일을 한다.
			3. 혼자서 할 수 있는 일을 하지만 끝내지는 못한다.
			4. 혼자서 할 수 있는 일을 스스로 한다.

<table>
<tr><th></th><th>내용 범주</th><th>관찰 문항(관찰 요소)</th><th>관찰 수준</th></tr>
<tr><td rowspan="34">사회 관계</td><td rowspan="24">더불어 생활하기</td><td rowspan="4">4. 가족을 소중히 여기는 마음을 나타낸다.(가족의 역할, 화목)</td><td>1. 가족의 일상과 아끼는 마음이 놀이에서 나타나지 않는다.</td></tr>
<tr><td>2. 도움이 있으면, 가족의 일상과 아끼는 마음을 놀이에서 나타낸다.</td></tr>
<tr><td>3. 가족의 일상과 아끼는 마음을 놀이에서 나타낸다.</td></tr>
<tr><td>4. 스스로 가족의 일상과 아끼는 마음을 놀이에서 나타낸다.</td></tr>
<tr><td rowspan="4">5. 친구를 도우며 사이좋게 지낸다.(우정, 협력)</td><td>1. 친구를 도와주지 않는다.</td></tr>
<tr><td>2. 도움이 있으면 친구를 도와준다.</td></tr>
<tr><td>3. 친구를 도와준다.</td></tr>
<tr><td>4. 친구를 도우며 사이좋게 지낸다.</td></tr>
<tr><td rowspan="4">6. 친구와의 갈등을 긍정적인 방법으로 해결한다. (갈등해결)</td><td>1. 친구와의 갈등을 긍정적인 방법으로 해결하지 못한다.</td></tr>
<tr><td>2. 도움이 있으면 친구와의 갈등을 긍정적인 방법으로 해결한다.</td></tr>
<tr><td>3. 친구와의 갈등을 긍정적인 방법으로 해결하려고 시도한다.</td></tr>
<tr><td>4. 스스로 친구와의 갈등을 긍정적으로 해결한다.</td></tr>
<tr><td rowspan="4">7. 다른 사람의 감정, 생각, 행동을 알고 존중한다.(감정인식, 공감)</td><td>1. 다른 사람의 감정이나 생각, 행동을 알지 못한다.</td></tr>
<tr><td>2. 도움이 있으면, 서로 다른 감정, 생각, 행동을 안다.</td></tr>
<tr><td>3. 서로 다른 감정, 생각, 행동을 안다.</td></tr>
<tr><td>4. 서로 다른 감정, 생각, 행동을 알고 존중한다.</td></tr>
<tr><td rowspan="4">8. 친구와 어른께 예의 바른 행동을 한다.(예절, 공경)</td><td>1. 친구와 어른에 대한 예의 바른 행동을 하지 않는다.</td></tr>
<tr><td>2. 도움이 있으면 친구와 어른께 예의 바른 행동을 한다.</td></tr>
<tr><td>3. 친구와 어른께 예의 바른 행동을 시도한다.</td></tr>
<tr><td>4. 스스로 친구와 어른께 예의 바른 행동을 한다.</td></tr>
<tr><td rowspan="4">9. 약속과 규칙을 지킨다.(사회적 가치)</td><td>1. 약속과 규칙을 지키지 않는다.</td></tr>
<tr><td>2. 도움이 있으면 약속과 규칙을 지킨다.</td></tr>
<tr><td>3. 약속과 규칙을 지키려고 시도한다.</td></tr>
<tr><td>4. 스스로 약속과 규칙을 지킨다.</td></tr>
<tr><td rowspan="8">사회에 관심 가지기</td><td rowspan="4">10. 내가 살고 있는 곳에 대해 궁금한 것을 알아본다.(지리, 경제, 직업)</td><td>1. 자기가 살고 있는 곳에 대해 궁금해하지 않는다.</td></tr>
<tr><td>2. 도움이 있으면 자기가 살고 있는 곳에 대해 궁금한 것을 알아본다.</td></tr>
<tr><td>3. 자기가 살고 있는 곳에 대해 궁금해한다.</td></tr>
<tr><td>4. 스스로 자기가 살고 있는 곳에 대해 궁금한 것을 알아본다.</td></tr>
<tr><td rowspan="4">11. 우리나라에 대해 자랑스럽게 여긴다.(애국심, 정체성)</td><td>1. 우리나라의 옛날과 현대를 나타내는 것(놀이, 음식, 물건 등)에 대해 관심을 가지지 않는다.</td></tr>
<tr><td>2. 도움이 있으면, 우리나라의 옛날과 현대를 나타내는 것(놀이, 음식, 물건 등)에 대해 관심을 가진다.</td></tr>
<tr><td>3. 우리나라의 옛날과 현대를 나타내는 것(놀이, 음식, 물건 등)에 대해 알아본다.</td></tr>
<tr><td>4. 우리나라의 옛날과 현대를 나타내는 것(놀이, 음식, 물건 등)에 대해 알고, 자랑스럽게 여긴다.</td></tr>
</table>

	내용 범주	관찰 문항(관찰 요소)	관찰 수준
사회 관계		12. 다양한 문화에 관심을 가진다.(다문화 민감성, 문화 수용성)	1. 다양한 문화에 관심이 없다.
			2. 도움이 있으면, 다양한 문화에 관심을 가진다.
			3. 다양한 문화에 관심을 가진다.
			4. 다양한 문화에 관심을 갖고 스스로 알아본다.
예술 경험	아름다움 찾아보기	1. 자연과 일상생활에서 아름다움을 찾고 즐긴다.(심미성)	1. 자연과 일상생활에서 아름다움에 관심을 보이지 않는다.
			2. 도움이 있으면 자연과 일상생활의 아름다움에 관심을 가진다.
			3. 자연과 일상생활에서 아름다움을 느낀다.
			4. 자연과 일상생활에서 아름다움을 즐긴다.
		2. 예술적 요소에 관심을 갖고 찾아본다.(심미성, 자율성)	1. 예술적 요소에 관심이 없다.
			2. 도움이 있으면 예술적 요소에 관심을 갖는다.
			3. 자발적으로 예술적 요소를 찾아본다.
			4. 예술적 요소를 찾아 활용하기를 즐긴다.
	창의적으로 표현하기	3. 노래를 즐겨 부른다. (유희성, 창의성)	1. 노래 부르기에 관심이 없다.
			2. 교사와 또래가 함께 노래를 부를 때 몸을 움직이거나 익숙한 부분을 흥얼거리며 따라 부른다.
			3. 간단하고 친숙한 노래는 부분적으로 부른다.
			4. 일상생활에서 노래를 즐겨 부른다.
		4. 신체, 사물, 악기의 소리를 탐색하여 간단한 리듬 만들기를 즐긴다. (리듬, 창작)	1. 신체나 악기에서 나는 소리와 리듬에 관심이 없다.
			2. 도움을 받으면 주변의 소리와 리듬에 관심을 가진다.
			3. 신체, 사물, 악기로 만들어진 소리와 리듬을 찾아 볼 수 있다.
			4. 신체, 사물, 악기로 소리와 리듬을 만들어 본다.
		5. 신체나 도구를 이용해 움직임과 춤으로 자신의 느낌을 표현한다. (신체표현, 자발성)	1. 신체나 도구를 이용하여 움직임과 춤으로 표현하는 것에 관심이 없다.
			2. 도움이 있으면 신체나 도구를 활용하여 움직임과 춤으로 표현하는 것에 관심을 가진다.
			3. 신체나 도구를 활용하여 움직임과 춤으로 표현할 수 있다.
			4. 신체나 도구를 활용하여 움직임과 춤으로 자유롭게 표현한다.
		6. 다양한 자료와 도구를 이용해 자신의 생각과 느낌을 표현한다. (미술표현)	1. 다양한 미술재료와 도구를 사용하는 것에 관심이 없다.
			2. 도움이 있으면 다양한 미술재료와 도구의 특징에 관심을 가진다.
			3. 다양한 미술재료와 도구를 사용하여 표현할 수 있다.
			4. 다양한 미술재료와 도구로 자신의 생각과 느낌을 표현한다.

	내용 범주	관찰 문항(관찰 요소)	관찰 수준
예술 경험		7. 자신의 경험이나 이야기를 극놀이로 표현한다. (극놀이표현)	1. 극놀이에 관심이 없다.
			2. 도움이 있으면 극놀이에 관심을 가진다.
			3. 경험이나 이야기를 이용하여 극놀이를 할 수 있다.
			4. 경험이나 이야기를 극으로 표현하는 것을 즐긴다.
	예술 감상하기	8. 다양한 예술을 감상하며 상상하기를 즐긴다. (상상력, 예술감상)	1. 예술을 감상하는 데 관심이 없다.
			2. 도움이 있으면 예술감상에 관심을 가진다.
			3. 다양한 예술감상에 관심을 가지고 상상한다.
			4. 다양한 예술을 감상하며 상상하는 것을 즐긴다.
		9. 서로 다른 예술표현을 존중한다. (수용성, 융통성)	1. 서로 다른 예술표현에 관심이 없다.
			2. 도움이 있으면 서로 다른 예술표현에 관심을 가진다.
			3. 서로 다른 예술표현에서의 공통점과 차이점을 찾아본다.
			4. 서로 다른 예술표현을 이해하고 소중히 여긴다.
		10. 우리나라 전통예술에 관심을 갖고 친숙해진다. (전통예술)	1. 우리나라 전통예술에 관심이 없다.
			2. 도움이 있으면 우리나라 전통예술에 관심을 가진다.
			3. 우리나라 전통예술에 관심을 가진다.
			4. 우리나라 전통예술에 친숙해진다.
자연 탐구	탐구 과정 즐기기	1. 주변세계와 자연에 대해 지속적으로 호기심을 가진다. (호기심, 지속성)	1. 주변 세계와 자연에 대해 관심이 없다.
			2. 주변 세계와 자연에 대해 관심이 나타나지만 지속되지 않는다.
			3. 도움이 있으면, 주변 세계와 자연에 대해 궁금해한다.
			4. 주변 세계와 자연에 대한 호기심을 지속적으로 표현한다.
		2. 궁금한 것을 탐구하는 과정에 즐겁게 참여한다. (흥미, 자발성, 탐구태도)	1. 궁금한 것을 탐구하는 과정에 관심이 없다.
			2. 도움이 있으면, 궁금한 것을 탐구하는 과정에 관심을 갖는다.
			3. 궁금한 것을 탐구하는 과정에 참여한다.
			4. 스스로 궁금한 것을 탐구하는 과정에 즐겁게 참여한다.
		3. 탐구 과정에서 서로 다른 생각에 관심을 가진다. (개방성, 수용성)	1. 탐구 과정에서 자신과 다른 생각에 대한 관심이 없다.
			2. 도움이 있으면, 자신과 다른 생각에 관심을 가진다.
			3. 탐구 과정에서 자신과 다른 생각에 관심을 가진다.
			4. 탐구 과정에서 서로 다른 생각에 적극적으로 관심을 가진다.
	생활 속에서 탐구하기	4. 물체와 물질의 특성(크기, 모양, 색, 냄새, 소리, 질감 등)과 변화를 여러 가지 방법으로 탐색한다. (탐색, 다양성)	1. 물체와 물질의 특성이나 변화에 관심이 없다.
			2. 도움이 있으면, 물체와 물질의 특성과 변화에 관심을 보인다.
			3. 물체와 물질의 특성이 변화하는 과정에 관심을 가지고 탐색한다.
			4. 물체와 물질의 특성과 변화를 여러 가지 방법(관찰, 분류, 예측, 비교, 실험 등)으로 탐색한다.

	내용 범주	관찰 문항(관찰 요소)	관찰 수준
자연 탐구	생활 속에서 탐구하기	5. 물체를 세어 수량을 알아본다. (수 세기, 양)	1. 10개 이하의 물체를 세어 수량을 알아보는 데 어려움이 있다.
			2. 도움이 있으면, 10개 가량의 물체를 세어 수량을 알아보는 데 관심을 갖는다.
			3. 10까지의 수를 순서대로 말하며 물체의 수량을 정확히 헤아린다.
			4. 스스로 물체를 세어 수량(20까지의 수)을 알고 수량을 비교할 수 있다.
		6. 물체의 위치와 방향, 모양을 알고 구별한다. (위치와 방향, 공간관계, 기하학)	1. 물체의 위치와 방향, 모양을 구별하지 못한다.
			2. 도움이 있으면, 물체의 위치와 방향, 모양을 구별하는 것에 관심을 보인다.
			3. 물체의 위치와 방향, 모양을 구별하나 물체들 간의 관계적인 이해는 어려워한다.
			4. 물체의 위치와 방향, 모양을 알고 물체들 간의 관계를 분석, 비교하거나 구성할 수 있다.
		7. 일상에서 길이, 크기, 무게 등의 속성을 비교한다. (비교, 임의 단위)	1. 일상에서 길이, 크기, 무게 등의 속성을 비교하는 것을 어려워한다.
			2. 도움이 있으면, 일상에서 길이, 크기, 무게 등의 속성을 비교한다.
			3. 일상에서 길이, 크기, 무게 등의 속성을 비교할 수 있다.
			4. 일상에서 길이, 크기, 무게 등의 속성을 다양하게 비교한다.
		8. 주변에서 반복되는 규칙을 찾는다. (규칙성)	1. 주변에서 반복되는 규칙을 찾는 것에 관심이 없다.
			2. 도움이 있으면, 반복되는 규칙에 관심을 보인다.
			3. 주변에서 반복되는 단순한 규칙을 찾는다.
			4. 주변에서 반복되는 복잡한 규칙을 찾는다.
		9. 일상에서 모은 자료를 기준에 따라 분류한다. (자료 수집, 자료 분류)	1. 일상에서 모은 자료를 분류하지 못한다.
			2. 도움이 있으면, 일상에서 모은 자료를 기준에 따라 분류할 수 있다.
			3. 일상에서 모은 자료를 기준에 따라 분류할 수 있다.
			4. 일상에서 모은 자료를 스스로 다양한 기준에 따라 분류한다.
		10. 도구와 기계에 대해 관심을 가진다. (도구와 기계의 이해, 활용)	1. 도구나 기계에 관심이 없다.
			2. 도움이 있으면, 도구나 기계에 관심을 보인다.
			3. 도구와 기계에 대해 관심을 가진다.
			4. 스스로 도구와 기계를 사용한다.
	자연과 더불어 생활하기	11. 주변의 동식물에 관심을 가진다. (생물의 특성, 성장)	1. 주변 동식물에 관심이 없다.
			2. 도움이 있으면, 주변의 동식물에 대해 관심을 가진다.
			3. 주변의 동식물의 여러 가지 특성에 대해 관심을 가진다.
			4. 동식물의 여러 가지 특성과 성장 과정에 관심을 가진다.

	내용 범주	관찰 문항(관찰 요소)	관찰 수준
자연 탐구	자연과 더불어 생활하기	12. 생명과 자연환경을 소중히 여긴다.(생명 존중, 환경 보호)	1. 생명과 자연환경을 소중히 여기지 않는다.
			2. 도움이 있으면, 생명과 자연환경에 대해 관심을 가진다.
			3. 도움이 있으면, 생명과 자연환경을 소중히 여긴다.
			4. 생명과 자연환경을 소중히 여기고 보호한다.
		13. 날씨와 계절의 변화를 생활과 관련짓는다.(자연 현상)	1. 날씨와 계절의 변화에 관심이 없다.
			2. 도움이 있으면, 날씨와 계절의 변화에 관심을 가진다.
			3. 날씨와 계절의 변화에 관심이 가진다.
			4. 날씨와 계절의 변화를 알고 생활과 관련짓는다.

(2) 수집 자료와 수량 결정

포트폴리오 평가를 위해서 수집하는 자료는 핵심 자료와 개별화 자료가 있다. 평가 내용의 근거 자료로 사용할 핵심 자료는 모든 유아들에게 수집하는 자료의 유형으로 평가 내용에 따라 수량을 융통성 있게 결정하나, 기본적으로 학기 또는 1년에 걸쳐 2~3회 수집하는 것이 적절하다. 유아의 개별적 흥미, 특성, 학습 수준을 평가하기 위한 개별화 자료는 수시로 유아와 협의하여 수집한다.

평가 내용을 효과적으로 평가하기 위해서는 핵심 자료를 적절하게 선정해야 한다. 핵심 자료 선정 시 다음과 같은 점을 유의한다.

- 포트폴리오에 포함되는 평가 내용별 핵심 자료는 누리과정을 평가할 수 있는 것으로 선정한다.
- 유아들의 놀이, 일상생활, 활동을 통해 수집 가능한 것으로 선정한다.
- 핵심 자료는 같은 유형의 자료를 반복적으로 수집한다.
- 핵심 자료는 모든 유아들에게 공통적으로 수집하는 자료이지만, 획일적인 것보다는 유형이 유사한 자료로 대체하여 수집하는 것이 바람직하다.
- 유아의 독특한 흥미와 재능을 나타내는 개별화 자료는 연간계획과 관계없이 포트폴리오에 포함시킬 수 있다.
- 여러 유아들이 함께 놀이하거나 참여한 평가 자료도 각 유아를 평가할 때 사용할 수 있다.

누리과정의 영역별 평가 내용에 따른 만 5세 유아 포트폴리오 핵심 자료의 예는 〈표 1-3-2〉와 같다.

표 1-3-2 영역별 내용 범주에 따른 유아 포트폴리오 핵심 자료의 예

<table>
<tr><th rowspan="2">영역</th><th rowspan="2">내용 범주</th><th rowspan="2">관찰 문항</th><th colspan="3">핵심 자료(놀이, 활동)</th></tr>
<tr><th>1회</th><th>2회</th><th>3회</th></tr>
<tr><td rowspan="3">신체운동·건강</td><td rowspan="3">신체활동 즐기기</td><td>상황에 맞는 바른 태도로 듣고 말한다.</td><td>오리기 결과물 (조형)</td><td>오리기 결과물 (조형)</td><td>오리기 결과물 (조형)</td></tr>
<tr><td>신체를 조절하여 움직인다.</td><td rowspan="2">사진 및 관찰기록 (신체표현)</td><td rowspan="2">사진 및 관찰기록 (게임)</td><td rowspan="2">사진 및 관찰기록 (게임)</td></tr>
<tr><td>기본 운동(기초적인 이동 운동, 제자리 운동, 도구를 이용한 운동)을 한다.</td></tr>
<tr><td rowspan="4">의사소통</td><td rowspan="3">듣기와 말하기</td><td>말이나 이야기를 관심 있게 듣는다.</td><td rowspan="3">일화기록 및 녹음 자료 (이야기 나누기)</td><td rowspan="3">일화기록 및 녹음 자료 (이야기 나누기)</td><td rowspan="3">일화기록 및 녹음 자료 (이야기 나누기)</td></tr>
<tr><td>상대방이 하는 이야기를 듣고 적절하게 말한다.</td></tr>
<tr><td>상황에 맞는 바른 태도로 듣고 말한다.</td></tr>
<tr><td>읽기와 쓰기에 관심 가지기</td><td>자신의 생각을 글자와 비슷한 형태로 표현한다.</td><td>쓰기 결과물 (조형)</td><td>쓰기 결과물 (동시 쓰기)</td><td>쓰기 결과물 (관찰)</td></tr>
<tr><td>사회관계</td><td>나를 알고 존중하기</td><td>자신의 감정을 알고 상황에 맞게 표현한다.</td><td>사진 및 관찰기록 (자유놀이)</td><td>사진 및 관찰기록 (자유놀이)</td><td>사진 및 관찰기록 (자유놀이)</td></tr>
</table>

영역	내용 범주	관찰 문항	핵심 자료(주제/놀이, 활동)		
			1회	2회	3회
사회 관계	더불어 생활하기	친구를 도우며 사이좋게 지낸다.	일화기록 (공동 조형)	일화기록 (공동 조형)	일화기록 (공동 조형)
		친구와의 갈등을 긍정적인 방법으로 해결한다.			
예술 경험	창의적으로 표현하기	신체나 도구를 이용해 움직임과 춤으로 자신의 느낌을 표현한다.	일화기록 (신체표현)	일화기록 (신체표현)	일화기록 (신체표현)
		다양한 자료와 도구를 이용해 자신의 생각과 느낌을 표현한다.	그리기 결과물 (조형)	그리기 결과물 (조형)	그리기 결과물 (조형)
자연 탐구	탐구과정 즐기기	주변 세계와 자연에 대해 지속적으로 호기심을 가진다.	관찰기록지 (관찰)	관찰기록지 (관찰)	관찰기록지 (관찰)
		궁금한 것을 탐구하는 과정에 즐겁게 참여한다.			
		탐구과정에서 서로 다른 생각에 관심을 가진다.			
	생활 속에서 탐구하기	물체와 물질의 특성(크기, 모양, 색, 냄새, 소리, 질감 등)과 변화를 여러 가지 방법으로 탐색한다.	사진 및 관찰기록 (요리)	사진 및 관찰기록 (요리)	사진 및 관찰기록 (요리)

〈표 1-3-2〉에 제시한 것처럼 각 영역별로 평가 내용에 따라 2개씩 핵심 자료를 정하여 핵심 자료별로 3회 자료를 수집한다면, 총 30개의 자료를 수집하게 된다.

핵심 자료 이외의 개별화 자료가 추가될 수 있다. 수집할 핵심 자료에 따른 수집 자료의 수량을 정리하면 다음 〈표 1-3-3〉과 같다.

표 1-3-3 영역별 평가 내용 및 핵심 자료에 따른 수집 자료의 수량

구분	신체운동 · 건강	의사소통	사회관계	예술경험	자연탐구	총
평가 내용 수	3개	5개	4개	2개	5개	19개
핵심 자료 수	2개	2개	2개	2개	2개	10개
수집 자료 수	6개	6개	6개	6개	6개	30개

(3) 연간 자료 수집 계획안 작성

핵심 자료, 주제, 월별 수집 자료의 수량 등을 고려하여 연간 자료 수집 계획안을 작성한다. 이와 같은 연간계획안 작성을 통해 언제, 어떤 자료를 수집해야 하는 지를 전체적으로 파악할 수 있다. 유아 포트폴리오 평가를 위한 연간 자료 수집 계획안은 학기 초나 년 초에 작성해야 효과적으로 자료 수집이 진행될 수 있다. 영역별 핵심 자료 수집 연간계획안의 예는 〈표 1-3-4〉와 같다.

표 1-3-4 핵심 자료 수집 연간계획안

<table>
<tr><th>월</th><th>신체운동 · 건강</th><th>의사소통</th><th>사회관계</th><th>예술경험</th><th>자연탐구</th></tr>
<tr><td rowspan="2">3월</td><td rowspan="2"></td><td rowspan="2"></td><td>사진 및 관찰기록
(자유놀이)</td><td rowspan="2"></td><td rowspan="2"></td></tr>
<tr><td>일화기록
(공동 조형)</td></tr>
<tr><td rowspan="2">4월</td><td rowspan="2"></td><td rowspan="2"></td><td rowspan="2"></td><td rowspan="2">일화기록
(신체표현)</td><td>관찰기록지
(관찰)</td></tr>
<tr><td>사진 및 관찰기록
(요리)</td></tr>
</table>

월	신체운동·건강	의사소통	사회관계	예술경험	자연탐구
4월	오리기 결과물 (조형) 일화기록 (신체표현)				
5월		일화기록 및 녹음 자료 (이야기 나누기)	사진 및 관찰기록 (자유놀이) 일화기록 (공동 조형)		
6월				그리기 결과물 (조형)	
6월	오리기 결과물 (조형) 일화기록 (게임)	쓰기 결과물 (조형)			
7월		일화기록 및 녹음 자료 (이야기 나누기)		그리기 결과물 (조형)	관찰기록지 (관찰) 사진 및 관찰기록 (요리)
9월				일화기록 (신체표현)	
9월					
10월	오리기 결과물 (조형)	쓰기 결과물 (동시 쓰기)		그리기 결과물 (조형)	관찰기록지 (관찰)
11월	일화기록 (게임)			일화기록 (신체표현)	
11월		쓰기 결과물 (관찰)	사진 및 관찰기록 (자유놀이) 일화기록 (공동 조형)		
12월		일화기록 및 녹음 자료 (이야기 나누기)			사진 및 관찰기록 (요리)

2) 자료 수집 및 교사 논평

자료를 수집할 때에는 계획에 따라서 핵심 자료별로 3~4회 정도 수집한다. 수집한 자료는 날짜 및 활동에 대한 간단한 기록을 쓰고, 평가 준거를 사용하여 평가한 다음, 교사의 논평을 쓴다.

표 1-3-5 자료 수집 및 교사 논평의 예

- 평가 내용 : 신체활동 즐기기
- 핵심 자료 : 사진 및 일화기록
- 유 아 명 : 이준영(만 5세)
- 날　　짜 : 2019년 4월 5일
- 주　　제 : 나와 가족
- 활　　동 : 시계 오리기(자유놀이-조형)
- 관찰 기록

조형놀이 영역에서 시계본 1장을 꺼낸다. 색연필통에서 색연필을 가지고 와서 색칠을 한다. 하나는 연두색, 다른 하나는 파란색으로 색칠한다. 빽빽하게 색칠하지는 않았으나 색이 시계 모양 밖으로 나가지 않는다. 그런 다음 가위로 원형의 시계를 오린다. 선을 따라 오리지 못하고 대략적으로 주변을 오린다. 시계 모양에 바늘을 만들어 붙인다. 바늘의 선도 삐뚤다.

평가 내용	관찰 문항	관찰 수준	
신체활동 즐기기	신체를 조절하여 움직인다.	1. 신체를 조절하여 움직이는 데 어려움을 갖는다.	
		2. 도움을 받아 신체를 조절하여 움직인다.	
		3. 신체를 조절하여 움직일 수 있다.	✓
		4. 신체를 조절하여 능숙하게 움직인다.	
해석	준영이는 눈과 손 등의 감각기관을 활용하고, 감각기관인 눈과 손의 협응이 어느 정도 발달되어 있으나 능숙하게 발달하지는 못해서 가위질을 할 때 삐뚤게 오린다. 복잡한 소근육 활동을 수행하려고 하나 조절력이 부족하다.		
지도계획	눈과 손의 소근육 협응력과 정교하게 오릴 수 있는 능력을 길러 주기 위해서 오리기, 끼우기 등의 다양한 소근육 조작 활동 경험을 지원해야겠다.		

3) 자료 정리 및 포트폴리오 구성

주기적으로 수집한 자료를 정리하고, 자료 수집이 끝나면 최종적으로 자료를 정리하고 종합하여 포트폴리오를 구성하고 해석하여 보고서를 작성한다. 보고서 작성 시 유아의 성장 경향, 성취도, 특성, 도움이 필요한 부분에 대해서 분석하여 평가한다. 포트폴리오 표지에는 유아 사진이나 유아의 작품 사진과 함께 제작 연도, 유치원명, 반명, 유아 이름과 생년 월일을 기록한다.

4) 활용 및 보고

제작된 포트폴리오를 활용하여 부모 면담에서 유아에 대해서 보고하고, 다음 학기나 다음 해의 교육과정 및 유아지도를 위한 계획을 수립한다. 그리고 제작한 포트폴리오는 다음 학기나 다음 해에 내용을 추가하여 포트폴리오를 재구성할 수 있다. 이러한 경우, 유아를 보다 장기적으로 평가할 수 있다.

5) 유아 포트폴리오의 예

목차

1) 신체운동 · 건강 영역

2) 의사소통 영역

3) 사회관계 영역

4) 예술경험 영역

5) 자연탐구 영역

(1) 신체운동 · 건강 영역

★ 신체활동 즐기기 : 1회

- 평가 내용 : 신체활동 즐기기
- 핵심 자료 : 일화기록
- 유 아 명 : 이준영(만 5세)
- 날　　짜 : 2019년 4월 15일
- 주　　제 : 나와 가족
- 활　　동 : 선 따라 걷기(신체표현)
- 관찰 기록

실외놀이터에서 '선 따라 걷기' 활동을 한 후, 선생님이 치는 우드블록 소리에 맞추어 걸어 보는 활동을 한다. 준영이는 앞면을 바라보기도 하지만, 선을 확인하면서 걷기 활동을 한다. 악기 소리에 맞추어 걸을 때는 한 템포씩 박자를 놓치면서 걸었다. 소리에 신경을 쓰게 되면서 선 밖으로 한두 걸음 벗어나기도 한다.

평가 내용	관찰 문항	관찰 수준	
신체활동 즐기기	신체를 조절하여 움직인다.	1. 신체를 조절하여 움직이는 데 어려움을 갖는다.	
		2. 도움을 받아 신체를 조절하여 움직인다.	✓
		3. 신체를 조절하여 움직일 수 있다.	
		4. 신체를 조절하여 능숙하게 움직인다.	
	기본 운동(기초적인 이동 운동, 제자리 운동, 도구를 이용한 운동)을 한다. (수행력, 운동 능력)	1. 기본 운동(기초적인 이동 운동, 제자리 운동, 도구를 이용한 운동)을 수행하는 데 어려움이 있다.	
		2. 도움을 받으면 기본 운동(기초적인 이동 운동, 제자리 운동, 도구를 이용한 운동)을 시도한다.	
		3. 기본 운동(기초적인 이동 운동, 제자리 운동, 도구를 이용한 운동)을 할 수 있다.	✓
		4. 기본 운동(기초적인 이동 운동, 제자리 운동, 도구를 이용한 운동)을 능숙하게 한다.	
해석	준영이는 비교적 선 따라 걷는 활동에 어려움을 보이지는 않지만, 박자에 맞추어서 걷기 활동을 하는 것은 쉽지 않다. 준영이는 선 따라 걷는 활동을 통해서 어느 정도의 균형감과 조절력을 나타냈으나, 안정감과 협응력이 다소 부족하다. 걷기의 기본 운동 능력은 숙달된 것으로 나타났지만 여러 가지 제시된 조건에 따른 기본 운동 능력의 발달은 부족하다.		
지도계획	리듬에 맞추어 걷기 활동의 경험을 제공하여, 다양한 조건에 따라 자연스럽게 걷는 능력을 길러 주도록 해야겠다.		

★ 신체활동 즐기기 : 2회

- 평가 내용 : 신체활동 즐기기
- 핵심 자료 : 일화기록
- 유 아 명 : 이준영(만 5세)
- 날　　짜 : 2019년 6월 11일
- 주　　제 : 건강과 안전
- 활　　동 : 장애물 통과하기(게임)
- 관찰 기록

장애물을 건드리지 않고, 장애물을 통과하여 목적물까지 갔다가 빨리 돌아오는 사람이 이기는 1대1 게임이다. 준영이는 자기 차례가 되어 출발선에 선다. 출발 신호를 듣고 잠시 있다가 다른 친구가 출발하는 것을 보고는 출발한다. 출발한 다음에는 장애물을 2개 건드리기는 했으나 쓰러트리지 않고 장애물을 통과하여 목적물까지 도착한다. 다시 돌아서 올 때에도 같은 방법으로 장애물 사이를 지그재그로 통과하여 돌아온다. 돌아올 때는 장애물을 건드리지 않는다. 상대편 친구가 먼저 돌아와서 준영이가 게임에서 진다.

평가 내용	관찰 문항	관찰 수준	
신체활동 즐기기	신체를 조절하여 움직인다.	1. 신체를 조절하여 움직이는 데 어려움을 갖는다.	
		2. 도움을 받아 신체를 조절하여 움직인다.	
		3. 신체를 조절하여 움직일 수 있다.	✓
		4. 신체를 조절하여 능숙하게 움직인다.	
	기본 운동(기초적인 이동 운동, 제자리 운동, 도구를 이용한 운동)을 한다. (수행력, 운동 능력)	1. 기본 운동(기초적인 이동 운동, 제자리 운동, 도구를 이용한 운동)을 수행하는 데 어려움이 있다.	
		2. 도움을 받으면 기본 운동(기초적인 이동 운동, 제자리 운동, 도구를 이용한 운동)을 시도한다.	
		3. 기본 운동(기초적인 이동 운동, 제자리 운동, 도구를 이용한 운동)을 할 수 있다.	✓
		4. 기본 운동(기초적인 이동 운동, 제자리 운동, 도구를 이용한 운동)을 능숙하게 한다.	
해석	준영이는 출발 신호 시 바로 출발하지 못하고, 잠시 주춤한 상태에서 출발하는 모습을 보였으나, 정해진 규칙에 따라 활동을 할 수 있다. 준영이는 어느 정도의 균형감과 조절력을 나타냈으나, 안정감은 다소 부족하다. 걷고, 달리는 등의 기본 운동 능력은 숙달된 것으로 나타났다.		
지도계획	보다 상황에 민첩하게 반응하는 활동 경험을 제공하여 유아의 순발력을 촉진할 필요가 있다.		

★ 신체활동 즐기기 : 3회

- 평가 내용 : 신체활동 즐기기
- 핵심 항목 : 일화기록
- 유 아 명 : 이준영(만 5세)
- 날 짜 : 2019년 10월 8일
- 주 제 : 우리나라
- 활 동 : 닭싸움(게임)
- 관찰 기록

게임 시간에 우리나라 전통놀이인 닭싸움을 하였다. 각 팀에서 1명씩 나와서 1대 1로 게임을 하였다. 준영이의 상대로 형섭이가 닭싸움을 하였다. 준영이는 두 손으로 한 쪽 다리를 잡는다. 한 발로 조금씩 뛰면서 형섭이는 방향으로 움직인다. 준영이와 형섭이가 마주쳤다. 준영이가 형섭이를 조금 밀다가 다리에서 손을 놓친다. 다시 다리를 잡고 형섭이를 민다. 이번에는 형섭이가 다리를 놓친다. 다시 손으로 다리를 잡는다. 준영이가 다시 밀자 형섭이가 넘어진다. 닭싸움은 40초 정도 진행되었다.

평가 내용	관찰 문항	관찰 수준	
신체활동 즐기기	신체를 조절하여 움직인다.	1. 신체를 조절하여 움직이는 데 어려움을 갖는다.	
		2. 도움을 받아 신체를 조절하여 움직인다.	
		3. 신체를 조절하여 움직일 수 있다.	
		4. 신체를 조절하여 능숙하게 움직인다.	✓
	기본 운동(기초적인 이동 운동, 제자리 운동, 도구를 이용한 운동)을 한다. (수행력, 운동 능력)	1. 기본 운동(기초적인 이동 운동, 제자리 운동, 도구를 이용한 운동)을 수행하는 데 어려움이 있다.	
		2. 도움을 받으면 기본 운동(기초적인 이동 운동, 제자리 운동, 도구를 이용한 운동)을 시도한다.	
		3. 기본 운동(기초적인 이동 운동, 제자리 운동, 도구를 이용한 운동)을 할 수 있다.	
		4. 기본 운동(기초적인 이동 운동, 제자리 운동, 도구를 이용한 운동)을 능숙하게 한다.	✓
해석	준영이는 한쪽 다리를 잡은 상태에서 일정 시간 동안 서 있을 수 있고, 원하는 목적지를 향해서 이동할 수 있다. 준영이는 대근육의 균형 감각과 조절할 수 있는 능력을 보이고, 손과 다리 대근육의 협응이 가능하다.		
지도계획	이동 운동 능력이 능숙함으로 지속적으로 균형 감각을 유지할 수 있는 다양한 활동 경험을 제공해야겠다.		

(2) 의사소통 영역

★ 듣기와 말하기 : 1회

- 평가 내용 : 듣기와 말하기
- 핵심 자료 : 일화기록 및 녹음 자료
- 유 아 명 : 이준영(만 5세)
- 날　　짜 : 2019년 5월 9일
- 주　　제 : 우리 동네
- 활　　동 : 우리 동네에 있는 기관(이야기 나누기)
- 관찰 기록

이야기 나누기를 하는 동안, 의자에 앉아 있는 준영이는 선생님이 이야기를 하고 있는 중에 오른쪽 옆에 앉아 있는 지형에게 말을 시킨다. 선생님이 "준영아, 지금 선생님이 이야기하고 있으니까 잘 들어 보자."라고 이야기하자 "네."하고 대답하고 곧바로 자세를 바르게 앉고 선생님을 바라본다. 선생님이 "편지를 부칠 때는 어느 곳으로 가면 될까?"하고 질문하자 카펫에 앉아 있는 지혜가 "우체국에 가요."라고 대답한다. 그러자 "우체통에 넣어도 돼요."라고 준영이가 끼어들면서 이야기한다.

평가 내용	관찰 문항	관찰 수준	
듣기와 말하기	말이나 이야기를 관심 있게 듣는다.	1. 교사나 또래의 말이나 이야기를 주의 깊게 듣지 않는다.	
		2. 교사의 제안이나 시범이 있으면, 타인의 말이나 이야기에 관심을 갖는다.	✓
		3. 교사나 또래의 말이나 이야기를 관심 있게 듣지만, 중간에 생각이 떠오르면 상대의 말이 끝나기 전에 곧바로 말한다.	
		4. 타인의 말이나 이야기를 끝까지 관심 있게 들으면서 적절한 표현이나 행동을 한다.	

<table>
<tr><th>평가 내용</th><th>관찰 문항</th><th colspan="2">관찰 수준</th></tr>
<tr><td rowspan="8">듣기와 말하기</td><td rowspan="4">상대방이 하는 이야기를 듣고 적절하게 말한다.</td><td>1. 상대방이 하는 이야기를 듣고 관련해서 말하지 못한다.</td><td></td></tr>
<tr><td>2. 도움이 있으면, 상대방이 한 이야기를 듣고 관련해서 말한다.</td><td></td></tr>
<tr><td>3. 상대방이 한 이야기를 듣고 일부 적절하게 말한다.</td><td>✓</td></tr>
<tr><td>4. 상대방이 하는 이야기는 듣고 적절하게 말한다.</td><td></td></tr>
<tr><td rowspan="4">상황에 맞는 바른 태도로 듣고 말한다.</td><td>1. 교사나 또래의 말에 집중하지 못하고 주변 사물을 만지작거리거나, 엉뚱한 말을 한다.</td><td></td></tr>
<tr><td>2. 교사의 지시가 있으면, 교사나 또래의 말을 듣지만 오래 지속되지는 않는다.</td><td>✓</td></tr>
<tr><td>3. 교사의 질문이나 설명에 관심을 갖고 듣지만, 생각나는 대로 자신의 생각을 말한다.</td><td></td></tr>
<tr><td>4. 교사나 또래의 말을 끝까지 듣고 난 후, 차례가 되었을 때 말한다.</td><td></td></tr>
<tr><td>해석</td><td colspan="3">준영이는 교사의 이야기를 관심 있게 듣지 않고 옆의 친구와 이야기를 하지만 교사의 안내가 있을 경우에는 이해하고 따른다. 이야기 내용을 듣고 적절하게 말할 수 있다. 준영이는 교사의 안내가 있으면 상황에 맞게 행동하고, 이야기 내용을 이해하고 적절하게 대답할 수 있다. 다른 사람의 이야기에 관심을 보이지만, 주의 깊게 듣는 것이 부족하다.</td></tr>
<tr><td>지도계획</td><td colspan="3">타인의 이야기가 끝날 때까지 기다리는 바른 언어 습관을 형성하도록 지원할 필요가 있다.</td></tr>
</table>

★ 듣기와 말하기 : 2회

- 평가 내용 : 듣기와 말하기
- 핵심 자료 : 일화기록 및 녹음 자료
- 유 아 명 : 이준영(만 5세)
- 날 짜 : 2019년 7월 9일
- 주 제 : 여름
- 활 동 : 날씨(점심)
- 관찰 기록

준영이는 선생님과 다른 친구들과 함께 같은 책상에서 점심을 먹고 있다. 교사가 "오늘 날씨가 덥지?"하고 묻자, 아이들은"너무 더워요."라고 대답한다. 준영이도 "더워서 아이스크림 먹고 싶어요."라고 말한다. 교사가 "이렇게 더울 때는 어떤 것을 하면 좋은 것 같아?"라고 묻자 현수는 "선풍기 틀어요. 선풍기를 틀면…", 준영이가 현수의 이야기가 끝나기도 전에 "수영이요, 물놀이도 해요."라고 말한다. 교사가 "현수가 선풍기에 대해 이야기했는데 어떤 이야기인지 더 들어보자."라고 말하자 준영이가 "선풍기보다 에어컨이 더 시원해요."라고 말한다.

평가 내용	관찰 문항	관찰 수준	
듣기와 말하기	말이나 이야기를 관심 있게 듣는다.	1. 교사나 또래의 말이나 이야기를 주의 깊게 듣지 않는다.	
		2. 교사의 제안이나 시범이 있으면, 타인의 말이나 이야기에 관심을 갖는다.	
		3. 교사나 또래의 말이나 이야기를 관심 있게 듣지만, 중간에 생각이 떠오르면 상대의 말이 끝나기 전에 곧바로 말한다.	✓
		4. 타인의 말이나 이야기를 끝까지 관심 있게 들으면서 적절한 표현이나 행동을 한다.	

평가 내용	관찰 문항	관찰 수준	
듣기와 말하기	상대방이 하는 이야기를 듣고 적절하게 말한다.	1. 상대방이 하는 이야기를 듣고 관련해서 말하지 못한다.	
		2. 도움이 있으면, 상대방이 한 이야기를 듣고 관련해서 말한다.	
		3. 상대방이 한 이야기를 듣고 일부 적절하게 말한다.	✓
		4. 상대방이 하는 이야기는 듣고 적절하게 말한다.	
	상황에 맞는 바른 태도로 듣고 말한다.	1. 교사나 또래의 말에 집중하지 못하고 주변 사물을 만지작거리거나, 엉뚱한 말을 한다.	
		2. 교사의 지시가 있으면, 교사나 또래의 말을 듣지만 오래 지속되지는 않는다.	✓
		3. 교사의 질문이나 설명에 관심을 갖고 듣지만, 생각나는 대로 자신의 생각을 말한다.	
		4. 교사나 또래의 말을 끝까지 듣고 난 후, 차례가 되었을 때 말한다.	
해석	준영이는 선생님의 이야기를 관심 있게 듣고, 상황에 맞게 말하지만, 생각이 나면 다른 사람의 이야기가 끝나는 것을 기다리지 못하고 바로 말한다.		
지도계획	준영이는 친구가 이야기할 때 끝까지 관심 있게 듣고, 다른 친구의 이야기가 끝날 때까지 기다렸다가 이야기하는 습관을 가질 수 있도록 지도해야겠다.		

★ 듣기와 말하기 : 3회

- 평가 내용 : 듣기와 말하기
- 핵심 자료 : 일화기록 및 녹음 자료
- 유 아 명 : 이준영(만 5세)
- 날 짜 : 2019년 12월 11일
- 주 제 : 겨울
- 활 동 : 겨울의 모습(이야기 나누기)

- 관찰 기록

준영이는 "선생님 겨울만 있는 나라도 있지요?"라고 질문한다. 교사가 계절의 변화를 설명하면서, 아이들에게 "우리나라에는 어떤 계절이 있을까?"라고 질문하자 준영이가 "봄, 여름이요." 다른 친구들이 가을과 겨울을 이야기한다. 준영이는 이야기하는 친구들을 바라보면서 이야기를 끝까지 듣는다. 교사가 다시 "모두 몇 개의 계절이 있을까?"라고 묻자, 준영이는 손가락 4개를 펴면서 "4번"이라고 이야기한다. 교사가 계절별 카드를 보여 주며 계절의 이름과 그림, 옷차림을 찾는 활동을 한다. 호명된 아이들이 앞으로 나와서 카드를 붙인다. 모두 바르게 그림 카드와 관련된 계절을 연결한다. 준영이도 겨울과 외투 사진을 올바르게 찾아서 붙인다.

평가 내용	관찰 문항	관찰 수준	
듣기와 말하기	말이나 이야기를 관심 있게 듣는다.	1. 교사나 또래의 말이나 이야기를 주의 깊게 듣지 않는다.	
		2. 교사의 제안이나 시범이 있으면, 타인의 말이나 이야기에 관심을 갖는다.	
		3. 교사나 또래의 말이나 이야기를 관심 있게 듣지만, 중간에 생각이 떠오르면 상대의 말이 끝나기 전에 곧바로 말한다.	
		4. 타인의 말이나 이야기를 끝까지 관심 있게 들으면서 적절한 표현이나 행동을 한다.	✓

평가 내용	관찰 문항	관찰 수준	
듣기와 말하기	상대방이 하는 이야기를 듣고 적절하게 말한다.	1. 상대방이 하는 이야기를 듣고 관련해서 말하지 못한다.	
		2. 도움이 있으면, 상대방이 한 이야기를 듣고 관련해서 말한다.	
		3. 상대방이 한 이야기를 듣고 일부 적절하게 말한다.	
		4. 상대방이 하는 이야기는 듣고 적절하게 말한다.	✓
	상황에 맞는 바른 태도로 듣고 말한다.	1. 교사나 또래의 말에 집중하지 못하고 주변 사물을 만지작거리거나, 엉뚱한 말을 한다.	
		2. 교사의 지시가 있으면, 교사나 또래의 말을 듣지만 오래 지속되지는 않는다.	
		3. 교사의 질문이나 설명에 관심을 갖고 듣지만, 생각나는 대로 자신의 생각을 말한다.	
		4. 교사나 또래의 말을 끝까지 듣고 난 후, 차례가 되었을 때 말한다.	✓
해석	준영이는 교사와 친구들의 이야기를 끝까지 관심 있게 듣고 상황에 맞는 말과 행동을 한다.		
지도계획	바른 듣기와 말하기 태도를 갖고 있으므로 계속해서 다른 사람의 이야기를 주의를 기울여 듣고, 상대방의 이야기에 대해 적절하게 말하는 능력을 지속적으로 향상시킬 수 있도록 해야겠다.		

(3) 사회관계 영역

★ 나를 알고 존중하기 : 1회

- 평가 내용 : 나를 알고 존중하기
- 핵심 자료 : 사진 및 관찰기록
- 유 아 명 : 이준영(만 5세)
- 날　　짜 : 2019년 3월 15일
- 주　　제 : 유치원과 친구
- 활　　동 : 쌓기놀이(자유놀이)
- 관찰 기록

준영이는 친구들이 레고놀이를 하고 있는 곳으로 가서 친구들의 놀이를 지켜본다. 그리고 아무 말 없이 앉아 있다. 수연이가 "너도 할래?" 라고 묻자, "어, 나도 해도 돼?" 하고 물은 다음 레고를 집는다.

평가 내용	관찰 문항	관찰 수준	
나를 알고 존중하기	자신의 감정을 알고 상황에 맞게 표현한다.	1. 자신의 감정을 알지 못한다.	
		2. 도움이 있으면 자신의 감정을 표현한다.	✓
		3. 자신의 감정을 알고 표현한다.	
		4. 자신의 감정을 알고 상황에 맞게 표현한다.	
해석	준영이는 친구들의 놀이에 참여하고 싶으나 말을 못하고 쳐다보고 참는 등 자신의 감정을 표현하는 데 다소 미숙하지만, 자신의 감정을 참을 수 있다.		
지도계획	놀이에 참여하고 싶은 자신의 감정이나 의사를 상황에 맞게 적절하게 표현할 수 있도록 지도할 필요가 있다.		

★ 나를 알고 존중하기 : 2회

- 평가 내용 : 나를 알고 존중하기
- 핵심 자료 : 사진 및 관찰기록
- 유 아 명 : 이준영(만 5세)
- 날 짜 : 2019년 5월 16일
- 주 제 : 우리 동네
- 활 동 : 쌓기놀이(자유놀이)
- 관찰 기록

준영이는 친구가 쌓기놀이하는 것을 2~3분 정도 지켜본다. 그러나 블록을 하나 집어 건네면서 "여기에 이거 끼우면 어때?"라고 말하면서 형호 곁에 앉아 놀이에 참여한다. 형호가 준영이가 말한 그대로 하자, 준영이는 다시 노란색 블록을 하나 들고 형호가 만든 모형에 "이거 여기 내가 꽂을까?"라고 물어본다. 그러라고 하자 들고 있던 블록 하나를 바로 또 꽂으면서, "이것은 여기 꽂으면 어때?"라고 제안을 한다.

평가 내용	관찰 문항	관찰 수준	
나를 알고 존중하기	자신의 감정을 알고 상황에 맞게 표현한다.	1. 자신의 감정을 알지 못한다.	
		2. 도움이 있으면 자신의 감정을 표현한다.	
		3. 자신의 감정을 알고 표현한다.	✓
		4. 자신의 감정을 알고 상황에 맞게 표현한다.	
해석	준영이는 학기 초보다는 자신의 감정표현이 증가하여 어느 정도 감정을 말로 표현할 수 있고, 감정을 잘 참고 상황에 맞추어 적절하게 표현할 수 있다. 놀이에 참여하고 싶은 자신의 감정을 알고 이를 적절하게 표현할 수 있다.		
지도계획	지속적으로 상황에 맞게 자신의 감정을 표현할 수 있는 경험을 갖도록 해야겠다.		

★ 나를 알고 존중하기 : 3회

- 평가 내용 : 나를 알고 존중하기
- 핵심 자료 : 사진 및 관찰기록
- 유 아 명 : 이준영(만 5세)
- 날 짜 : 2019년 11월 21일
- 주 제 : 환경과 생활
- 활 동 : 쌓기놀이(자유놀이)
- 관찰 기록

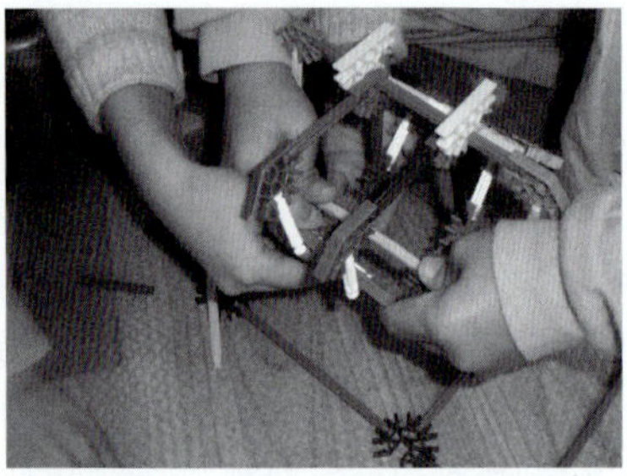

준영이가 자유놀이 시간에 쌓기 영역에서 케이넥스 블록으로 무엇인가를 만들기 시작한다. 처음에는 말없이 묵묵히 혼자서 만드는 데 열중한다. 조금 후에 한샘이가 다가와 "뭐 만들어?"라고 물어보자 "우주정거장."이라고 대답한다. 한샘이가 같이 만들자고 말하자 준영이가 고개를 끄덕인다. 혼자서 만들 때와는 달리 한샘이와 언어적 상호작용을 한다. 준영이가 "야, 근데 이게 자꾸 움직인다. 고정시켜야겠어."라고 말하자 한샘이가 불록을 손으로 끼워서 고정을 시키려고 하나 고정되지 않는다. 2번 더 시도해서 고정시킨다. 한샘이가 "근데 우주정거장에 타러 어떻게 사람들이 올라가지?"라고 말하자 준영이가 "사다리를 만들자."라고 말하고 곧바로 사다리를 조립한다.

평가 내용	관찰 문항	관찰 수준	
나를 알고 존중하기	자신의 감정을 알고 상황에 맞게 표현한다.	1. 자신의 감정을 알지 못한다.	
		2. 도움이 있으면 자신의 감정을 표현한다.	
		3. 자신의 감정을 알고 표현한다.	
		4. 자신의 감정을 알고 상황에 맞게 표현한다.	✓
해석	준영이는 자신의 감정을 말로 표현할 수 있고, 상황에 맞추어 적절하게 표현할 수 있다. 준영이는 자신의 감정을 적극적으로 표현하고, 다른 사람의 감정에 적절히 공감한다.		
지도계획	지속적으로 자신의 감정을 상황에 맞추어 적절하게 표현할 수 있도록 관심을 가져야겠다.		

(4) 예술경험 영역

★ 창의적으로 표현하기 : 1회

- 평가 내용 : 창의적으로 표현하기
- 핵심 자료 : 일화기록
- 유 아 명 : 이준영(만 5세)
- 날 짜 : 2019년 4월 4일
- 주 제 : 봄
- 활 동 : 식물의 성장(신체표현)
- 관찰 기록

선생님이 "오늘은 우리 몸을 이용하여 식물이 자라는 모습을 표현해 볼 거예요. 선생님의 이야기에 따라 손이나 발, 머리, 몸을 이용하여 식물이 싹트는 과정을 표현해 보세요. 먼저 작은 싹을 표현해 보세요."라고 말하자 준영이는 가만히 다른 친구들의 모습을 관찰한 후 따라 한다. 이어서 선생님이 싹이 자라난다고 말하자, 준영이는 조금씩 몸을 세운다. 선생님이 이번에는 "예쁜 꽃이 폈어요."라고 말하자, 양 어깨 쪽으로 쭉 벌리고 똑바로 섰다.

평가 내용	관찰 문항	관찰 수준	
창의적으로 표현하기	신체나 도구를 이용해 움직임과 춤으로 자신의 느낌을 표현한다.	1. 신체나 도구를 이용하여 움직임과 춤으로 표현하는 것에 관심이 없다.	
		2. 도움이 있으면 신체나 도구를 활용하여 움직임과 춤으로 표현하는 것에 관심을 가진다.	✓
		3. 신체나 도구를 활용하여 움직임과 춤으로 표현할 수 있다.	
		4. 신체나 도구를 활용하여 움직임과 춤으로 자유롭게 표현한다.	
해석	준영이는 스스로 먼저 식물을 표현하기 어려워했지만 도움이 있으면 식물의 성장 과정을 표현하는 모습을 보였다.		
지도계획	준영이는 처음에 친구들의 모습을 관찰한 후에 식물의 성장 과정을 신체로 표현하였는데, 좀 더 자신감을 가지고 창의적으로 표현할 수 있는 기회를 제공해야겠다.		

★ 창의적으로 표현하기 : 2회

- 평가 내용 : 창의적으로 표현하기
- 핵심 자료 : 일화기록
- 유 아 명 : 이준영(만 5세)
- 날 짜 : 2019년 9월 12일
- 주 제 : 교통기관
- 활 동 : 비행기(신체표현)
- 관찰 기록

선생님이 "지금부터, 비행기가 출발하겠습니다. 천천히 활주로를 돌고 있습니다. 비행기가 점점 빨리 달립니다. 점점 더 빨리, 드디어 비행기가 이륙합니다. 소리가 시끄럽네요?" 라고 비행기의 이륙 장면을 이야기하자, 준영이는 양손을 아래로 내리고 있다가 점점 손을 수평으로 올리면서, "부웅" 하고 소리를 내며 이륙 장면을 표현한다. 이때 발을 천천히 움직이다가 점점 더 빨리 움직인다.

평가 내용	관찰 문항	관찰 수준	
창의적으로 표현하기	신체나 도구를 이용해 움직임과 춤으로 자신의 느낌을 표현한다.	1. 신체나 도구를 이용하여 움직임과 춤으로 표현하는 것에 관심이 없다.	
		2. 도움이 있으면 신체나 도구를 활용하여 움직임과 춤으로 표현하는 것에 관심을 가진다.	
		3. 신체나 도구를 활용하여 움직임과 춤으로 표현할 수 있다.	✓
		4. 신체나 도구를 활용하여 움직임과 춤으로 자유롭게 표현한다.	
해석	준영이는 비행기의 양 날개를 자신의 손을 이용하여 비행기의 특징을 적절하게 표현하고 이륙할 때 손과 어깨를 수평 방향으로 하면서 발을 바퀴처럼 이동하는 등 자신의 신체를 이용하여 자유롭게 표현하였다. 준영이는 선생님의 신호에 맞추어 비행기의 이륙 모습을 손과 어깨를 이용하여 표현하였다. 비행기 바퀴의 빠른 움직임을 자신의 발을 이용하여 표현할 수 있다.		
지도계획	준영이에게 비행기의 다양한 움직임을 보여 주는 영상 자료나 도서를 소개하여 창의적인 표현을 할 수 있도록 지원해야겠다.		

★ 창의적으로 표현하기 : 3회

- 평가 내용 : 창의적으로 표현하기
- 핵심 자료 : 일화기록
- 유 아 명 : 이준영(만 5세)
- 날　　짜 : 2019년 10월 31일
- 주　　제 : 우리나라
- 활　　동 : 탈춤 추기(신체표현)
- 관찰 기록

준영이는 탈춤꾼의 춤사위를 본 다음 음악에 맞추어 한삼을 이용하여 동그라미, 브이자, 사진 그대로 에스자 모양을 흉내낸다. 간혹 박자를 놓치는 경우가 있다. 자유롭게 자신의 생각을 한삼으로 표현하게 하자, 처음에는 친구들의 모습을 쳐다보고는 나비처럼 두 팔을 벌려서 한삼을 흔들고, 음악에 맞추어 한삼을 앞으로 뻗은 다음 폴짝폴짝 두 발 모아 뛰기도 한다.

평가 내용	관찰 문항	관찰 수준	
창의적으로 표현하기	신체나 도구를 이용해 움직임과 춤으로 자신의 느낌을 표현한다.	1. 신체나 도구를 이용하여 움직임과 춤으로 표현하는 것에 관심이 없다.	
		2. 도움이 있으면 신체나 도구를 활용하여 움직임과 춤으로 표현하는 것에 관심을 가진다.	
		3. 신체나 도구를 활용하여 움직임과 춤으로 표현할 수 있다.	✓
		4. 신체나 도구를 활용하여 움직임과 춤으로 자유롭게 표현한다.	
해석	준영이는 한삼을 이용하여 기본 춤사위를 따라 할 수 있으나 간혹 박자를 놓치는 경우가 있다. 처음에는 창의적인 표현에 주저하는 듯하였으나, 점차 자발적으로 표현하였다. 간혹 박자를 놓치기는 하지만, 도구를 이용하여 자신의 느낌을 움직임과 춤으로 표현할 수 있다. 자신의 생각을 창의적으로 표현하는 것에 다소 어려움을 갖는 것으로 보인다.		
지도계획	준영이가 창의적으로 자신의 생각과 느낌을 표현하도록 지원할 필요가 있으며, 박자감을 가질 수 있도록 활동을 계획해야겠다.		

(5) 자연탐구 영역

★ 생활 속에서 탐구하기 : 1회

- 평가 내용 : 생활 속에서 탐구하기
- 핵심 자료 : 사진 및 관찰기록
- 유 아 명 : 이준영(만 5세)
- 날 짜 : 2019년 4월 18일
- 주 제 : 봄
- 활 동 : 김밥 만들기(요리)
- 관찰 기록

준영이는 김밥을 만들면서 김 위에 밥을 펼쳐 놓다가 밥풀이 끈적끈적해서 밥이 잘 펴지지 않는다고 이야기한다. 손가락에 묻은 밥풀을 비벼 보다가 손가락이 붙었다고 이야기한다. 밥을 펼쳐 놓은 김을 두 손으로 만 다음 동그랗게 길게 만들었다고 말한다. 이번에는 더 뚱뚱하게 만들 거라고 하면서 김 위에 밥을 더 많이 주걱으로 담아 놓는다.

평가 내용	관찰 문항	관찰 수준	
생활 속 에서 탐색하기	물체와 물질의 특성(크기, 모양, 색, 냄새, 소리, 질감 등)과 변화를 여러 가지 방법으로 탐색한다.	1. 물체와 물질의 특성이나 변화에 관심이 없다.	
		2. 도움이 있으면, 물체와 물질의 특성과 변화에 관심을 보인다.	✓
		3. 물체와 물질의 특성이 변화하는 과정에 관심을 가지고 탐색한다.	
		4. 물체와 물질의 특성과 변화를 여러 가지 방법(관찰, 분류, 예측, 비교, 실험 등)으로 탐색한다.	
해석	준영이는 밥풀이 끈적하다는 것에 흥미를 보이고 김밥을 두껍게 만들기 위해서는 밥을 많이 넣어야 한다는 것을 안다. 준영이는 밥풀의 특성을 이해하고, 물체의 모양과 형태의 변화에 흥미를 보이고, 물체의 모양을 변화시킬 수 있다.		
지도계획	준영이에게 다양한 물질의 특성과 변화를 관찰할 수 있는 요리 활동이나 자연물 탐색 활동 경험을 제공하여 비교하고 실험해 볼 수 있도록 해야겠다.		

★ 생활 속에서 탐구하기 : 2회

- 평가 내용 : 생활 속에서 탐구하기
- 핵심 자료 : 사진 및 관찰기록
- 유 아 명 : 이준영(만 5세)
- 날　　짜 : 2019년 7월 18일
- 주　　제 : 여름
- 활　　동 : 과일 아이스크림 만들기(요리)
- 관찰 기록

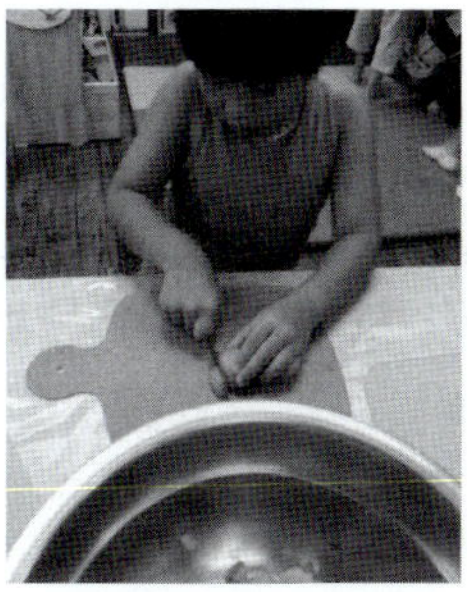

준영이는 과일 아이스크림을 만들기 위해서 참외를 자를 때는 딱딱하다고 하고, 수박을 자를 때는 딱딱하지 않다고 말한다. 복숭아를 자는 때는 물렁물렁하다고 말한다. 과일에 주스를 섞어서 만든 재료를 아이스크림 틀에 붓고는 냉동실에 얼려야 한다고 말한다.

평가 내용	관찰 문항	관찰 수준	
생활 속에서 탐색하기	물체와 물질의 특성(크기, 모양, 색, 냄새, 소리, 질감 등)과 변화를 여러 가지 방법으로 탐색한다.	1. 물체와 물질의 특성이나 변화에 관심이 없다.	
		2. 도움이 있으면, 물체와 물질의 특성과 변화에 관심을 보인다.	
		3. 물체와 물질의 특성이 변화하는 과정에 관심을 가지고 탐색한다.	✓
		4. 물체와 물질의 특성과 변화를 여러 가지 방법(관찰, 분류, 예측, 비교, 실험 등)으로 탐색한다.	
해석	준영이는 여러 가지 과일의 강도 등 특성에 흥미를 보이고, 냉동시키므로 물체가 변화될 것을 예측하는 것에 관심을 보인다.		
지도계획	여러 가지 방법으로 물질을 탐색하고 변화시키는 데 관심을 가지므로 다양한 종류의 과일을 준비하여 물체와 물질의 특성을 탐색할 수 있도록 지원해야겠다.		

★ 생활 속에서 탐구하기 : 3회

- 평가 내용 : 생활 속에서 탐구하기
- 핵심 자료 : 사진 및 관찰기록
- 유 아 명 : 이준영(만 5세)
- 날　　짜 : 2019년 12월 19일
- 주　　제 : 겨울
- 활　　동 : 김장(요리)
- 관찰 기록

김장을 담그는 요리 활동을 할 때, 무, 파, 마늘, 갓, 새우젓 등의 김장 속에 고춧가루를 넣고 젓는 것을 보면서, 고춧가루가 없어져서 점점 빨개진다고 말한다. 교사에게 고춧가루를 더 넣으면 더 빨개질 것이라고 제안한다. 절인 배추에 속을 넣는 활동을 하면서 배추도 색이 바뀌고 있다고 하면서 속 때문에 배추도 매워질 거라고 말한다.

<table>
<tr><th>평가 내용</th><th>관찰 문항</th><th colspan="2">관찰 수준</th></tr>
<tr><td rowspan="4">생활 속에서 탐색하기</td><td rowspan="4">물체와 물질의 특성(크기, 모양, 색, 냄새, 소리, 질감 등)과 변화를 여러 가지 방법으로 탐색한다.</td><td>1. 물체와 물질의 특성이나 변화에 관심이 없다.</td><td></td></tr>
<tr><td>2. 도움이 있으면, 물체와 물질의 특성과 변화에 관심을 보인다.</td><td></td></tr>
<tr><td>3. 물체와 물질의 특성이 변화하는 과정에 관심을 가지고 탐색한다.</td><td></td></tr>
<tr><td>4. 물체와 물질의 특성과 변화를 여러 가지 방법(관찰, 분류, 예측, 비교, 실험 등)으로 탐색한다.</td><td>✓</td></tr>
<tr><td>해석</td><td colspan="3">준영이는 김장 속들이 고춧가루로 인해 빨간색이 되는 것에 관심을 가진다. 고춧가루 때문에 다른 것의 색이 변화되는 것에 흥미를 보여 고춧가루를 더 넣어 보는 것을 제안할 뿐 아니라 매워질 것이라는 등의 예측하기 기술을 사용하였다.</td></tr>
<tr><td>지도계획</td><td colspan="3">물질의 변화에 적극적으로 관심을 갖고 탐색하므로 좀더 다양한 물질의 변화를 경험할 수 있는 기회를 제공해야겠다.</td></tr>
</table>

(6) 영역별 유아 종합 평가

유아 종합평가			
유아명	이준영	생년월일	2019년 4월 13일
영역	평가 내용		
신체운동·건강	눈, 손 등의 감각기관과 손의 협응이 발달되어 정확하게 모양을 맞추어서 접을 수 있고, 가위, 풀 등의 도구를 사용해서 오리고 고정하는 등 정교한 활동을 할 수 있다. 또한 대근육의 균형 감각과 조절 능력이 발달되어 있고, 손과 다리 등의 대근육 협응이 가능하며 숙달된 기본 운동 및 이동운동이 능숙하다.		
의사소통	여러 가지 낱말을 포함한 복잡한 문장이나 이야기의 내용을 이해하여 정확하게 대답할 수 있고, 궁금한 것을 질문한다. 다른 사람의 이야기에 관심을 보이고 끝까지 주의 깊게 듣는다. 또한 쓰기를 즐거워하고, 교사의 도움 없이도 스스로 자신의 느낌, 생각, 경험을 쓸 수 있다. 쓰기 도구를 사용할 때 바르게 사용한다.		
사회관계	자신의 감정을 상황에 맞추어 적절하게 표현할 수 있고, 다른 사람의 감정에 적절히 공감할 수 있다. 또한 집단 활동에서 친구의 의견을 수용하면서 협동적으로 참여한다.		
예술경험	박자 개념은 부족하지만, 도구를 이용하여 자신의 느낌을 움직임과 춤으로 표현할 수 있다. 연필, 크레파스, 물감 등의 다양한 도구를 사용하여 자신의 생각이나 느낌을 표현할 수 있다. 더욱 창의적인 표현할 수 있도록 다양한 표현의 기회를 제공하는 것이 필요하다.		
자연탐구	사물의 특성을 비교하고 호기심을 갖으며, 지속적으로 탐색한다. 또한 크기, 색깔을 비교하는 등 관찰, 비교, 분류, 예측하는 기술을 활용할 수 있다. 또한 물질의 성질의 변화에 흥미를 보이고, 물질의 변화를 이해하고 변화시킬 수 있다.		
종합	누리과정 신체운동·건강, 의사소통, 사회관계, 예술경험, 자연탐구의 5개 영역의 교육 목표를 달성하였다. 단, 자신의 생각을 창의적인 표현하는 능력을 증진시킬 수 있는 다양한 기회 및 지도가 필요하다.		

2. 유아 놀이 평가

1) 놀이관찰

유아의 특성과 변화 정도를 이해하기 위해서는 우선 유아의 놀이를 관찰하는 것이 필요하다. 유아의 놀이관찰에서 수집한 자료(예: 계획안 또는 일지에 기록한 유아들의 실제 놀이 모습, 유아의 놀이 결과물, 작품, 사진이나 동영상 등)를 통해 유아의 흥미와 관심, 좋아하는 놀이, 또래와의 상호작용 등 유아의 고유한 특성과 변화를 이해하고 평가할 수 있다. 놀이를 관찰할 때, 유아들이 누리과정 5개 영역의 내용을 놀이에서 어떻게 경험하고 배우고 있는지 살펴보는 것이 중요하다. 교사는 유아의 놀이를 관찰할 때 현장의 여건을 고려하여 유아를 이해하는 데 중요하고 의미 있는 부분을 기록하고, 관련 자료를 수집한다. 교사는 놀이를 관찰할 때 무엇을 관찰할지를 결정해야 한다. 따라서 먼저 관찰하고자 하는 유아들의 놀이행동, 관찰 상황이나 맥락을 결정하고 적절한 관찰 방법을 선택한다. 교사는 하루 일과 중 놀이를 관찰할 때에는 유아의 말, 대화, 몸짓, 표정 등에서 나타나는 놀이의 의미와 변화를 메모, 사진 및 관찰 양식, 메모 어플 등 교사가 사용하기에 수월한 방법을 활용하여 기록한다.

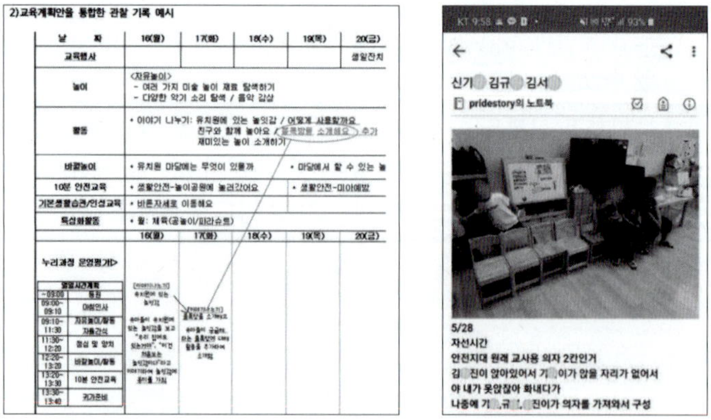

그림 1-3-1 다양한 놀이관찰기록의 예

출처: 교육부, 보건복지부, 육아정책연구소(2020). 유아관찰 및 기록. https://i-nuri.go.kr.

2) 놀이분석

개정 누리과정에서는 목표에 따른 유아의 성취를 측정하는 평가보다는 유아의 놀이에 대한 깊이 있는 관찰과 이에 따른 적절한 놀이지원을 위한 평가를 강조한다. 놀이관찰 자료는 유아의 놀이행동과 발달 수준을 이해하는 중요한 열쇠가 되므로 교사는 유아의 놀이를 관찰하고 기록한 자료를 토대로 유아의 놀이 수준을 파악해야 한다. 왜냐하면, 유아가 놀이하면서 경험한 내용을 관찰한 후 놀이를 통한 배움이 무엇인가에 대한 분석이 이루어질 때 비로소 유아의 성장과 배움을 지원하는 방안을 모색할 수 있기 때문이다. 따라서 교사는 수집된 놀이관찰 자료를 분석함으로써 신체운동 · 건강, 의사소통, 사회관계, 예술경험, 자연탐구 등 유아의 수준뿐 아니라, 놀이의 유형, 또래관계, 놀이공간, 놀이주제 등을 파악하여 유아의 전인적인 성장과 바람직한 질적 변화를 지원할 수 있는 의미 있고 가치 있는 정보를 제시해야 한다.

3) 놀이지원 및 활용

교사는 유아의 놀이를 분석한 후, 유아의 흥미, 발달 수준, 개인적 욕구 및 또래관계 등을 반영하여 계획하는 것이 필요하다. 놀이행동 및 흐름을 주의 깊게 관찰하여 분석한 기록은 유아를 지원하는 자료가 될 뿐 아니라 부모와 효율적인 의사소통 및 교육 행정가와의 협의 자료로 활용할 수 있다.

교사는 놀이관찰 및 분석을 토대로 유아가 주도적으로 즐겁게 놀이를 경험하고 배움이 이루어지도록 지원하는 다각적인 노력을 기울여야 한다. 유아의 부족한 부분은 증진시키고, 강점은 확대시켜 주는 것이 필요하다.

4) 놀이관찰 평가의 실제

<table>
<tr><td colspan="2">유아명</td><td>준하, 가영, 승준 (만 5세)</td><td>날짜</td><td>2020. 6. 25</td></tr>
<tr><td colspan="2">놀이상황</td><td colspan="3">유아들은 테이프를 길게 붙여 테이프 사이사이를 몸으로 통과하는 놀이를 함</td></tr>
<tr><td colspan="2">놀이관찰</td><td colspan="3"> 
준하가 빨간색 테이프를 붙이고 있는데 가영이가 와서 "나도 하고 싶어."라고 한다. 준하는 "지금 나하고 줄게. 가위 좀. 여기 잘라 줘. 이것 좀 들고 있어."라고 한다. 가영은 준하에게 도움을 주고 "와 이제 내 차례다."라며 웃는다. 준하는 가영에게 "자 여기."하고 테이프를 준다. 승준이가 테이프의 일부를 자르려다 테이프끼리 붙어서 엉켜버린다. 준하는 "선생님 다 붙어버렸어요." "이승준이 그랬어요." "야 이승준! 너 때문에 이렇게 됐잖아."라며 승준을 탓한다. 승준은 울상이 되어 "자르려다가 붙어버렸어요."라며 당황해한다.</td></tr>
<tr><td rowspan="2">준하</td><td>놀이분석</td><td colspan="3">준하는 도움이 필요할 때 가영에게 요청해서 도움을 주고받고, 서로 협력한다(사회관계-더불어 생활하기).
준하는 순서를 정하여 테이프 붙이고, 자신의 순서가 끝나면 친구에게 양보하는 등 순서와 규칙을 지키나 친구에 대한 배려가 부족하다(사회관계-더불어 생활하기).</td></tr>
<tr><td>놀이지원</td><td colspan="3">붙인 테이프를 활용하여 다양한 게임 등을 하도록 지워하여 동작을 통한 신체운동 · 건강을 촉진시키고, 친구에 대한 배려심을 기르게 하고, 보다 많은 유아들을 참여시켜서 협력하여 더불어 생활하기를 증진한다.</td></tr>
<tr><td rowspan="2">가영</td><td>놀이분석</td><td colspan="3">가영은 준하에게 도움을 주고받고, 서로 협력한다(사회관계-더불어 생활하기).
가영은 자신의 순서를 기다려서 규칙을 지킨다(사회관계-더불어 생활하기).
가영이는 가위로 테이프를 자를 수 있어서 눈과 손을 협응하여 소근육을 조절한다(신체운동 · 건강-신체활동 즐기기).</td></tr>
<tr><td>놀이지원</td><td colspan="3">붙인 테이프를 활용하여 게임 등을 수행하고 이를 통해서 동작을 통한 신체운동 · 건강을 촉진시키고 보다 많은 유아들을 참여시켜서 협력하여 더불어 생활하기기를 증진한다.</td></tr>
<tr><td rowspan="2">승준</td><td>놀이분석</td><td colspan="3">눈과 손을 협응하여 거위로 테이프를 자르는 소근육 조절 능력이 부족하다(신체운동 · 건강-신체활동 즐기기).</td></tr>
<tr><td>놀이지원</td><td colspan="3">다양한 자료를 자를 수 있는 기회를 제공하여 소근육 조절 능력(신체운동 · 건강-신체활동 즐기기)을 촉진시킨다.
테이프의 특성을 알아볼 수 있는 기회를 제공하여 테이프의 특성을 알게 한다(자연탐구-생활 속 탐구하기).</td></tr>
</table>

2부 유아교육과정 평가

1장　유아교육과정 평가의 이해

2장　유아교육과정 평가의 방법 및 원리

3장　유아교육과정 평가의 실제

1장 유아교육과정 평가의 이해

1. 유아교육과정 평가의 개념 및 필요성

교육과정 평가는 교육과정을 바라보는 학자들의 관점에 따라 다양하게 정의되어 왔다. 일반적으로 좁은 의미의 교육과정은 가르쳐야 할 교육의 내용을 담은 문서로 이해되고, 넓은 의미의 교육과정은 이러한 문서를 포함하여 유아교육기관에서 이루어지는 제반 교육활동을 의미한다. 또한 교육과정은 계획과 결과 중 어느 측면에 중점을 두느냐에 따라서 계획으로서의 교육과정 혹은 결과로서의 교육과정으로 규정되어 교육과정 평가의 범위와 내용이 달라진다.

한국교육평가학회(2004)에서는 교육과정 평가를 교육과정의 장점, 가치, 중요성에 관하여 체계적으로 기술하고, 판단하는 일이라고 정의하고 있다. 김재춘(1998)은 교육과정 평가를 교육과정 개발체제, 문서 내용, 운영, 지원, 성과 등 교육과정 전 영역에 관한 평가뿐만 아니라 이들 간의 상호작용, 그리고 더 나아가 교육과정을 둘러싼 교육적 상황과 여건에 관한 총체적인 평가를 의미한다고 하였다. 실제 교육과정 평가는 수업과 교수 방법에 대한 의사결정을 하기 위해서 정보를 모으고, 분석하고, 해석하는 것을 포함하는 지속적인 과정이다(NIEER, 2004). 즉 교육과정 평가는 지속 가능한 방법으로 유아들을 향상시키기 위해서 다양한 자원으로부터 정보를 모으고, 분석하는 과정이라 할 수 있다(Wolf, Hill, & Evers, 2006).

유아교육의 질적 개선과 교육 효과 증진을 위해서는 교육과정에 관한 질적 관리와 개선 노력이 요청되며, 그것을 효과적으로 실현하기 위해서는 종합적인 평가 체제를 구축하여 접근하는 것이 가장 효율적인 방안이다. 따라서 유아교육과정이 목표하는 바를 어느 정도 달성하고 있는가를 확인하고, 교육과정이 의도하는 대로 운영되고 있는가를 점검하여 교육과정상의 문제점이나 개선 방안을 체계적으로 파악하여 유아교육의 질을 개선하고 교육 효과를 증진시키기 위해서 유아교육과정 평가를 실시해야 한다.

교육의 책무성이 강조되면서 유아교육과정 평가는 유아교육과정의 수준과 결과를 평가하는 것을 의미하기도 한다. 교육, 선별, 진단 평가가 개별 유아의 발달과 학습을 다루는 반면, 유아교육과정 평가는 책임에 대한 평가로 유아 집단의 수행에 초점을 두는 것이다. 이외에도 유아교육과정 평가는 교직원의 질과 물리적 환경, 부모 참여의 효과성, 지역사회 협력 활동과 같은 요인들을 포함한다. 책무성 평가는 종종 외부 기관에 의해 요구되는데, 정책 입안자들이 자금 지원, 필요한 프로그램 지원 및 프로그램 요건에 대한 결정을 내리는 데 사용된다(Washington State Office of Superintendent of Public Instruction, 2008). 이에 사회 변화에 부응할 수 있는 양질의 유아교육과정을 운영하기 위해서는 부단한 질 관리의 목적과 교원을 포함하여 교육과정 운영 담당자들이 교육과정을 계획한 대로 운영하고 있는가를 확인 · 점검하는 과정을 지속적으로 실시하는 것이 필요하다(한국교육평가학회, 2004).

유아교육과정에서 평가는 교육과정의 가치를 특정 측면에서 사정한다는 것이며 평가의 방향은 평가를 요구하는 입장에 따라 달라진다(이은화, 양옥승, 1995). 교사는 교육과정을 계획하고 조직하는 과정에서 항상 의사결정을 해야 하며, 이러한 의사결정의 과정에는 평가가 개입된다. 평가 활동이 교사와 유아 모두에게 의미 있는 과정이 되기 위해서는 교사 자신이 교실 내에서 유아들과 함께 활동하면서 자연스러운 상황에서 평가가 이루어져야 한다(양옥승, 황윤세, 2002). 교사에 의한 평가 과정은 바로 교수 학습 방법에 대한 의사를 결정하기 위한 정보의 근원이 되므로, 교사는 교사 자신에 대한 평가와 유아에 대한 평가를 함께 고려해야 한다.

2. 유아교육과정 평가의 목적

유아교육과정 평가의 목적은 교육과정 자체가 의도한 바를 제대로 달성하고 있는가, 교육과정이 제대로 시행되고 있는가를 파악하기 위한 것이다(한국교육평가학회, 2004). 즉, 교육과정이 유아를 위한 목적을 얼마나 잘 충족시키는지를 평가하는 것으로(NIEER, 2004), 궁극적으로 유아교육에서 교육과정 평가의 목적은 교사들이 적합한 결정을 하도록 유아들이 진보하고 있는지에 대한 정보를 교사들에게 제공하는 것이다(Fonseca, 2016).

교육과정 평가의 목적을 배호순(2000)은 교육과정 관련 요소를 중심으로 다음과 같이 분류하였다. 첫째, 교육과정 자체에 대한 평가 목적이다. 이는 국가적 차원에서 교육과정을 연구·개발하거나 현재 적용하고 있는 교육과정을 개선하기 위한 목적으로 평가를 실시하는 경우에 해당한다. 이는 교육과정이 내세우고 있는 목적을 어느 정도 달성하고 있고, 교육과정 자체가 얼마나 합리적이고 체계적으로 구성되어 있으며, 교육과정 철학 및 배경 논리가 어느 정도 적합한가를 평가하여 교육과정을 정당화하기 위한 것이다. 또는 현재 적용하고 있는 교육과정이 어떤 장점과 특성을 지니고 있는지 파악하려고, 교육과정 자체가 얼마나 일관성 있게 수립되고 현장 여건에 적절하고 충실한지 알아보고 나아가 교육과정 관련 문제점을 진단하여 개선 방향을 탐색하기 위해 실시되는 경우이다. 둘째, 교육과정의 운영 및 실천에 대한 평가 목적이다. 교육과정을 교육현장에서 실제로 적용하고 운영 및 실천하는 데 있어서 효율성이나 운영 방법을 개선하기 위한 목적으로 평가할 수 있다. 또한 교육과정이 의도한 대로 실천 및 운영되는가를 모니터링하거나 운영 담당자가 충실하게 교육과정을 운영하고 있는가를 파악함으로써 교육과정 운영의 질 관리를 꾀함과 동시에 담당자의 책무성을 제고시키기 위한 목적으로 평가를 실시하는 경우이다. 셋째, 교육과정의 성과 및 영향에 관한 목적이다. 일반적인 교육과정 목표가 제대로 달성되고 있는지, 교육과정이 의도한 대로 제 기능을 발휘하고 있는지를 확인, 점검하기 위한 목적이며 새로운 교육과정을 개발하기 위한 근거 자료를 수집하기 위해 교육과정 평가를 실시하는 경우에 해당한다.

유아교육기관 수준의 교육과정 평가는 자체적으로 평가계획을 수립하여 이루어지는 기관 자체의 평가로서, 교육과정 편성 · 운영 및 운영 결과와 그 결과의 활용에 이르기까지 종합적으로 분석 · 평가하는 활동이다. 이는 기관 수준의 교육과정이 어떤 점에서 훌륭하고, 어떤 점이 부족하며, 어떻게 개선해야 하는지를 점검함으로써 교육과정의 질 관리를 수행하는 데에 그 의의가 있으며 전문적으로 이루어져야 한다. 여기서 교육과정의 질 관리는 교육 목표의 질, 교육 내용의 질, 교육 방법의 질, 교육 평가의 질, 그리고 이 모든 요소들을 종합한 교육의 질을 모두 포함한다(김종건, 2002).

일반적으로 유아교육과정이 기대하는 질을 충족시켰는지를 결정하고, 의도한 또는 의도하지 않았던 결과를 조사하기 위해서 다양하고, 적절하고, 개념적 · 기술적으로 건전한 증거를 사용하여 평가를 한다. 평가는 교육과정의 계속적인 향상을 위해서 사용된다. 교육과정은 지속적인 개선을 목표로 바람직한 성과의 달성 정도를 확인하기 위해 정기적인 자체 평가를 수행해야 한다. 평가는 결과뿐만 아니라 과정과 실행에도 초점을 맞춰야 한다(NAEYC, 2003). 결과적으로 유아교육과정 평가는 교육과정의 지속적인 개선을 지원하기 위한 것이고, 추가 지원이 필요하거나 개선이 필요한 요소를 식별하는 것이 목적이라 할 수 있다(Washington State Office of Superintendent of Public Instruction, 2008).

따라서 유아교육과정 평가의 궁극적인 목적은 교육력을 강화하고 국가경쟁력을 증진시키기 위해 유아교육의 질을 관리하는 데에 있다. 보다 구체적으로는 교육과정에 설정된 교육 목표가 타당하도록 하며, 교육 목표 성취를 위해 가장 적절한 교육 내용을 선정하고 그것이 효율적인 방법으로 조직되도록 한다. 또한 효율적이고 타당한 방법으로 수업이 진행되며, 그 수업의 결과를 합리적인 방법으로 평가하도록 하는 것이다. 그래서 최종적으로는 교육 수준을 높이기 위한 것이다. 즉, 기관에서 이루어지고 있는 다양한 교육적 가치의 양과 질을 예리하게 점검함으로써 기관에서 이루어지는 교육적 가치를 극대화하는 것을 목적으로 한다(허경철, 2002).

유아교육과정 평가의 목적을 정리하면, 첫째, 학습을 지원하기 위한 것이다. 둘째, 특별한 요구를 인식하기 위한 것이다. 셋째, 프로그램을 평가하고 경향성을 모니터하기 위한 것이다. 넷째, 프로그램 및 유아교육기관의 책무성에 대응하기 위한 것이다. 다섯째, 효과가 있는 것과 수정이 필요한 커리큘럼의 측면을 인식하기 위한 것이다. 여섯째, 이미 이루어진 변화의 효과를 평가하여 현재 교육과정의 효과를 입증하기 위한 것이다. 일곱째, 정기적인 교육과정 검토 기준을 충족시키기 위한 것이다. 여덟째, 전문 인증을 충족시키기 위한 것이다(Teaching Strategies, 2012; Wolf, Hill, & Evers, 2006).

2019 개정 누리과정의 운영 평가의 경우는 유치원과 어린이집의 교육과정이 유아 · 놀이 중심으로 적절하게 운영되고 있는지 평가하는 것을 목적으로 한다. 즉, 유치원과 어린이집의 누리과정 운영 평가에서는 놀이시간을 충분히 운영하였는지, 유아 주도적인 놀이와 배움이 이루어지고 있는지, 놀이지원이 적절한지 등을 평가한다. 필요에 따라서는 부모와의 협력이나 행정적 · 재정적 지원이 적절하게 이루어지고 있는지 등을 평가할 수도 있다. 유치원과 어린이집에서 자율적인 방식을 통해 실시한 누리과정 운영 평가의 결과는 결과적으로 각 기관에서 유아 · 놀이 중심 교육과정의 운영을 보다 나은 방향으로 개선하는 데 활용할 수 있다(교육부, 보건복지부, 2019).

이와 같이 유아교육과정 평가의 목적은 다양한 측면에서 논의될 수 있으나 궁극적으로는 유아교육의 질을 관리하기 위함이라고 할 수 있다. 유아교육과정 평가가 넓은 의미의 유아교육기관에서 이루어지는 모든 교육 활동을 평가하는 것임을 고려한다면 교육과정 평가 계획을 수립하여 실행하는 것이 효과적이다. 교육과정 운영 전반에 대한 평가를 실시하여 이후의 교육과정 편성 · 운영에 반영하고 유아 발달에 적합한 교육과정을 계획 · 적용하여 교육과정의 질적 수준을 향상시킬 수 있다.

3. 유아교육과정 평가의 내용

교육과정 평가는 어떤 입장(주체)에서 어떤 목적으로 활용하고자 하는가에 따라 각기 다른 관점과 내용 및 초점을 가지고 다양하게 접근할 수 있다. 따라서 다양한 평가 모형이나 평가 전략과 방법을 적용할 수 있으므로 매우 복잡하고 역동적인 활동으로 인식되고 있다. 특히, 교육과정을 개발한 입장, 교육과정을 운영하는 입장, 교육과정에 참여하는 학습자 입장, 교육과정 시행을 확인·점검하는 행정가 입장 등에서 평가 결과를 어떤 목적으로 어떻게 활용하려고 하는가에 따라 평가의 초점이나 내용(준거)과 방법이 달라질 수 있다(한국교육평가학회, 2004).

교육과정 평가 내용은 목표의 안내를 받는다. 교육과정 평가 내용은 교육과정, 가족 및 기타 이해관계자, 교육과정 또는 커리큘럼 개발자들이 인식한 목표에 근거하여 설계된다. 또한 의도하지 않은 결과도 평가 내용이 될 수 있다. 교육과정 평가 내용은 포괄적인 목표를 사용할 경우, 광범위한 유아의 발달 및 학습 성과를 다루는 유아 중심의 평가 내용뿐 아니라 가족, 교사 및 기타 직원, 지역사회와 관련된 평가 내용을 포함한다. 즉, 유아교육과정 평가 내용은 프로그램 목표에 기초하여 유아의 광범위한 발달 및 학습 성과뿐 아니라 가족, 교사 및 기타 직원, 지역사회와 관련된 내용을 포함하여 포괄적이다(NAEYC, 2003). 따라서 교육과정 평가는 유아들과 가정에 제공되는 서비스의 양과 질 모두를 설명하고 측정한다고 볼 수 있다(Washington State Office of Superintendent of Public Instruction, 2008).

서울특별시교육청(2017)은 유아교육과정 평가 내용을 평가 영역 및 평가 주체에 따라서 제시하였다. 유아교육과정 평가 내용의 예를 소개하면 다음과 같다.

표 2-1-1 유아교육과정 평가 내용의 예(서울특별시교육청, 2017)

<table>
<tr><th colspan="2">영역 및 주체</th><th>평가 도구</th><th>내용</th><th>주기</th></tr>
<tr><td rowspan="6">영역</td><td rowspan="2">일일교육 평가</td><td>단위 활동 평가</td><td>• 일일교육 계획의 단위 활동 평가</td><td>매일</td></tr>
<tr><td>총평</td><td>• 일일교육 계획 실행 후 소주제의 적합성, 활동 간 연계와 통합 정도 등을 분석하여 종합적으로 평가</td><td>매일</td></tr>
<tr><td>주간교육 평가</td><td>주간교육 계획</td><td>• 한 주의 주제 진행 후 평가
(주간 교육계획에 직접 기록)</td><td>매주</td></tr>
<tr><td>주제 평가</td><td>주제 평가표
(자기평가/
연령 간 평가</td><td>• 주제 전개 후 주제, 개념 및 내용, 교수 학습 방법, 교육환경 및 활동 자료 적합성에 대한 자기평가
• 주제에 따른 연령 간 연계 평가</td><td>주제 전개 후</td></tr>
<tr><td>교육과정 종합 평가</td><td>누리과정 프로그램 운영 평가 척도</td><td>• 학기별로 전 교원이 교육과정 영역별 평가, 다음 학기의 개선 방향 추출
• 학기별 평가를 종합하는 학년도 평가 실시</td><td>학기별
학년도별</td></tr>
<tr style="display:none"></tr>
<tr><td rowspan="3">주체</td><td rowspan="2">학부모 평가</td><td>학부모 설문지</td><td>• 교육과정 운영에 대한 학부모 의견을 조사하여 다음 학년도 교육과정 운영계획에 반영</td><td rowspan="2">학기별
2회</td></tr>
<tr><td>면담 자료</td><td>• 학부모 정기 및 수시 면담</td></tr>
<tr><td>유치원 평가</td><td>영역별 평가 기준</td><td>• 영역별 자체 평가 기준에 근거하여 평가</td><td>매년
(자체평가)
주기별</td></tr>
<tr><td colspan="2">기타 평가</td><td>각 내용별 평가 기준</td><td>• 교육 행사 평가
• 현장체험학습 평가
• 안전 및 재난대비훈련 평가</td><td>수시</td></tr>
</table>

2장

유아교육과정 평가의 방법 및 원리

1. 유아교육과정 평가의 방법 및 절차

유아교육과정 평가의 방법 및 절차는 평가 목적, 평가 주체 및 평가 활용자, 평가 자료 수집 방법 등에 따라서 달라진다. 교육과정을 어떤 목적으로 평가하느냐에 따라서 평가 주체가 달라지고 그에 따라 적절한 평가 방법 및 절차가 요구된다.

유아교육과정 평가는 이렇게 평가 목적과 평가 주체, 평가 결과의 활용에 따라서 자체 평가와 외부 평가로 구분한다. 기관 수준에서 자율적으로 적절한 평가 목적을 설정하고 그 목적을 달성하기 위하여 평가하는 경우를 자체 평가라고 한다. 교육부나 교육청 등에서 유아교육기관의 교육과정 운영 상황을 점검하고 교육 목표 달성도를 확인하며 교육과정의 질 관리를 목적으로 하거나 교육과정을 개선 및 개발하기 위한 목적으로 평가를 실시하는 경우를 외부 평가라고 한다.

또한, 교육과정에 대한 인식이나 정의 방식에 따라 평가 대상 및 준거나 평가 방법이 달라질 수 있다는 점도 유의할 필요가 있다. 전형적인 교육과정 평가 모형은 Tyler의 목표 중심 모형이며, 이 평가 모형에 따라 교육목표 달성도를 확인하는 실용적인 평가가 교육현장에 정착되었다. 그 후 이 모형에 대한 비판에 입각하여 다양한 대안적 평가 모형들이 제시되었다. 대표적인 교육과정 평가 모형으로는 의사결정 중심 모형(CIPP모형), 판단 중심 모형, 자연주의적 모형, 평가인증 모형, 비평 및 전문가 중심 모형, 권한 부여 모형, 모니터링 모형, 요구분석 모형, 체제분석 모형 등이 활용되어 왔다. 그리고 참여협동 중심의 평가적 방법들과 컨설팅 모형 등이 상황에 따라 적절하게 적용되어 왔다(한국교육평가학회, 2004).

다양한 평가 모형과 더불어 평가 전략으로는 평가 준거 중심 전략, 학습자 중심 전략, 현장 연구적 전략, 쟁점 중심 전략 등이 활용된다. 교육현장에서 특정 평가 모형에 구애받지 않고 평가 목적에 적절한 질문을 제시하고 그에 대한 답변을 강구하는 접근 방법도 활용되고 있다. 교육현장에서 주로 활용되는 질문은 교과 내용의 난이도 수준은 적절한가? 학습 내용 분량은 적절한가? 교육 목표 및 내용은 미래사회에 적절한가? 교육 목표를 어느 정도 달성하고 있는가? 의도한 바대로 행동 변화, 태도 변화가 일어나는가? 정상적인 교육과정 운영을 방해하는 요인은 무엇인가? 등이다(한국교육평가학회, 2004).

유아교육과정 평가를 효과적으로 수행하기 위해서는 적합한 평가 모형 및 전략이 필요하다. 또한 적절한 평가 방법도 선정해야 한다. 교육과정에 대한 평가 방법은 다양한데, 구체적으로 살펴보면 다음과 같다(Wolf, Hill, & Evers, 2006).

1) 의견 수렴

- 설문 조사

교육과정 내용의 적절성 및 만족도 여부를 교사 및 학부모 대상으로 설문 조사를 시행할 수 있다.

- 포커스 그룹

교육과정의 전반적인 계획, 운영 및 개선 방안에 대한 의견 수렴의 방법으로 유아교육전문가 및 장학사 등을 대상으로 포커스 그룹 인터뷰를 시행하여 교육과정을 평가할 수 있다.

- 인터뷰

유아교육전문가, 장학사뿐만 아니라 교원들의 인터뷰를 통해서 교육과정에 대한 의견 및 평가를 실시할 수 있다.

- 교직원 회의

교육계획, 놀이 및 활동, 환경 구성 등에 대해 공식적 또는 비공식적으로 교직원 회의를 하여, 문제점을 진단하고 개선할 수 있다.

2) 교직원 반성 분석

- 저널

교육과정 운영이나 수업 실행에서 직면하게 되는 문제점이나 갈등 상황을 저널로 작성한 후, 전문적으로 분석하여 개인적인 성장을 도모하고 발전적인 교육과정 대안을 모색하는 자료로 활용 할 수 있다.

- 마이크로티칭수업

자신의 수업을 녹화하여 수업에서 미흡한 점을 수정 · 보완하는 과정을 거쳐 수업 기술을 습득하거나 수업을 개선하는 데 활용할 수 있다.

- 개념도

교육과정 내용에 대한 개념도를 작성하여 주요 개념에 대한 이해 여부를 확인할 수 있다. 또는 교육과정 실행 후, 영역별로 무엇이 어떻게 이루어졌는지를 개념도로 도식화하여 내용분석을 할 수 있다.

3) 전문가 조언

- 참관

외부 전문가의 수업 참관, 환경 관찰 등을 통한 분석 및 평가를 기초로 교육과정 운영 전반에 대해서 분석할 수 있다.

- 외부 전문가 검토

외부의 전문가들이 교육과정 운영과 관련하여 조언을 제공함으로써 다양한 관점에서의 객관적인 평가 자료를 수집함으로써 문제를 진단하고 해결 방안을 모색할 수 있다.

- 컨설팅

구성원의 자발적인 요구와 참여를 특징으로 하는 컨설팅은 교육과정 계획, 수업 운영 및 평가 등의 영역에 대하여 전문적인 컨설팅을 받음으로써 문제를 파악하고 개선 방안을 구현할 수 있다.

4) 기록 자료

- 교육계획안

교사는 계획안을 활용하여 유아가 실제 놀이한 내용을 적합한 방식으로 기록하고, 그에 따른 교사의 지원 내용도 함께 작성할 수 있다. 계획안은 유아가 놀이하며 배우는 과정을 이해하는 자료가 되며, 이를 작성하면서 유아에게 필요한 놀이지원도 함께 계획할 수 있다.

- 평가 자료

교육과정 운영 체크리스트를 활용하여 전반적인 교육과정 평가 자료를 수집하고 평가할 수 있다.

- 유아의 진보 자료

교육과정의 효과를 검증하기 위하여 유아 관찰이나 결과물을 토대로 유아의 변화 및 성취를 토대로 교육과정을 평가할 수 있다.

- 보고서

유치원 평가나 어린이집 평가제에서 자체 보고서를 토대로 교육과정 운영 전반에 대해 검토하여 개선 방안을 도모할 수 있다.

평가 방법의 선정과 함께 효과적인 평가가 이루어지기 위해서는 체계적인 평가 절차도 고려할 필요가 있다. 주요 단계를 살펴보면 1단계는 관찰 및 자료 수집이다. 교사의 매일의 업무 중에는 지속적인 관찰이 포함된다. 2단계는 분석 단계이다. 이 단계는 유아들에게 반응하고 적절하게 학습을 지원하기 위해서 1단계에서 모은 정보를 사용하는 것을 포함한다. 유아들이 할 수 있는 것을 아는 것은 교사가 유아들의 요구를 얼마나 지원해야 하고, 일과와 규칙이 모든 유아들에게 적합한지를 결정할 수 있게 한다. 교사들은 언제 어떻게 무엇을 가르칠 것인지를 결정하기 위해서 이러한 지식을 사용한다. 3단계는 평가 단계이다. 이 단계는 교사가 어떤 객관적 지표로 관찰한 것을 분석하고 평가하여 각 목표와 관련된 유아들의 발달 수준을 결정하는 것이다. 마지막 단계는 요약, 계획, 의사소통 단계로 교사가 자신이 아는 것을 요약하고 유아들을 위한 계획을 하고, 가족 및 동료와 의사소통을 한다(Teaching Strategies, 2012).

유아교육과정의 다양한 측면을 평가하기 위해서는 다양한 평가 방법과 모형을 적용할 수 있고 그에 따라 다양한 평가 방법과 절차를 상정할 수 있다. 따라서 평가 활동의 실현 가능성을 고려하면서 경제성, 효율성, 충실성 등을 동시에 추구할 수 있는 보편적이고 일반적인 평가 방법 및 절차를 적용하는 것이 바람직하다. 그리고 보다 더 구체적이고 특수한 목적이나 방법이 요구될 경우에는 보편적이고 일반적인 평가 절차에 필요한 절차나 내용을 추가시켜 적용할 수 있다.

2. 유아교육과정 평가의 원리

유아교육과정 평가를 효과적으로 실행하기 위해서는 평가 원리를 고려하는 것이 필요하다. 워싱턴 주 감독기관(Washington State Office of Superintendent of Public Instruction, 2008)은 유아교육과정 평가 원리로 첫째, 교육과정 목표를 프로그램 평가를 위한 최상의 출발점으로 인식한다. 둘째, 좋은 교육과정 평가는 이해관계자를 응답자 및 청중으로 인식해야 한다. 셋째, 의도된 결과와 의도하지 않은 결과를 포함한 교육과정 평가 자료는 지속적인 교육과정 개선을 위해서 사용되어야 한다. 넷째, 교육과정을 평가하기 위해서 유아교육기관에서 표준화된 검사 도구만을 사용하지 않아야 한다. 다섯째, 교육과정 평가를 구성할 때 논리적인 모델을 활용한다. 여섯째, 교육과정 평가와 책무성 평가에 사용되는 도구는 오류가 없어야 하고, 신뢰도와 타당도가 입증된 것이어야 한다. 일곱째, 성공적인 교육과정 평가와 책무성 평가를 위해서 훈련, 기술 지원 및 기타 전문성 개발을 위한 적절한 지원이 필요하다고 하였다.

Wolf, Hill과 Evers(2006)가 제시한 유아교육과정 평가의 원리는 다음과 같다.

첫째, 포괄적이고, 통합적이며, 체계적이고, 지속적으로 진행될 때 효과적이다. 둘째, 자기 계발을 위한 수단으로 생각할 때 효과적이다. 셋째, 평가 도구가 의미 있는 것일 때 효과가 있다. 넷째, 다양한 평가 자료가 사용될 때 효과적이다. 다섯째, 평과 결과가 가치 있고, 프로그램과 과정을 개선하는 데 사용될 때 효과적이다. 여섯째, 교직원, 유아가 함께 참여할 때 효과적이다. 일곱째, 교사의 개별 실천보다 프로그램에 초점을 맞췄을 때 효과적이다.

서울특별시교육청(2018)에서 제시한 유아교육과정 평가 시 고려할 방침은 다음과 같다. 첫째, 교육과정의 목표와 내용에 근거하여 편성·운영되었는지를 평가한다. 둘째, 교육 내용 및 활동이 유아의 발달 수준과 흥미·요구에 적합한지를 평가한다. 셋째, 교수-학습 방법이 유아의 흥미와 활동 특성에 적합한지를 평가한다. 넷째, 교육계획안 분석, 수업 참관 및 모니터링, 평가 척도 등 다양한 방법을 활용하여 평가한다. 다섯째, 평가의 결과를 반영하여 운영계획을 수정·보완하거나 이후 교육과정 편성·운영에 활용한다.

전미유아교육협회(NAEYC, 2003)가 제시한 유아교육과정 평가 원리는 다음과 같다. 첫째, 교육과정 평가는 유용한 모형을 사용해야 한다. 교육과정은 유아 및 가정과 지역사회에 중장기적인 영향을 미칠 수 있다고 보는 '논리적인 모형'을 사용하여 평가한다. 둘째, 평가에서 다양한 자료를 사용하는 것이 적절하다. 효과적인 평가 시스템에는 교육과정에 대한 데이터, 유아 개인배경 자료, 교직원 자격에 대한 정보, 관리자의 실행, 교실의 질 평가, 평가 결과를 해석할 수 있는 맥락에 대한 정보 등 여러 가지 평가 자료가 포함되어야 한다. 셋째, 교육과정 평가의 일환으로 개별 유아를 평가할 때 유아 작품을 사용한다. 개별적인 기준에 근거한 평가 준거가 교육과정 평가의 일부로 사용될 수 있다. 넷째, 평가의 일부로 표준화된 도구를 사용하는 경우, 안전장치가 필요하다. 교육과정 평가의 일부로 표준화된 도구를 사용할 경우, 유아에게 발달적 · 문화적으로 적합해야 하고, 유아들이 가장 편하게 사용할 수 있는 언어로 수행되어야 하고, 커리큘럼 측면에서 타당해야 한다. 다섯째, 시간 경과에 따른 유아의 성장이 강조되어야 한다. 교육과정 평가의 일부로 유아 평가가 사용되는 경우, 주요 초점은 관찰기록, 작업 샘플 및 교육 기간 동안 유아의 성취 또는 진보에 초점을 맞춘다. 여섯째, 교육을 잘 받은 사람이 평가를 수행한다. 교육과정 평가의 일부로 사용되는 자체 평가 프로세스는 유용한 모델을 사용하고, 평가자 교육은 단일 워크숍을 넘어 지속적인 점검을 포함한다. 데이터를 체계적으로 분석하며, 프로그램의 목표 달성 정도에 대한 증거를 제공하기 위해서 정량화하거나 집계할 수 있다. 일곱째, 평가 결과를 공개적으로 공유한다. 가족, 정책 입안자 및 기타 이해관계자는 교육과정 평가 결과를 알 권리가 있다. 적절하게 수집하고 신뢰할 수 있는 프로그램 모니터링 및 평가 데이터를 대중이 이용할 수 있도록 해야 한다.

3장 유아교육과정 평가의 실제

1. 일일교육 평가

개정 누리과정에서 유아교육과정 평가는 유아교육기관에서 유아가 중심이 되고 놀이가 살아나는 누리과정의 운영을 되돌아보고 개선해 가는 과정으로 정의하고 있다. 따라서 유아교육기관에서는 지역 특성, 각 기관 및 학급(반)의 상황과 요구를 고려하여, 누리과정 운영을 개선할 수 있도록 자율적으로 평가계획을 수립하는 것이 바람직하다. 이때 교육과정 평가의 내용, 평가 주기 및 시기, 평가 방법 등에 대한 계획은 각 기관 구성원들 간의 민주적인 협의를 통해 결정하는 것이 적절하다(교육부, 보건복지부, 2019).

일일교육의 평가는 유아의 놀이관찰 및 놀이이해에 기초한 놀이지원(환경, 자료, 상호작용 등)의 적절성, 활동 등 일과계획의 실행 여부, 유아들의 놀이의 확장 정도, 누리과정의 달성 정도를 평가한다. 아울러, 놀이 및 활동 평가 및 총평을 통해 개선점 및 지원 방향 등 다음 수업에 반영할 내용을 점검한다.

표 2-3-1 일일교육 계획 및 실행 평가의 예시

일일교육 계획			
반 이름	하늘반 (만 3세)	날짜	2020년 6월 2일
놀이관찰	4명의 남자 유아들이 쌓기 영역에서 놀이를 하고 있다. 동우는 서준이와 함께 블록으로 무언가를 만들고 있다. 교사가 동우에게 "뭐 만드는 중이에요?"라고 묻자 "저 해적선 만들어요."라고 대답한다. 동우는 블록으로 해적선을 만들고 난 뒤, 해적선을 들고 서준이와 함께 교실을 한 바퀴 돈다. 그런 다음 늑대를 해적선에 태운다. 교사가 서준이에게 "서준이는 해적선에 뭐 태우러 다니는 거야?"라고 묻자 동우는 "저는 공룡을 태울 거예요."라고 말한 뒤 공룡 모형 교구를 가지고 와서 블록 위에 올린다. 공룡을 태우고 5분 정도 반을 돌아다닌다. 쌓기 영역에서 동우와 서준이를 바라보던 현우는 코끼리 모형을 해적선에 넣으려고 하면서 "얘도 태워줘."라고 말한다. 그러자 동우가 "좁아."라고 한다.		
놀이이해	유아들이 배에 대해 호기심을 갖고 있고, 늑대, 공룡 등의 동물에 관심을 갖고 있고(자연탐구), 친구와 함께 놀이하는 것이 부족하다(사회관계). 뱃놀이를 확장시키고, 여러 명의 유아가 함께 놀 수 있도록 지원이 필요하다.		
놀이지원	• 놀이주제: 뱃놀이 • 교육 목표: 교통기관(배)에 대해 호기심을 갖고, 동물에 관심을 갖는다. 친구와 함께 놀이한다. • 공간 및 자료 - 쌓기 영역: 놀이공간이 뱃놀이를 하기에 협소하므로 넓혀 주고, 다양한 종류의 배 모형과 배 사진, 배에 대한 책을 제공해 준다. - 미술 영역: 배를 만들어 볼 수 있도록 폐품 등 다양한 자료를 제공해 준다. - 언어 영역: 배에 관련된 동화책을 제공해 준다. • 상호작용 - 배를 타고 싶은 동물들이 다 탈 수 있게 하려면 어떻게 하면 좋을까?		

	계획	실행
일과 시간표	• ~9:00 등원 • 9:00~10:30 실내놀이 • 10:30~11:00 화장실 다녀오기 및 간식 • 11:00~11:10 동화: 검피 아저씨의 뱃놀이 • 11:10~12:10 바깥놀이 • 12:10~12:20 화장실 다녀오기, 손 씻기 • 12:20~12:50 점심 식사 • 12:50~13:00 양치 • 13:00~16:30 방과 후 과정 • 16:30~17:00 귀가 지도 및 귀가	• ~9:00 등원 • 9:00~10:40 실내놀이(쌓기 영역, 미술 영역에서 배 만들기, 언어 영역: 검파 아저씨의 뱃놀이 진행) • 10:40~11:10 화장실 다녀오기 및 간식 • 11:10~12:10 바깥놀이 • 12:10~12:20 화장실 다녀오기, 손 씻기 • 12:20~12:50 점심 식사 • 12:50~13:00 양치 • 13:10~16:30 방과 후 과정 • 16:30~17:00 귀가 지도 및 귀가
평가	• 대소집단 활동 시간에 동화를 들려주려고 계획하였으나 유아들이 언어 영역에 비치된 '검피 아저씨의 뱃놀이' 동화에 관심을 보여서 자유놀이 시간에 들려주었다('의사소통-동화를 다양한 방법으로 듣고 즐긴다.'가 실행됨). • 쌓기 영역에서 여러 명의 유아들이 함께 배를 더 크게 만드는 시도가 이루어졌다('사회관계-친구와 함께 놀이한다.'가 실행됨) • 미술 영역에 제공된 자료를 활용하여 배를 구성하였다('예술경험-미술 활동을 경험해 본다.'가 실행됨). • 바깥놀이 중 물놀이에서 뱃놀이를 할 수 있도록 자료를 제공하여 실내놀이와 바깥놀이를 연결시키도록 지원이 필요하다.	

2. 주간교육 평가

주간교육의 평가는 유아의 놀이관찰 및 놀이이해에 기초한 놀이지원(환경, 자료, 상호작용 등)의 적절성, 주간계획의 실행 여부, 유아들의 놀이의 흐름, 놀이의 흐름 안에서 누리과정의 달성 정도를 평가한다. 이러한 평가를 기초로 다음 주 교육계획 및 지원계획에 대해서도 점검한다. 주간교육 평가는 일일교육 평가와 함께 동시에 이루어질 수 있다.

표 2-3-2 주간교육 계획 및 실행 평가의 예시

<table>
<tr><th colspan="4">주간교육 계획</th></tr>
<tr><td>반 이름</td><td>바다반 (만 5세)</td><td>날짜</td><td>2020년 5월 2일</td></tr>
<tr><td>지난주의 놀이</td><td colspan="3">미술 영역에 비구조적인 자료(색깔 테이프, 빈 상자, 우드락 등)를 제공해 주었는데, 준하가 테이프를 들고 와서 "선생님 이거 마음대로 해도 돼요?"라고 물었다. 너희가 원하는 놀이를 해도 된다고 하였더니 3명의 유아들은 테이프를 책상과 교구장에 연결하여 붙이는 놀이를 하였다.
</td></tr>
<tr><td>놀이이해</td><td colspan="3">• 놀이분석
- 유아들은 눈과 손을 협응하여 테이프를 자르고 붙이면서 소근육을 조절하였다(신체운동 · 건강).
- 친구와 협동하며 놀이를 하였다(사회관계).
- 테이프의 기본 특성을 알아보았다(자연탐구).
• 지원 방향
- 유아들의 놀이가 테이프를 붙이는 것에 국한되었는데, 유아들이 테이프로 만든 구조물을 활용한 게임이나 놀이가 확장될 수 있도록 지원이 필요하다.
- 테이프의 특성을 알 수 있도록 실험하는 놀이에 대한 지원도 필요하다.</td></tr>
<tr><td rowspan="3">놀이지원 계획</td><td colspan="3">• 놀이주제: 테이프 게임</td></tr>
<tr><td colspan="3">• 교육 목표
- 테이프를 활용한 게임을 통해서 신체 각 부분을 협응하여 움직임을 조절한다.
- 테이프의 특성을 탐구한다.
- 친구와 협동하여 놀이한다.</td></tr>
<tr><td colspan="3">• 공간 및 자료
- 미술 영역: 넓이, 색상, 재질이 다른 다양한 종류의 테이프(투명 테이프, 양면 테이프, 마스킹 테이프 등)를 제공해 준다.
- 넓은 공간 제공
• 상호작용
- 너희가 만든 것을 이용해서 어떤 게임을 할 수 있을까?
- 어떤 테이프가 가장 힘이 셀까?</td></tr>
</table>

<table>
<tr><td rowspan="2"></td><td>월</td><td>화</td><td>수</td><td>목</td><td>금</td></tr>
<tr><td>테이프
구성을
이용한 게임</td><td>테이프를
이용한 게임</td><td>테이프를
이용한 다양
한 만들기</td><td>테이프
실험</td><td>테이프
실험</td></tr>
<tr><td rowspan="3">놀이의
흐름
및
평가</td><td colspan="3">교사가 “너희가 만든 것을 이용해서 어떤 게임을 할 수 있을까?”라고 질문(교사지원-상호작용)을 하자 유아들은 테이프 사이를 통과하는 놀이를 하였다.</td><td colspan="2"></td></tr>
<tr><td colspan="3">유아들은 테이프를 좀 더 많이 붙여서 테이프의 구조를 복잡하게 구성하여 통과하는 놀이를 하였다.
유아들은 친구가 테이프 사이를 통과할 때 연주는 “숙여 숙여, 굴러.”, “얼굴 밖으로 내밀어. 내가 잡아 줄게.”라고 말을 하고, 도와주었다. 유아들은 “이제 내가 해 볼게.”라고 하며 순서를 지켜서 테이프 통과하는 놀이를 하였다.</td><td colspan="2"></td></tr>
<tr><td colspan="3">승준이가 테이프의 일부를 자르려다 테이프끼리 붙어서 엉켜버리지 당황해하였다. 교사가 “테이프가 끈끈해서 이렇게 붙어버렸네. 뭉쳐진 테이프로 뭘 할 수 있을까?” (교사지원-상호작용) 유아들이 공 같다면서 ‘테이프 공’ 만들기 놀이를 하며 테이프를 정리하였는데, 테이프 공을 마구 던지며 과격하게 놀이가 나타났다.</td><td colspan="2"></td></tr>
</table>

<table>
<tr><td rowspan="2">이번 주의 놀이</td><td>교사가 그냥 던지기보다 테이프 공을 활용한 던지기 놀이를 하면 어떨지 제안을 하자(교사지원-상호작용), 유아들이 골대가 필요하다고 하여 교사가 테이프 골대를 만들어 주었다(교사지원-자료 제공). 유아들이 서로 하겠다고 다퉈서 교사는 규칙을 만들어 보라고 제안하였다.
</td></tr>
<tr><td>유아들은 테이프 공을 던졌는데, 바구니에 잘 들어가지 않자 교사에게 공이 잘 들어가지 않는다고 하여 교사는 "그럼 공을 바꿔 볼까?"라고 제안하고(교사지원-상호작용), 유아들이 교실의 다양한 공을 던져 보았고, 미술영 역에 있는 뽕뽕이를 활용하여 놀이가 진행되었다.
</td></tr>
<tr><td>평가</td><td>• 유아들은 놀이를 통해서 누리과정 중 이동 동작이 나타났고(신체운동 · 건강), 친구를 안내하려고 적절한 낱말과 문장으로 말하였다(의사소통). 그리고 도움을 주고받고 협력하여 놀았고, 차례를 지켰으며(사회관계), 공을 던지는 놀이를 하면서 크기의 개념을 비교할 수 있었다(자연탐구).
• 놀이를 통해서 누리과정 중 예술경험은 부족하였다.
• 계획했던 테이프를 이용한 다양한 만들기와 테이프 실험은 이번 주에는 확장되지 못해서 다음 주에 진행할 계획이다. 테이프를 통한 다양한 만들기를 통해서 예술경험이 가능할 것이다.</td></tr>
</table>

3. 유아교육과정 종합 평가

유아교육과정 종합 평가는 누리과정을 기초로 프로그램의 내용을 선정하고 편성하여 제대로 운영하고 있는지를 전반적으로 살펴보기 위해 실시한다. 교육과정 평가는 교사 자기 평가 및 유아교육기관의 자체 평가를 목적으로 실시하며 그 결과가 교육과정 운영 개선에 반영되어야 한다. 학기별, 학년도별로 평가를 실시하며 교육과정 평가 척도를 활용할 수 있다. 교육과정 종합 평가를 위해서 사용할 수 있는 체크리스트의 예는 다음과 같다.

표 2-3-3 교육과정 평가 체크리스트의 예

범주	문항	그렇다	아니다	이유 기술
목표	1. 유아들이 자신의 소중함을 알고, 건강하고 안전한 생활 습관을 기른다.			
	2. 유아들이 자신의 일을 스스로 해결하는 기초 능력을 기른다.			
	3. 유아들이 호기심과 탐구심을 가지고 상상력과 창의력을 기른다.			
	4. 유아들이 일상에서 아름다움을 느끼고 문화적 감수성을 기른다.			
	5. 유아들이 사람과 자연을 존중하고 배려하며 소통하는 태도를 기른다.			
편성·운영	6. 1일 4~5시간을 기준으로 편성한다.			
	7. 일과 운영에 따라 확장하여 편성한다.			
	8. 누리과정을 바탕으로 각 기관의 실정에 적합한 계획을 수립하여 운영한다.			
	9. 하루 일과에서 바깥놀이를 포함하여 유아의 놀이가 충분히 이루어지도록 편성하여 운영한다.			
	10. 성, 신체적 특성, 장애, 종교, 가족 및 문화적 배경 등으로 인한 차별이 없도록 편성하여 운영한다.			
	11. 유아의 발달과 장애 정도에 따라 조정하여 운영한다.			

범주	문항	그렇다	아니다	이유 기술
	12. 가정과 지역사회와의 협력과 참여에 기반하여 운영한다.			
	13. 교사 연수를 통해 누리과정의 운영이 개선되도록 한다.			
교수·학습	14. 유아가 흥미와 관심에 따라 놀이에 자유롭게 참여하고 즐기도록 한다.			
	15. 유아가 놀이를 통해 배우도록 한다.			
	16. 유아가 다양한 놀이와 활동을 경험할 수 있도록 실내외 환경을 구성한다.			
	17. 유아와 유아, 유아와 교사, 유아와 환경 간에 능동적인 상호작용이 이루어지도록 한다.			
	18. 5개 영역의 내용이 통합적으로 유아의 경험과 연계되게 한다.			
	19. 개별 유아의 요구에 따라 휴식과 일상생활이 원활히 이루어지도록 한다.			
	20. 유아의 연령, 발달, 장애, 배경 등을 고려하여 개별 특성에 적합한 방식으로 배우도록 한다.			
평가	21. 누리과정 운영의 질을 진단 및 개선하기 위해 평가를 계획하고 실시한다.			
	22. 유아의 특성 및 변화 정도와 누리과정의 운영을 평가한다.			
	23. 평가의 목적에 따라 적합한 방법을 사용하여 평가한다.			
	24. 평가의 결과는 유아에 대한 이해와 누리과정 운영 개선을 위한 자료로 활용할 수 있다.			
총평				

4. 학부모 평가

학부모 평가는 매 학년도 말에 교육과정 운영 전반에 대해 학부모 설문 조사로 실시하고 다음 학년도 교육과정 운영계획에 반영한다.

표 2-3-4 학부모 설문지

20OO 교육과정 계획 수립을 위한 학부모 설문지

안녕하십니까?
지난 1년 동안 자녀와 유치원 교육의 발전을 위해 협조해 주신 학부모님께 감사드립니다. 이 설문지는 ○○○○학년도 교육과정을 검토하고 학부모님의 의견을 반영하여 ○○○○학년도 교육과정 운영계획 수립의 기초 자료로 활용하고자 합니다. 설문지의 내용을 읽어 보시고 해당되는 곳에 ✓ 표시나 자유롭게 기술하셔서 유치원으로 보내주시기 바랍니다.

OOO 유치원장

★ 자녀가 해당되는 학급에 ✓ 표시해 주십시오.

만 3세 교육과정		만 3세 방과 후 과정	
만 4세 교육과정		만 4세 방과 후 과정	
만 5세 교육과정		만 5세 방과 후 과정	

Ⅰ. 교육 운영 전반

<table>
<tr><th>영역</th><th colspan="2">내용</th><th>매우 만족</th><th>만족</th><th>보통</th><th>불만</th><th>매우 불만족</th></tr>
<tr><td rowspan="4">교육 과정</td><td colspan="2">주제, 놀이, 활동이 다양하게 계획되고 운영된다.</td><td></td><td></td><td></td><td></td><td></td></tr>
<tr><td colspan="2">교육 내용이 유아의 연령별 발달에 적합하다.</td><td></td><td></td><td></td><td></td><td></td></tr>
<tr><td colspan="2">유치원의 특색 있는 교육 활동이 이루어지고 있다.</td><td></td><td></td><td></td><td></td><td></td></tr>
<tr><td>기타 의견</td><td colspan="6"></td></tr>
<tr><td rowspan="5">물리적 환경</td><td colspan="2">유아의 발달에 적합한 안전한 시설과 설비를 갖추고 있다.</td><td></td><td></td><td></td><td></td><td></td></tr>
<tr><td colspan="2">계절에 따른 환경, 적절한 냉난방 설비가 갖추어져 있다.</td><td></td><td></td><td></td><td></td><td></td></tr>
<tr><td colspan="2">유아들이 흥미를 갖고 놀이할 수 있도록 교실의 교재 및 교구가 갖추어져 있다.</td><td></td><td></td><td></td><td></td><td></td></tr>
<tr><td colspan="2">신체활동실, 강당, 도서관, 모래놀이터, 옥상공원 등의 실내외 시설을 교육 활동에 적절히 활용하고 있다.</td><td></td><td></td><td></td><td></td><td></td></tr>
<tr><td>기타 의견</td><td colspan="6"></td></tr>
<tr><td rowspan="4">운영 관리</td><td colspan="2">예산을 합리적으로 편성·운영하고 홈페이지에 공개한다.</td><td></td><td></td><td></td><td></td><td></td></tr>
<tr><td colspan="2">부모교육 및 참여 활동을 실시한다.</td><td></td><td></td><td></td><td></td><td></td></tr>
<tr><td colspan="2">유치원의 교육 활동을 가정통신, 홈페이지, e-알리미를 통해 학부모에게 안내한다.</td><td></td><td></td><td></td><td></td><td></td></tr>
<tr><td>기타 의견</td><td colspan="6"></td></tr>
<tr><td rowspan="3">건강 안전</td><td colspan="2">청결 및 위생교육을 지속적, 체계적으로 실시한다.</td><td></td><td></td><td></td><td></td><td></td></tr>
<tr><td colspan="2">유아와 학부모 대상(가정통신문 활용)의 안전교육을 실시한다.</td><td></td><td></td><td></td><td></td><td></td></tr>
<tr><td>기타 의견</td><td colspan="6"></td></tr>
</table>

Ⅱ. 교육 활동 관련

1. 다음은 2학기에 실시된 교육 행사 내용입니다. 해당란에 ✓ 표시하시고 의견이 있으시면 기타 의견에 기입하시기 바랍니다.

연령	교육 활동 내용	만족	보통	미흡	기타 의견
전체	도서관 순회문고				
	전통놀이 한마당				
	영양교육				
	다문화교육				
만 3, 4세	과학놀이교실				
	상상나라				
	국립중앙어린이박물관				
만 5세	키자니아				
	한글박물관				

2. 다음은 2학기에 실시된 건강 및 안전교육에 대한 내용입니다. 해당란에 ✓ 표시하시고 의견이 있으시면 기타 의견에 기입하시기 바랍니다.

안전교육 활동명	만족	보통	미흡	기타 의견
월 1회 재난대응훈련 (지진대피훈련, 화재대피훈련)				
알레르기 예방교육				
손 씻기 캠페인				
교통안전교육				

3. 작년도 우리 유치원의 특색교육 활동에 대한 내용입니다. 해당란에 ✓ 표시해 주십시오.

특색교육			만족	보통	미흡
건강한 아침 운동					
생태체험					
연령별 특색 교육	만 3세	요리 활동을 통한 창의력 증진			
	만 4세	명화감상을 통한 심미감 표현			
	만 5세	과학 활동을 통한 탐구력 증진			

5. 기관 평가

기관 평가를 대비하는 과정에서 자체 보고서를 작성하여 자체적으로 교육과정 운영 실태를 점검하고 개선 방안을 모색한다. 필요에 따라 외부 컨설팅을 받아 교육과정을 평가할 수 있다.

표 2-3-5 서울특별시교육청 유치원 자체 평가 보고서

2020학년도 유치원 자체 평가 보고서

본 보고서는 『2020 유치원 평가 가이드북』에 따라 정확하게 작성되었으며, 사실과 다른 내용이 포함되지 않았음을 확인합니다.

【 ○○ 유치원 자체평가운영위원회 】

성명	소속 및 직위	자체 평가 담당 업무
○○○	교원위원(원장, 원감, 교사, 교직원)	
○○○	…	
○○○	…	
○○○	학부모위원	
○○○	학부모위원	

※ 자체평가운영위원회는 5명 이상 11명 이하 자율적 구성(학부모위원 반드시 2명 이상 포함)

년 월 일

○○ 유치원 원장 (성명) ○○○ (직인)

【 영역Ⅰ. 유아 중심 교육과정 및 방과 후 과정 / 영역Ⅱ. 민주적 유치원 운영 】

<table>
<tr><th>영역</th><th>평가 지표</th><th>평가 문항</th><th>매우 그렇지 않다</th><th>그렇지 않다</th><th>보통이다</th><th>그렇다</th><th>매우 그렇다</th></tr>
<tr><td rowspan="10">Ⅰ. 유아 중심 교육과정 및 방과 후 과정</td><td rowspan="2">유아·놀이중심 교육과정 편성·운영 및 교수·학습 지원</td><td></td><td>①</td><td>②</td><td>③</td><td>④</td><td>⑤</td></tr>
<tr><td></td><td>①</td><td>②</td><td>③</td><td>④</td><td>⑤</td></tr>
<tr><td rowspan="2">유아·교육과정 평가 및 환류</td><td></td><td>①</td><td>②</td><td>③</td><td>④</td><td>⑤</td></tr>
<tr><td></td><td>①</td><td>②</td><td>③</td><td>④</td><td>⑤</td></tr>
<tr><td rowspan="2">교원의 전문성 신장 지원</td><td></td><td>①</td><td>②</td><td>③</td><td>④</td><td>⑤</td></tr>
<tr><td></td><td>①</td><td>②</td><td>③</td><td>④</td><td>⑤</td></tr>
<tr><td rowspan="2">돌봄과 쉼이 있는 방과 후 과정</td><td></td><td>①</td><td>②</td><td>③</td><td>④</td><td>⑤</td></tr>
<tr><td></td><td>①</td><td>②</td><td>③</td><td>④</td><td>⑤</td></tr>
<tr><td colspan="2">우수한 점</td><td colspan="5">개선할 점 및 향후 추진계획</td></tr>
<tr><td colspan="2"></td><td colspan="5"></td></tr>
<tr><td rowspan="8">Ⅱ. 민주적 유치원 운영</td><td rowspan="2">우리 유치원의 비전 공유</td><td></td><td>①</td><td>②</td><td>③</td><td>④</td><td>⑤</td></tr>
<tr><td></td><td>①</td><td>②</td><td>③</td><td>④</td><td>⑤</td></tr>
<tr><td rowspan="2">참여와 소통의 교육 자치</td><td></td><td>①</td><td>②</td><td>③</td><td>④</td><td>⑤</td></tr>
<tr><td></td><td>①</td><td>②</td><td>③</td><td>④</td><td>⑤</td></tr>
<tr><td rowspan="2">협력공동체 형성</td><td></td><td>①</td><td>②</td><td>③</td><td>④</td><td>⑤</td></tr>
<tr><td></td><td>①</td><td>②</td><td>③</td><td>④</td><td>⑤</td></tr>
<tr><td colspan="2">우수한 점</td><td colspan="5">개선할 점 및 향후 추진계획</td></tr>
<tr><td colspan="2"></td><td colspan="5"></td></tr>
</table>

6. 기타 평가

기타 교육과정 평가 내용으로는 교육 행사, 현장체험학습, 안전 및 재난대비훈련 평가 등을 진행할 수 있다. 먼저, 교육 행사 평가의 경우에는 각 기관에서 실시하고 있는 행사가 종료되면 교사 협의를 통해 평가를 실시하고, 평가 결과는 다음 년도 교육 행사 계획에 반영한다.

다음으로, 현장체험학습 평가는 현재 진행하고 있는 주제에 부합되고, 유아가 알고 있는 지식을 확장시키며, 유치원에서 경험할 수 없는 다양한 경험의 기회를 제공하는지를 점검하여 현장체험학습을 계획한다. 이때 교사는 현장체험학습 실시 1~2주 전에 사전 답사를 실시하고, 현장체험학습을 다녀 온 후 평가한다.

이외에 안전 및 재난대비훈련 평가의 경우는 연간 안전 및 재난대비훈련 계획을 수립하여 실시한 후 평가한다. 화재대피훈련, 지진대피훈련 등 상황에 맞게 양식을 변경하여 사용할 수 있다.

3부 유아교사 평가

1장 유아교사 평가의 이해
2장 유아교사 평가의 제도
3장 유아교사 평가의 방법
4장 유아교사 포트폴리오 평가의 실제

1장 유아교사 평가의 이해

1. 유아교사 평가의 개념 및 필요성

평가는 인생 및 성장의 지속적인 부분으로 사물의 가치, 중요성, 조건을 결정하는 일이다. 현대 사회에서 대부분의 전문직은 상황이나 환경과 상관 없이 일관성 있는 평가를 받는다(Hopkins & Moore, 1993).

교사들도 평가를 받는데, 교사 평가는 교사의 전문성을 증진시키고, 책무성을 강화하기 위해서 교사의 업무 수행에 대한 체계적인 정보와 피드백을 제공하여 교사의 질을 관리하는 것이다. 교사 평가는 평가하는 사람이나 받는 사람 모두에게 불안을 갖게 하지만, 정기적인 피드백은 수행 능력을 향상시키고 발전을 촉진시키는 데 도움을 준다. 더욱이 체계적인 교사 평가는 교사들의 자기 계발 및 발전 촉구, 부족한 부분 발견, 업무 개선, 승진 · 전보, 보수 증가 및 고용 여부 등의 사항을 결정하는 데 도움을 제공한다(차갑부, 1993; Rebor, 1998, 박종필, 2002, 재인용). 즉, 교사 평가는 교사의 업무 성취에 관련된 요소들을 종합적으로 포함하고 장학의 기능을 촉진함으로써 교육 조직 전체의 질적 개선을 도모하는 수단이다(유정애, 2004).

교사 평가의 개념에 근거할 때, 유아교사 평가는 유아교사의 교육과정 개발과 실행 등 교수 활동에 관한 다양한 정보와 학급 운영, 유아 지도, 부모 및 대인 관계에 대한 정보를 수집하는 것이다. 수집된 정보에 근거하여 교사의 역할에 대한 가치를 매기며, 유아교사의 전문성을 증진시키고 책무성을 강화하기 위해서 지원과 피드백을 제공해 주는 것이다. 유아교사 평가의 필요성을 구체적으로 정리해 보면 다음과 같다.

- 유아교사직에 대한 태도, 가치, 신념, 지식, 기술 등 계속해서 전문성을 개선하고 발전시켜 나가기 위해서 유아교사 평가가 필요하다.
- 유아교사의 전문성 신장을 체계적이고 종합적으로 진단하고 지원하기 위해서 유아교사 평가가 필요하다.
- 가르치는 일에 대한 유아교사의 책무성을 측정하기 위해서 유아교사 평가가 필요하다.
- 평생학습 사회에서 모든 유아교사들의 질을 관리하기 위해서 유아교사 평가가 필요하다.
- 유아교사의 자질과 역할 수행 정도뿐 아니라 더 나아가 유아교육기관의 교육내용 및 프로그램의 질을 확인하기 위해서 유아교사 평가가 필요하다.

유아교사 평가는 유아교사의 능력 향상 및 전문직으로서의 역할 수행을 위해서 체계적이고, 지속적으로 이루어져야 한다. 유아교사 평가가 보다 효과적으로 수행되기 위해서는 유아교사 자신의 자발적인 노력이 선행되어야 한다.

2. 유아교사 평가의 목적

유아교사를 평가하는 목적은 유아교사의 향상을 지원하는 것이다. 유아교사가 향상되도록 지원하는 것은 유아교사로 하여금 자신의 장·단점을 파악하게 하고, 문제점을 개선하고 잠재된 능력을 개발할 기회를 제공하여 유능성과 전문성을 신장시켜 주는 것이다. 즉, 유아교사 평가는 유아교사의 능력이나 자질에 대한 단순한 분석이 아니라 성장을 중요하게 생각한다. 학자들 및 교육인적자원부에서 제시한 교사 평가의 목적을 구체적으로 살펴보면 다음과 같다.

표 3-1-1 학자별 교사 평가 목적

학자	교사 평가 목적
교육인적자원부(2008)	• 교사의 수업 및 학생 지도에 관한 전문성을 진단하고 그 결과에 근거한 전문성 향상 지원 • 교사가 자신의 수업을 새로운 관점에서 검토 · 이해할 수 있는 자기 발전에 필요한 자료 제공 • 공정하고 타당한 평가 실시 및 결과 활용을 통해 교원의 지속적인 능력 개발 유도 • 교원의 전문성 신장을 지원함으로써 학교 교육의 질 향상 및 공교육에 대한 신뢰 제고
강인수(2004)	• 교원의 수업 전문성 및 관리자의 학교 경영 • 관리 전문성 향상 및 능력 개발 기회 제공 • 교원의 수업 전문성 향상을 위한 교수-학습 지원 체제 구축 • 전문직으로서 교원의 전문성 수준에 대한 자체평가 체제 구축 • 학교 수업의 질 향상을 통하여 공교육의 내실화 도모 • 학교 교육에 대한 국민의 신뢰 회복 및 학교 교육 정상화 도모
Shinkfield와 Stufflebeam(1995, 박상완, 재인용)	• 아동들에 대한 질 높은 서비스 제공 • 교사 자신의 능력 평가 및 개선을 위한 지원 • 수업 개선을 위한 동기 유발 • 교사의 책무성 유지 • 뛰어난 교사 인정 및 보상 • 비효과적인 교사 교정 • 무능력하고 유해한 교사로부터 아동들 보호 • 계속적으로 잘 못하는 교사 해임 • 수업에 대한 감독 및 조정 • 교사의 전문성 개발 • 교육기관의 신뢰도 향상
Caruso & Fawcett(1992)	• 교직원들의 재임용, 해고, 승진 및 전보 • 프로그램의 목적 달성 확인 • 교직원들을 판단하여 대학 학위나 자격증 획득 • 봉급 인상을 위한 업적 결정 • 외부의 요구에 따르기 위한 것 • 교수 양식, 교수 전략, 교육과정 및 학습 환경을 분석하여 교수 개선 • 아동에게 제시되는 전반적인 서비스의 질 개선 • 교직원들에게 동기 부여 • 교직원들의 발전 정도 파악

이상 제시한 학자들의 주장에 근거할 때, 유아교사 평가의 목적은 유아교사의 측면, 유아의 측면, 기관의 측면 세 가지 차원으로 생각할 수 있다.

- 유아교사의 측면에서의 목적
  유아교사 평가의 목적은 유아교사의 개인적인 특성 및 성향, 전문적 지식, 기술, 태도 등을 평가하고 반성하게 하여 개인적 자질 및 교수 능력 등의 전문성을 향상시키는 것이다.

- 유아의 측면에서의 목적
  유아교사 평가의 목적은 교사의 전문성 향상을 통해서 질 높은 유아교육 서비스를 유아들에게 제공하여 교육의 질을 향상시키는 것이다.

- 기관의 측면에서의 목적
  유아교사 평가의 목적은 교사 서비스의 향상을 통한 기관의 신뢰성을 향상하는 것이다.

유아교사 평가의 목적을 잘 달성하기 위해서는 체계적이고 효율적인 평가가 이루어져야 한다. 효율적인 평가를 위한 고려 사항을 살펴보면 다음과 같다 (Hopkins & Moore, 1993; Howes & Leatherman, 2005).

- 평가는 현실적이고 신중해야 하고, 합법적이고 윤리적이어야 하며, 적절한 정보를 전달해야 한다.
- 평가는 유아교사가 자신의 장점과 성장 욕구를 깨닫게 해야 하기 때문에 유아교사들의 자아-존중감과 직업을 위협하는 것이 아니라 유아교사가 스스로 인정하는 것이 되어야 한다.
- 평가는 유아교사가 선택하고 발전시켜야 하기 때문에 구체적인 평가 기준을 유아교사가 알고 있어야 한다.
- 평가는 타인에 의한 평가보다는 유아교사의 자기평가를 촉진해야 하고 유아, 부모, 다른 교직원 등이 참여하여야 한다.

- 평가는 유아교사가 얼마나 인기 있는가를 보는 것이 아니라 프로그램의 실행과 학습 결과에 근거해야 한다.
- 평가 과정은 학습과 교수를 촉진시켜야 하고, 기록으로 만들어야 한다.

3. 유아교사 평가의 내용

유아교사 평가의 내용은 유아교사의 업무 수행을 무엇으로 보느냐, 교사에게 필요한 자질과 능력을 무엇으로 보느냐에 따라서 달라질 것이다. 전통적으로는 교사를 평가하기 위해서 실적이나 인성 특성 등을 서열화하거나 우열을 판정하고 비교 측정하였다. 최근에는 조직 구성원의 실적뿐 아니라 잠재 능력, 개발 가능성을 판단하고 평가함으로써 구성원에게 동기를 부여하고 이를 통해서 조직 전체의 효과성으로 확대되고 있다(전제상, 2000).

우리나라의 교육인적자원부(2006a)에서는 학교 교육력 제고를 위한 교원 양성 체제 개선 방안으로 '교사의 자질과 능력에 관한 일반 기준'을 제시하였다. 미국의 경우, NTASC(Interstate teacher Assessment and Support Consortium, 2013)는 모든 학년(유치원교사에서 12학년 교사까지)의 교사에게 적용할 수 있는 자격 기준을 제공한다. 미국 캔터키 주는 유아교사(0-primary) 준비 및 자격 기준을 제시하였으며, 인디애나, 일리노이 주 등에서도 유아교사 자격 기준을 마련하고 있다(Indiana Department Education, 2007; Illinois State Board of Education, 2002; Kentucky Education Professional Standards Board, 2003). 이러한 교사의 자격 및 능력 기준은 초임교사의 평가 기준으로 활용할 수 있다. 한편 NBPTS(National Board for Professional Teaching Standard, 2012)는 3~8세 유아교사 표준 및 평가 기준을 제시하였다.

이상의 유아교사 자격 기준 및 평가 기준의 내용을 소개하면 다음과 같다.

표 3-1-2 교사(유아교사)의 자격 및 평가 기준

구분	교사/유아교사의 자격 및 평가 기준
교육인적자원부 (2006)	• 기준1: 교사는 건전한 인성과 교직 사명감 및 윤리의식을 갖는다. • 기준2: 교사는 학생들의 학습과 복지를 위해 헌신한다. • 기준3: 교사는 학생과 학생의 학습 · 발달을 이해한다. • 기준4: 교사는 교과에 대한 전문 지식을 갖는다. • 기준5: 교사는 교과, 학생, 교육 상황에 적절한 교육과정을 개발 · 운영한다. • 기준6: 교사는 수업을 효과적으로 계획 · 운영한다. • 기준7: 교사는 학생의 학습을 모니터하고 평가한다. • 기준8: 교사는 학습을 지원하는 환경과 문화를 조성한다. • 기준9: 교사는 교육공동체 구성원들과 협력 관계를 구축한다. • 기준10: 교사는 전문성 개발을 위해 끊임없이 노력한다.
INTASC(2013)	• 기준1: 핵심 개념 이해 및 유아에게 의미 있는 학습 경험 창조 • 기준2: 유아의 발달 이해 및 발달을 지원하는 학습 기회 제공 • 기준3: 유아의 개인차 이해 및 유아에게 적합한 교육 기회 구성 • 기준4: 다양한 교수 전략 사용 • 기준5: 상호작용을 격려하는 긍정적 환경 구성 • 기준6: 언어, 비언어, 매체를 통한 상호작용 • 기준7: 교과 지식, 유아, 지역사회, 교육과정 목표에 근거한 교수계획 • 기준8: 유아 평가를 위한 비형식, 형식 평가 방법 이해 및 활용 • 기준9: 자신에 대한 반성과 지속적인 전문성 증진 • 기준10: 유아를 위해서 동료, 부모, 지역사회와의 협력
미국 캔터키 주 (2003)	• 기준1: 교수 구성/계획 • 기준2: 환경 구성/유지 • 기준3: 교수 실행 • 기준4: 평가와 학습 결과 의사소통 • 기준5: 전문적 실천 반성과 평가 • 기준6: 동료/가족/다른 사람과 협력 • 기준7: 전문적 발달 참여 • 기준8: 가족 지원 • 기준9: 테크놀로지 실행 입증
NBPTS(2012)	• 기준1: 총체적인 유아의 발달 이해 • 기준2: 가족 및 지역사회와 파트너십 • 기준3: 형평성, 공정성 및 다양성 이해 증진 • 기준4: 유아를 가르치는 데 필요한 교과 지식 • 기준5: 유아의 발달 및 학습 평가 • 기준6: 발달과 학습을 위한 환경 관리 • 기준7: 발달과 학습을 위한 계획 • 기준8: 발달과 학습을 위한 교육 실행 • 기준9: 유아를 가르치는 것에 대한 반성 • 기준10: 전문성 증진 및 교직에 헌신

이상 유아교사의 평가 내용으로 사용할 수 있는 국내와 미국의 교사 자격 및

평가 기준을 살펴보았다. 이러한 내용에 근거하여 유아교사를 위한 평가 영역 및 내용을 제시하면 다음과 같다.

표 3-1-3 유아교사 평가 영역 및 내용

평가 영역	평가 내용
개인 특성	• 건전한 인성 • 교직 사명감 • 윤리의식
유아 이해 및 지원	• 유아 학습, 발달, 특성 이해 • 가정 · 사회 · 경제 · 문화적 환경 이해 • 유아 존중, 잠재력 발휘, 개인 요구 수용
교수	• 교과 전문지식 습득 • 교육과정 이해 및 구성 · 개발 • 수업 계획 및 준비 • 수업 운영, 수업 평가
환경 관리 및 학급 운영	• 적절한 학급 환경 조성과 문화 조성 • 자율적 문제 해결과 의사결정 지원 • 민주적 학급 관리 · 운영
대인 관계	• 구성원과 효과적인 의사소통 • 구성원들과 협력
전문성 개발	• 교육 실천 연구 및 향상 • 연수 프로그램과 활동 참여 • 평생학습의 노력

4. 유아교사 평가자

1) 자기평가

(1) 자기평가의 개념

자기평가는 교육적 경험을 축적하고 내면화함으로써 지식, 사고, 감정, 행동 등을 향상시키고자 하는 자기 향상의 노력이다. 자기평가는 자신이 학습할 수 있는 학습 과제 및 목표를 발견, 설정하고 그것을 달성하는 데 적절한 학습 방법을 선택하고 학습 계획을 세워 실행하며, 그 결과를 스스로 평가해서 다음 단계의 학습 계획을 세워 자기 향상을 도모하는 자기주도적 학습이다.

이러한 자기평가는 성인학습에서 중요하고, 특히 전문직에서는 계속적인 자기평가가 필요하다. 유아교사들에게 있어서 자기평가는 유아교사 자신이 이룬 성장에 대해 생각할 수 있도록 시간을 제공하고, 자기 향상을 위한 강력한 방법이고, 전문적 성장을 위한 기제이다. 자기평가를 위한 기록은 자신만의 고유한 기술과 성향을 기록하는 것으로 전문성을 가진 유아교사 자신의 학습과 발달을 지속적인 방법으로 보여줄 수 있다.

(2) 자기평가의 특징

유아교사는 자신의 행동의 질에 대해 다른 사람보다 더 잘 알고 있기 때문에 자신을 평가할 수 있다. 유아교사가 실행하는 자기평가는 다음과 같은 특성을 갖는다.

- 자기평가는 유아교사 자신에 대한 통찰력을 키우고 가치 있는 경험을 가질 수 있어서 자기 주도적이다.
- 자기평가는 유아교사 자신의 지금까지의 행동을 되돌아볼 수 있는 기회를 제공하여 반성의 기회를 갖게 한다.
- 자기평가는 발전 상황을 기록하고, 미래를 위해 목표를 설정할 수 있게 해 준다.
- 자기평가는 유아교사가 외부 평가를 대비하여 스스로 평가할 수 있는 기회를 가짐으로써 자신감을 갖게 한다.
- 자기평가는 평가 대상자들이 때때로 자기를 과소평가하거나 과대평가하는 문제점이 있다.

(3) 자기평가의 지침

자기평가는 주관적인 판단으로 객관성을 잃을 수 있기 때문에 객관적인 기준과 준거에 의해서 평가하려는 노력이 필요하다. 유아교사들이 자기평가를 효과적으로 하기 위한 일반적인 지침은 다음과 같다(Reiman & Thies-Sprinthall, 1998).

- 자기평가는 개인적인 혹은 전문적인 측면에서 자신의 교수행동의 장점이나 발달 부분에 초점을 맞춘다.
- 자기평가의 목적은 교수행동에 초점을 맞추는 것이기 때문에 계속해서 진행될 필요가 있다.
- 자신들의 수업 활동을 관찰하고 심도 있는 자기 분석을 위해서 녹화를 하거나 녹음을 한다.
- 자기평가 과정을 시작할 때 감정을 기록하는 것은 도움이 된다.

2) 상급자 평가

(1) 상급자 평가의 개념

상급자 평가는 유아교사의 전문성 발달을 지원하고 지도하기 위해서 전문성을 갖춘 원장 및 원감, 장학사, 경력교사들이 평가를 수행하는 것이다. 그동안 유아교사에 대한 상급자 평가는 기관 내·외의 공개 수업이나 시범 수업 등을 통해서 원장, 원감이나 장학사 등에 의해서 빈번하게 이루어져 왔다.

(2) 상급자 평가의 특징

상급자 평가는 전문성을 가진 사람들이 지원을 해 준다는 점에서 효과적이지만 다른 측면에서 단점이 있을 수 있다. 상급자 평가의 특징을 장·단점을 중심으로 살펴보면 다음과 같다(Vidmar, 2006).

- 상급자 평가는 전문성을 갖춘 평가자들이 수행하는 평가로 유아교사의 문제점을 분석하고, 문제 해결 방안을 제안해 줄 수 있다.
- 상급자 평가는 유아교사가 미리 평가 준거를 알고 있다 하더라도, 평가에 대한 정보가 부족하여 유아교사의 개인적인 열망이나 관심을 반영하기 어렵다.
- 상급자 평가는 관찰 결과가 유아교사와 공유된다고 하더라도 일반적으로 자기 평가나 반성의 기회가 없다.
- 상급자 평가는 유아교사가 관찰이 언제 실행되는지를 알고 있는 경우, 교사는 평소 수업을 능가하는 수업 준비를 할 수 있기 때문에 평상시 결과가 아닐 수 있다.

(3) 상급자 평가의 지침

상급자에 의한 유아교사 평가는 공평하고 객관적으로 실행되어야 한다. 공평하고 객관적인 상급자 평가를 위해서 다음과 같은 점에 유의해야 한다(이은해, 1995).

- 평가자는 막연한 인상에 근거하기보다는 가능한 한 번 이상의 직접적인 관찰을 통해서 평가하도록 한다.
- 평가 준거 및 양식에 대해서 사전에 유아교사와 협의함으로써 유아교사가 어떤 기준에 의해서 자신이 평가받는지를 알게 한다.
- 프로그램에 적합한 평가 양식을 선정하고 필요하면 목적에 맞게 수정한다.

3) 동료 평가

(1) 동료 평가의 개념

동료 평가는 유아교사가 자신의 실천 능력을 향상시키기 위해서 동료 교사와 반복적으로 만나서 수업에서 의도했던 결과를 체계적으로 설명하고, 실제적인 수업 경험에 대해서 반성하면서 자신의 수업에 관해서 이야기하는 것이다. 반성적인 동료 평가는 교수 이전, 교수 과정, 교수 이후의 회고와 자기 인식을 촉진시키는 형성 과정이다. 반성적인 동료 평가는 규칙적이고 지속적으로 이루어지는 과정으로 비위협적인 평가이어야 한다. 함께 반성하는 시간을 가질 수 있는 동료 교사들은 학습자로서 교사 모임을 만들 수 있다(Vidmar, 2006).

반성적인 동료 평가는 두 사람의 동료 교사가 평가자와 유아교사의 역할을 서로 바꾸어서 할 수 있다. 더욱 효과적인 것은 세 사람의 동료 평가로 한 사람은 유아교사, 다른 한 사람은 평가자, 또 다른 사람은 관찰자의 역할을 한다. 관찰자 역할을 하는 사람은 평가 과정을 지켜보고 유아교사나 평가자 역할을 하는 교사에게 조언을 제공한다.

(2) 동료 평가의 특징

동료 평가는 여러 가지 장점을 갖는다. 동료 평가의 장점을 중심으로 특징을 살펴보면 다음과 같다(Ross & Broce, 2007).

- 동료 평가를 통해서 유아교사들은 학급에서 자신의 행동과 교수가 유아들에게 미치는 영향을 인식하고, 실천 능력을 향상시킨다.
- 동료 평가를 통해서 장기간의 긍정적인 변화를 성취하므로 계속적으로 진보할 수 있다.
- 동료 평가는 특별한 전략을 제안하고 실천하기 위해서 함께 노력하므로 교수 실천에 긍정적 영향을 줄 수 있다.
- 동료 평가에서 동료의 피드백은 교사의 판단에 영향을 줄 뿐 아니라 자기평가를 충만하게 할 수 있어서 교사가 만족감을 느끼게 한다.
- 동료들이 서로 칭찬을 했을 때, 능력에 대한 믿음은 극대화되어 유아교사의 효능감에도 긍정적인 영향을 준다.

(3) 동료 평가의 지침

효과적인 동료 평가를 위해서 동료 집단의 각 구성원들이 대화에 참여하고 서로 더 잘 이해하는 것이 필요하다. 이를 위해서 Brookfield(1995)는 다음과 같은 질문을 활용하여 자신을 소개하는 활동을 제안하였다. 이러한 질문은 관계를 형성시켜 주고 참여자들의 불안을 감소시키고, 동료들 사이의 대화를 깊이 있게 만든다.

- 유아교사로서 가장 자신감 있는 것은 무엇인가?
- 수업이 끝난 다음 유아들이 나에 대해서 어떻게 말할 것 같은가?
- 나의 교수 중에서 향상되어야 할 것은 무엇인가?
- 유아교사의 역할에서 내가 가장 걱정하는 것은 무엇인가?
- 내가 잘 가르치는 것을 어떻게 아는가?
- 유아교사로서 어떤 실수를 통해서 가장 많이 배웠는가?

활동 유아교사 평가에 대한 브레인스토밍

1. '유아교사 평가' 하면 떠오르는 생각, 느낌을 모두 포스트잇에 적는다.
2. 4~5인 1조로 친구들과 함께 포스트잇에 적은 것을 모두 모아서 유사한 것끼리 분류한다.
3. 분류한 것을 범주화하여 제목을 붙인다.
4. 이것을 정리하여 개념도를 그린다.
5. 조별로 발표한다.
6. 긍정적인 것, 부정적인 것은 무엇인지를 토의한다.

2장 유아교사 평가의 제도

1. 한국의 교사 평가 제도

교사 평가제는 학교의 목적을 달성하고 교사 개개인의 전문적 성장과 발전을 촉진하기 위하여 교사들의 업무 수행 능력의 정도를 가늠하고 적절한 조치를 취함으로써 전반적으로 질을 체계적으로 관리하는 제도이다. 교사 평가제는 교사의 질을 관리하기 위한 중요한 수단으로 그 중요성이 증대되어 왔다(유균상, 김이경, 2004).

우리나라의 교사 평가는 '교육공무원승진규정'에 의해서 1960년대부터 근무성적 평정이라는 형태로 시행되어 왔으나 승진을 위한 인사 자료로 제한되어 교사의 질을 관리하는 기제로 활용되지 못하였고, 수업의 질 향상 및 학교 교육의 효과성 증대에 영향을 주지 못하였다. 이처럼 근무성적평가제도에 대해서는 그동안 많은 연구를 통해서 문제점이 지적되어 왔다(박상완, 2006; 전제상, 2000; 한만길, 2004). 교사 평가의 개선의 필요성은 신교육체제 수립을 위한 교육개혁 방안(교육개혁위원회, 1995)에서 제안되었고, 그 후 정부는 교원능력개발평가를 위해 다음과 같은 정책 방안을 실시하였다(교육인적자원부, 2008).

- 교직발전종합방안 수립

  2000년 '교직발전종합방안' 수립에서 교원 평가제 도입 검토

- 교원 평가 제도 정책 연구

  2004년 4월~2005년 2월 '교원 평가제 개선' 정책 연구 추진

- 교원 평가 제도 의견 수렴

  2005년 3월~9월 협의회 개최, 교원 평가제 전담 추진반 운영, 부적격 교원 대책 발표 등

- 교원 평가 제도 시범 운영
  - 2005년 11월 학교 교육력 제고 시범 사업 발표
  - 2005년 11월~2006년 9월 시범 학교 선정 및 교원 평가 시범 운영 실시, 시범 운영 결과 종합, 분석, 평가

- 교원 평가 제도 공청회 및 법제화 추진

  2006년 9월~12월 정책 포럼 및 공청회 개최, 법제화 추진 및 정부안 확정

- 교원 평가 제도 확대 적용 및 제도화
  - 2007년 2월 초 · 중등교육법 개정 법률안 국회 심의
  - 2007년 3월 전국 500여 개교 선도 학교 지정 운영
  - 2010년 3월 초 · 중등 교원능력개발평가 전면 시행

유치원 교원 평가에 대한 논의는 2009년 12월 유아교육 선진화 추진계획의 '우수 교원 배치 · 활용' 중 '교원능력개발평가 단계적 도입 추진' 정책(교육과학기술부, 2009)과 초 · 중등 교원 평가 제도가 전면적으로 시행되면서 시작되었다. 2011년에는 국립 유치원 3개 원에서 교원 평가를 시범적으로 운영하였고, 2012년부터 유치원 교원능력개발평가에 대한 정책 연구를 실시하였다(김은영, 2012). 이런 과정을 거쳐서 2017년도에는 교원능력개발평가에 대한 법적 근거를 마련하였고, 2018년에 국 · 공립 유치원부터 시행하다가 2019년부터는 공 · 사립 유치원에 전면 확대하여 시행하게 되었다(경상남도교육청, 2017). 이러한 유치원 교원 평가 제도의 적용 과정을 정리하면 다음과 같다.

- 유치원 교원 평가 제도 적용 과정
  - 2011년 3월 유치원 교원능력개발평가 적용을 위한 시범 운영 실시
  - 2012년 11월~2017년 2월 유치원 교원능력개발평가 개선 방안 정책 연구 실시
  - 2017년 2월 유치원 교원능력개발평가 법적 근거 마련
  - 2018년 국 · 공립유치원 시행
  - 2019년 공 · 사립 유치원 전면 시행

유치원 교원능력개발평가의 목적은 교원의 전문성 진단을 통한 지속적인 능력 개발을 지원하기 위한 것이다. 평가 대상자는 원장(겸임), 원감(겸임), 수석교사, 교사, 특수교사, 보건교사 등 유치원 소속 교원이다. 평가 주체는 교육지원청 교육장과 단위 유치원장으로 원장과 원감에 대한 평가는 교육감(위임에 따라 교육장), 교사에 대한 평가는 유치원장이 주관한다. 평가 참여자는 동료 교원의 참여와 학부모 만족도 조사로 이루어진다. 평가 절차는 〈그림 3-2-2〉와 같이 평가 준비, 평가 실행, 평가 결과분석 및 활용의 3단계로 이루어진다. 평가 결과는 맞춤형 연수 실시의 기초 자료로 활용하며, 단위 유치원 및 교육(지원)청은 소속 및 관할 교원에 대한 연수 대상자 지명, 연수 프로그램 개발 및 지원계획 수립 등을 위한 자료로 활용한다(경상남도교육청, 2017; 교육부, 2018). 유치원 교원능력개발평가의 대상별 참여자 및 평가 영역, 평가 절차를 그림으로 제시하면 〈그림 3-2-1〉과 같다.

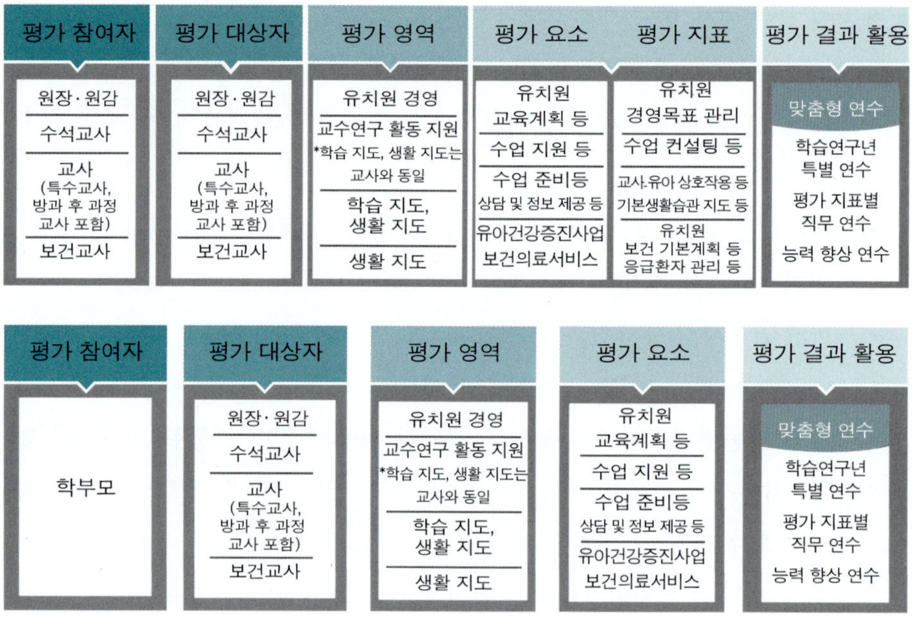

그림 3-2-1 유치원 교원능력개발평가 대상별 평가 영역 및 요소(교육부, 2018)

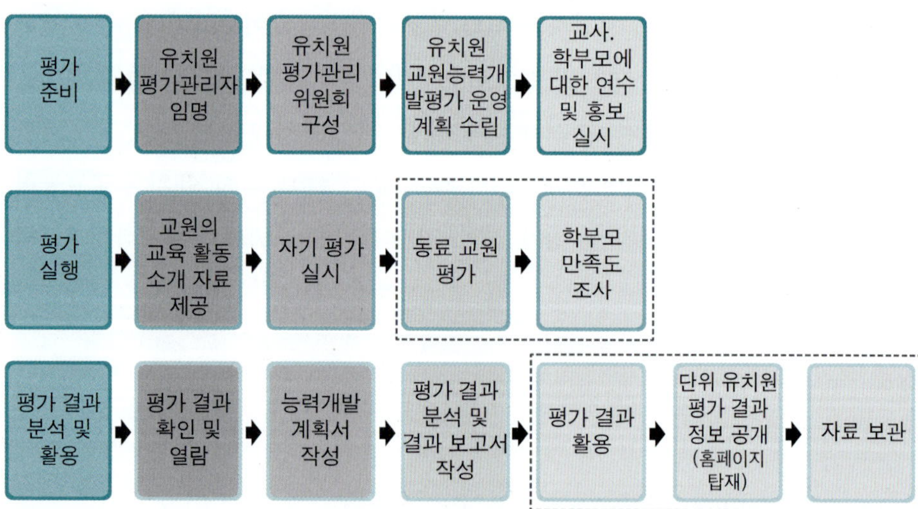

그림 3-2-2 유치원 교원능력개발평가 절차(교육부, 2018)

평가 내용은 원장 및 원감 평가는 유치원 경영과 전문성 계발에 대한 것이고, 교사 평가는 교육과정 운영, 학급 운영 및 업무 수행, 전문성 계발 등 교사의 교육

활동 전반에 대한 것이다(김은영, 2012). 일반 교사의 유치원 교원능력개발평가 지표를 제시하면 다음 〈표 3-2-1〉과 같다.

표 3-2-1 일반교사의 유치원 교원능력개발평가 평가 지표

구분	평가 영역	평가 요소	평가 지표	평가 지표 준거
교사(특수 교사 · 방과 후 과정 교사 포함)	학습 지도 (3요소, 8개 지표)	수업 준비	교과 내용 분석	국가 및 지역 수준의 교육과정에 기초한 유치원 교육과정에 대한 충분한 이해를 바탕으로 운영을 위한 계획을 하고 교수 · 학습 방법의 개선을 위해 지속적으로 노력하는가에 대한 평가
			수업계획 수립	교육 활동 내용과 유아 수준에 맞는 활동 목표, 활동 방법, 평가 계획 등을 체계적으로 수립하는가에 대한 평가
		수업 실행	학습 환경 조성	열정적이고 자신감 있는 태도를 유지하면서 유아들이 자유롭고 창의적으로 참여할 수 있는 수업 분위기를 조성하는가에 대한 평가
			교사 발문	명확한 발음과 어조로 흐름에 맞게 유아의 욕구와 흥미를 반영하여 유아의 사고를 확장시킬 수 있도록 안정적, 논리적, 확산적 발문을 하는가에 대한 평가
			교사-유아 상호작용	유아들의 적극적 참여를 유도하고, 유아들의 행동에 대해 적절히 대처하면서 유아와의 상호작용을 효과적으로 유도하는가에 대한 평가
			학습 자료 및 매체 활용	교수 · 학습에 적합한 자료와 매체를 능숙하게 사용하는가에 대한 평가
		평가 및 활용	평가 내용 및 방법	평가 내용 및 방법이 교육과정상의 학습 목표, 유아들의 수준이나 발달 과정에 적합한가에 대한 평가
			평가 결과 활용	평가 결과를 바탕으로 유아들을 지도하거나 자신의 수업 개선을 위해 활용하는가에 대한 평가
	생활 지도 (3요소, 5개 지표)	상담 및 정보 제공	개별 유아 특성 파악	유아들의 다양한 개인적 문제에 대해 파악 · 지도하고, 창의적이고 긍정적인 인성을 갖춘 인재로 성장할 수 있도록 지도하는가에 대한 평가
		문제행동 예방 및 지도	유치원생활 적응 지도	또래관계, 유치원 규칙 준수 등 유치원 생활에 적응할 수 있도록 지도하는가에 대한 평가
			건강 · 안전 지도	유아가 건강하고 안전하게 생활하도록 꾸준히 지도하는 가에 대한 평가
		생활습관 및 인성 지도	기본생활 습관 지도	유아 개인이 발달 단계에 따라 습득해야 할 기본적인 생활 습관 · 품성을 꾸준히 지도하는가에 대한 평가
			인성 지도	유아가 창의적이고 긍정적인 인성을 갖춘 인재로 성장할 수 있도록 지도하는 가에 대한 평가

출처: 교육부(2018). 2018학년도 유치원 교원능력개발평가 매뉴얼. 세종: 교육부.

유치원 교원의 평가가 외부에서 수행하는 타율적인 평가가 아니고 유아교사의 전문적 발전이나 자기 개발을 위한 평가가 되기 위해서는 보다 자발적이고 유아교육기관의 특성을 반영한 유아교사 평가방법이 필요하다.

2. 외국의 교사 평가 제도

1980년대 이래 세계 각국은 우수한 교원을 확보하고 교사의 질을 높이기 위해 다양한 정책들을 추진하여 왔다. 1970~1980년대 교육개혁이 교사의 질 관리를 위해 교사 양성 교육 프로그램이나 현직 연수 프로그램 개혁에 초점을 두었다면 1990년대 이후 교육개혁은 교육의 책무성을 강조하면서 교사의 직무 수행에 대한 직접적인 확인과 평가를 강조하고 있다. 이렇게 교육기관과 교사에 대한 평가가 중요하다는 인식이 사회 전반적으로 확산되는 이유는 교사들의 자긍심 및 사기 저하, 교권의 추락, 부모 및 교원 간의 신뢰 붕괴와 대립과 갈등으로 인한 교육공동체 붕괴, 교원단체 간의 대립, 정부 정책에 대한 불신, 교원의 자질 저하와 교육력 약화 등 심각한 교육 병리현상이 계속되고 있기 때문이다(송유진, 2007). 외국의 교사 평가 제도를 살펴보면 다음 〈표 3-2-2〉와 같다.

표 3-2-2 외국의 교사 평가 제도

국가	목적	내용	방법	활용
미국	• 학생의 성취도 향상을 위한 수업의 질 개선 • 교사의 자질과 수업의 질 평가로 교사의 개선과 전문성 신장 • 인사 관리 및 보수 결정 자료 생성	• 학습 중심 수업 • 학생 평가와 피드백 • 학생 훈련, 수업 전략, 시간과 자료 관리 • 전문적 의사소통 기술 • 전문성 개발 • 정책, 규정, 지침 준수 • 학생 학업 성취도	• 평가 주관: 주정부, 학교구, 단위학교 • 평가자: 교장, 교감, 수석 교사 등 • 평가 대상: 모든 교사 • 평가 주기: 임용 후 최초 3년간 매년 실시 • 평가 도구: 필기시험, 자기평가서, 교실 수업 관찰	• 평가 결과 전문성 신장 연수 프로그램 참여 • 재임용, 봉급 인상에 활용 • 개인 인사기록 영구 보관

국가	목적	내용	방법	활용
영국	• 교사의 직무 자신감, 전문성, 필요한 부분을 개발 • 교사의 전문성 제고를 통하여 학생의 학업 성취도 및 교육의 질 향상	• 교육 규정 2001에 따라 교사 전문성 향상 및 개발 • 학생 학업 성취 향상 • 수립 목표 및 내용이 평가 기준과 내용으로 활용	• 평가 주관: 단위학교 • 평가자: 학교장, 수석 교사 등 직속 상급자 • 평가 대상: 지방교육청 및 사립학교 소속 모든 교사, 한 학기 이상 계약 교사 • 평가 주기: 1년 • 평가 도구: 수업 참관, 면담, 업무 수행 능력	• 전문성 신장 교육/훈련 프로그램 제공 • 승진, 보수, 인사 활용 • 결과 보고서를 개인, 교장, 학교운영위원회, 지방교육청 등에 공개
프랑스	• 교수 활동의 질적 수준 향상, 양질의 교수 활동 지원 • 교사 업무 수행 및 교사 활동 보상 제공	• 행정 평가: 교사 시간 준수 및 근속, 교육활동 및 효율성, 권위 및 영향력, 업무 효율성 및 수행 방법 • 교수 평가: 교육부 일반적 임무와 교과, 각 교육청의 가이드라인	• 평가 주관: 국가교육총장학위원회, 아카데미 장학위원회, 지역 교수장학위원회 • 평가자: 행정 평가는 교장, 교수 평가는 장학사 • 평가 대상: 모든 교사 • 평가 주기: 행정 평가 매년, 교수 평가는 초등 3~4년, 중등 6~7년 1회 • 평가 도구: 행정 평가는 전국 평정 조정점 조견표, 교수 평가는 개인별 채점표	• 교수 평가 결과에 따라 자문 교수 지원 • 전보 발령 및 승진 준거 • 교사의 보고서 확인, 소속 장학관에게 제출, 학년말 발표
독일	• 수업 전문성 신장 • 승진 및 보수 지급 기준 마련	• 전문 교과 능력 • 적성 및 자격 • 수업과 교육 중시	• 평가자: 장학사, 학교장, 전문가(제3자 의견 반영) • 평가 대상: 공립학교 교사 전원 • 평가 주기: 4~5년 • 평가 도구: 수업 관찰, 문서 검토, 평가자 의견	• 교사 등급 조정, 보수 결정 • 평가 결과를 교사에게 공개, 교장-교사 면담 실시

국가	목적	내용	방법	활용
호주	• 교사 전문성 신장, 유능한 교사 개발 • 교사 이해, 기술 강화 • 보상, 징계 등 교육 책무성 제고	• 교육활동 – 학급 운영 및 관리 – 학생 학업 성취도 – 수업 계획 및 실행 – 특별 활동 지도	• 평가자: 교장, 주임교사 • 평가 대상: 모든 영구 및 임시 교사 • 평가 주기: 매년 1회 • 평가 도구: 교사 면담, 교육활동 관찰, 문서 검토	• '개선 요망' 교사 프로그램 이수 • 승진 여부 및 보수 결정 • 징계위원회의 학교 복귀, 전근, 교육청 업무 보조 • 평가 결과 본인 제공, 결과 서명
일본	• 능력과 업적에 입각한 인사 관리	• 관리직: 직무 상황, 근무 상황, 특성 · 능력 • 교사: 학습 지도, 생활 · 진로 지도, 특별활동, 연구 · 연수, 학교 운영	• 평가 주관: 각 도도부현 및 시의 교육위원회 • 평가자: 1차, 2차는 교장, 최종은 교육장 • 평가 대상: 전 교원 • 평가 주기: 연 1회	• 인사 관리 자료 및 연수 대상자 선발, 부적격 교원의 판단 자료 • 평가 결과 본인에게 공개

출처: 교육인적자원부(2006b). 외국의 교원 평가; 김동석(2006). 교원 평가, 연내 법제화 안 된다!. 교원 평가제 시범 운영 결과와 개선 방향. 한국교육개발원 평가 정책 포럼. 재구성.

활동 교원능력 평가

다음은 유치원 교원능력 평가를 위한 동료교사 평가지입니다. 평가지를 활용하여 자신이나 친구들의 장단점을 분석해보세요.

평가 지표		평가 문항	매우 우수	우수	보통	미흡	매우 미흡
교과 내용 분석	1	현행 교육과정을 잘 이해하고 이를 반영하여 교수 학습 방법을 개선하며 지도한다.					
	2	교육과정 분석을 통하여 활동 특성에 맞는 수업을 설계한다.					
	3	교수 학습 방법의 개선을 위해 연구하고 이를 적용하기 위해 노력한다.					
수업계획 수립	4	수업 목표가 활동 내용과 일치하고 구체적이다.					
	5	유아의 이해 수준과 학습 발전 정도를 확인할 수 있는 평가 계획이 수립되어 있다.					
학습 환경 조성	6	유아가 학습에 대한 흥미나 호기심을 갖도록 동기를 유발할 수 있는 환경을 조성한다.					
	7	학습 주제에 적합한 환경과 자료 계획이 수립되어 있다.					
교사 발문	8	수업 내용을 분명한 어조와 발음으로 전달한다.					
	9	유아가 다양하게 생각하여 대답할 수 있도록 질문한다.					
교사-유아 상호작용	10	교수 학습 활동에서 칭찬과 격려를 통해 유아에게 자신감을 준다.					
	11	유아와 교사의 의사소통이 원활하다.					
	12	유아의 반응에 적절히 대처한다.					
학습 자료 및 매체 활용	13	유아가 학습 내용을 잘 이해할 수 있도록 적절한 학습 자료를 활용한다.					
	14	수업에 필요한 교수 학습 활동 자료를 능숙하게 활용한다.					
평가 내용 및 방법	15	유아의 수준에 맞는 평가 문항이나 도구를 활용하여 평가한다.					
	16	평가 내용이 학습 목표를 적절히 반영하고 있다.					
	17	적절한 평가 내용과 방법으로 학습 목표의 도달 여부를 확인한다.					
평가 결과의 활용	18	유아의 수준에 맞는 지도를 위해 평가 결과를 활용한다.					
	19	평가 결과를 정리하여 기록하고 분석한다.					
	20	평가 결과를 분석하여 자신의 수업 개선을 위해 활용한다.					
개별 유아 특성 파악	21	유아의 문제 파악을 위해 지속적인 관찰과 상담을 한다.					
	22	유아 개개인의 문제를 파악하여 지도한다.					

출처: 교육부(2018). 2018학년도 유치원 교원능력개발평가 매뉴얼. 세종: 교육부.

평가 지표		평가 문항	매우 우수	우수	보통	미흡	매우 미흡
유치원 생활 적응 지도	23	유아가 유치원 생활에 잘 적응할 수 있도록 지도한다.					
	24	유치원 생활 규칙을 준수하도록 지도한다.					
	25	유치원에서 발생할 수 있는 문제를 파악하고 예방하기 위한 조치를 한다.					
건강 · 안전 지도	26	유아가 건강하게 생활하도록 지도한다.					
	27	유아의 안전한 생활을 위해 환경을 조성하고 안전교육에 힘쓴다.					
기본 생활습관 지도	28	유아의 기본생활습관 형성을 위하여 지속적으로 지도한다.					
	29	기본생활습관 형성을 위한 실천 사항을 유아의 발달 특성에 맞게 지도한다.					
인성 지도	30	유아가 바른 인성을 지니도록 반복하여 지도한다.					
	31	유아가 긍정적인 인성을 갖춘 인재로 성장하도록 지도한다.					
우수한 점							
개선할 점							

3장 유아교사 평가의 방법

1. 구조화된 평가 도구

1) 개념 및 특성

(1) 개념

구조화된 평가 도구란 교사의 특성이나 실천에 대해서 체크리스트나 평정척도 등 수량화가 가능한 도구를 사용하여 평가하고 자료를 수집하는 방법이다. 이러한 구조화된 유형의 도구들은 사전에 결정된 교수행동 범주가 제시되어 있어서 특정 상황에서 적절하게 사용할 수 있다(Acheson & Gall, 2003).

(2) 장점

- 구조화된 평가 도구는 다른 평가 방법에 비해서 쉽고 누구나 사용할 수 있다.
- 구조화된 평가 도구는 평가 방법이 간단하므로 시간 소모가 적다.
- 구조화된 평가 도구는 평가 도구에서 기술하고 있는 유아교사의 여러 가지 행동들을 평가할 수 있다.

(3) 단점

- 구조화된 평가 도구는 유아교사의 특정 행동에 대해서 세부적이고 구체적인 정보를 제공하지 못한다.
- 구조화된 평가 도구는 유아교사가 가르치고 있는 다양한 맥락이나 상황을 파악하기 어렵고 심도 깊은 평가를 수행하기 어렵다.
- 구조화된 평가 도구는 평가하고자 하는 내용에 알맞은 적절한 도구 선정에 어려움이 있을 수 있다.

2) 방법

구조화된 평가 도구로 가장 많이 사용하는 것이 체크리스트와 평정척도이다. 체크리스트는 유아교사의 개인적 특성, 행동, 유아지도, 교수 능력 등의 유무(그렇다, 아니다)를 표시하는 방법이다. 평정척도는 교사의 특성, 행동, 유아 이해, 교수 능력 등을 3단계, 5단계, 7단계 등의 순위로 기록하는 것이다. 체크리스트나 평정척도는 여러 가지 개발된 도구를 활용할 수 있고, 연구에서 사용되었던 도구들도 사용할 수 있다. 때로 학급 행동에 대한 관찰기록을 위해 유아교사 스스로 체크리스트를 만들 수 있다. 유아교사들이 자신의 개인 특성, 유아 이해 및 지도, 교수, 학급 운영, 대인 관계, 전문성 발달 등을 평가하기 위해서 사용할 수 있는 구조화된 평가 도구의 목록은 다음 〈표 3-3-1〉과 같으며, 실제 평가 도구는 〈부록〉에 제시하였다.

표 3-3-1 구조화된 평가 도구의 목록(부록 참조)

구분	평가 도구
유아교사의 개인 특성	• 성격 진단(Kuczen, 1997) • 정서지능 측정척도(최승규, 2001) • 의사결정 양식 평정척도(최지혜, 2003) • 다중 지능(박은혜, 2009) • 유아교사의 교수 효능감(이분려, 1998)
유아 이해 및 지도	• 유아에 대한 태도(Sciarra & Dorsey, 2002) • 유아에 대한 정서 신념(이주연, 2004) • 유아 지도 기술(Sciarra & Dorsey, 2002) • 유아-교사 상호작용(박선미, 2005) • 가정-교사 의사소통 평정척도(Arnold, 2005) • 부모에 대한 태도와 기술(Sciarra & Dorsey, 2002)
교수	• 교육계획안 분석 기준 • 효율적인 교수 평정척도(Moffatt & Moffatt, 2003) • 교육활동 관찰 및 분석(박은혜, 조운주, 2006) • 발문 및 피드백 유형 분석(전경원, 2003; 주상환 외, 1998)
환경 구성 및 학급 운영	• 실내흥미영역의 유무 및 적합성 체크리스트(김희진, 박은혜, 이지현, 2000) • 흥미영역 구성 체크리스트 • 실외놀이영역 체크리스트 • 기본 생활 규칙 내용 분석(교육인적자원부, 2001) • 놀이영역의 규칙 분석(교육인적자원부, 2001) • 일과 운영 분석(박은혜, 조운주, 2006)
대인 관계	• 동료에 대한 태도와 기술(Sciarra & Dorsey, 2002) • 청취 능력 평가(Fritz, Brown, Lunde, & Banset, 1999)
전문성 발달	• 전문성 발달에 대한 태도와 노력(Sciarra & Dorsey, 2002)

2. 서술식 관찰기록

1) 개념 및 특성

(1) 개념

서술식 관찰기록은 기록할 만한 가치가 있다고 여겨지는 사건, 사람, 그리고 사람들 간의 상호작용을 자세하게 기술하는 것으로 구조적인 틀을 가지지 않는다. 교실에서 실제 수업을 관찰하는 것은 교사들의 교수행동에 대한 레퍼토리를 확장시키고 발달시키는 데 필수적인 방법으로 자기 주도적인 유아교사를 평가할 때 적합하다.

(2) 장점

- 서술식 관찰기록은 특별한 준비물 없이 종이와 연필만 있으면 가능하다.
- 서술식 관찰기록은 평가 내용과 방법이 정해져 있는 구조화된 평가 도구와 달리 교실의 시간 흐름을 쫓아서 관찰하고 기록할 수 있다.
- 서술식 관찰기록은 학급에서 발생한 모든 것에 대한 세부적인 정보를 제공하므로 철저하게 평가할 수 있다.
- 서술식 관찰기록은 모든 상황에 대해서 구체적으로 서술하므로 유아교사의 행동이 유아에게 미치는 영향, 유아 행동이 유아교사에게 미치는 영향 등 원인을 찾아낼 수 있다.
- 서술식 관찰기록은 유아교사가 관찰 내용을 언제, 어디서든 다시 보고 검토할 수 있다.

(3) 단점

- 서술식 관찰기록은 가능한 많은 내용을 관찰하고 기록하는 것이 효과적이므로 시간 소모가 많다.
- 서술식 관찰기록은 충분한 연습 없이는 어떤 내용을 기록해야 하는지 몰라서 능숙하게 사용할 수 없고, 관찰자의 편견이 들어갈 수 있다.
- 서술식 관찰기록은 복잡하고 역동적인 교실 상황에서 교사나 유아들의 행동, 말 등을 가능한 많이 기록해야 하는 어려움이 있다.
- 서술식 관찰기록은 관찰하고 기록한 자료가 방대해서 분석하는 것이 어렵다.

2) 방법

서술식 관찰기록 평가 방법으로는 유아 평가에서와 마찬가지로 표본식 기술이나 일화기록을 사용할 수 있다. 표본식 기술은 교사가 한 말, 유아가 한 말, 그리고 교사-유아 상호작용을 모두 기록하는 것을 말한다. 일화기록은 유아교사, 유아, 유아집단, 학급 전체에서 일어났던 일화를 중심으로 관찰하여 기록하는 것이다. 일화기록은 초점이 광범위해지면 더 많은 행동을 관찰할 수 있고, 초점을 좁히면 적은 행동을 집중적으로 서술할 수 있다. 기본적인 일화기록 방법은 학급에서 발생하는 사건들에 대해 간단히 기록하는 것이다(Reiman & Thies-Sprinthall, 1998).

서술식 관찰기록의 형태는 도구에 따라서 좀 더 구조적일 수 있고, 완전히 개방적인 형태로 이루어질 수도 있다. 관찰기록의 내용은 교육 주제, 계획, 물리적 배치, 사회적 관계, 교사-유아 간의 상호작용, 대인 간의 의사소통, 전문성 발달, 개인적 특성, 부모 및 지역사회와의 관계 그리고 수업 이외의 책임과 같은 일반적인 영역에 대해서 기록할 수 있다(Caruso & Fawcett, 1992). 구체적인 관찰기록 방법은 다음과 같다.

- 서술식 관찰기록은 관찰 대상에 대한 기본적인 소개 부분, 관찰 내용, 해석 부분으로 나누어 서술한다.
- 소개 부분에는 관찰 대상인 유아교사의 이름, 관찰 날짜 및 시간, 관찰 장소, 관찰자의 이름 등을 기록한다.
- 관찰 내용은 객관적인 사실을 중심으로 서술하고, 상황과 맥락에 대한 것도 포함해야 한다.
- 관찰 내용은 사건의 시간적인 흐름을 알 수 있도록 상황 변화에 따른 시간을 기록한다.
- 관찰 내용은 관찰자의 감정, 주관이 들어가지 않도록 객관적인 사실만을 기술한다.
- 해석은 관찰 내용에 대해서 관찰자의 설명으로 관찰자의 생각이 기록될 수 있다.

〈서술식 관찰기록의 예〉

관찰 대상: ○○○ 교사
관찰 장소: 만 4세 진달래반 교실
관찰 시간: 2019년 6월 7일 11:00~11:30
관 찰 자: 원장
관찰 활동: 게임(동물이 되어 보아요)

관찰 내용
교사 옆에 그림 카드(여러 가지 동물 카드), 비밀상자, 책상 1개, 호루라기, 점수판이 준비되어 있다. 교사는 동물에 대한 노래를 부르고 유아들이 따라 부른다. 떠들던 유아들도 따라 부르며 조용해진다. 교사는 유아들에게 "지금부터 게임을 할 거야. 게임을 하려면 어떤 규칙을 지켜야 하지?" 하고 유아들에게 물어본다. 유아들이 규칙을 이야기하자, 교사는 화이트보드에 적어 준다. 그런 다음 교사는 유아들을 한 명씩 불러서 앞으로 나오게 하여 비밀상자에 손을 넣어 공을 꺼내게 한다. 꺼낸 공의 색을 보고 양쪽 팀으로 나누어 의자를 가지고 와서 2줄로 앉게 한다. 유아들이 의자에 다 앉은 다음 교사는 "누가 게임 도우미를 할까? 하고 싶은 사람 손들어 보자."고 한다. 한 명의 유아가 손을 들자 그 유아를 앞으로 불러 게임을 위한 준비를 말로 설명해 주었다. 교사는 "누구와 게임을 할지 알아보자."고 이야기한 다음, 서로 마주 보고 있는 유아들을 불러서 나와서 악수를 하게 한다. 모두 확인시켜 준 다음 교사는 "책상까지 달려가서 카드를 뒤집고 카드에 나온 동물을 흉내 내면서 돌아오는 게임이야."라고 게임 방법을 설명해 준다. 교사는 먼저 들어온 유아의 팀 혹은 응원을 열심히 하며 질서를 잘 지키는 팀에게 점수를 붙여 준다. 모든 유아들이 게임을 다 하고 난 다음 교사는 점수판의 개수를 세어서 결과를 확인하게 한다. 교사는 파란 팀이 더 많으니 빨간 팀은 파란 팀에게 박수를 쳐 주자고 한다. 빨간 팀도 규칙을 잘 지켰다고 칭찬을 해 주며 박수를 쳐 주자고 한다. 그러나 진 팀의 유아들은 반응이 없다. 교사는 "게임을 했는데 어떤 점이 재미있었니? 아니면 속상했던 점이 있었니?" 하고 유아들에게 물었다. 이긴 팀의 유아들은 재미있었다고 한다. 진 팀의 유아들은 게임이 재미없고 이상했다고 대답을 한다. 교사는 "진 팀은 속상하겠지만 다음에 또 게임을 할 거니까 속상해하지 말고, 모두 열심히 잘했어. 이제 앉았던 의자는 제자리에 갖다 놓자."고 한다.

분석: 게임 활동은 주제인 동물과 연계되는 활동이었다. 게임 대형으로 앉힌 다음 규칙을 알려 주어야 하는데, 모여 놓은 상황에서 이야기하여 게임을 진행하는 순서가 일부 바뀌었다. 팀 이름을 정하지 않았고, 게임 방법에 대한 시연을 제공하지 않았다. 응원을 열심히 한 팀에게도 점수를 주는 것은 적절하다. 양 팀의 점수 차이를 줄여 주려는 노력이 좀 더 필요했다.

활동 교육 활동 분석하기

다음의 교육활동 분석 틀을 활용하여 앞에 제시된 수업 관찰 내용을 분석해 보세요.

구분	교육활동 분석(개방형)
활동의 장점	
활동의 단점	
활동의 개선점	

3. 오디오/비디오 기록

1) 개념 및 특성

(1) 개념

오디오/비디오 기록은 교실에서 일어나는 모든 상황이나 교육활동을 녹음기나 캠코더를 이용하여 녹음하거나 녹화하는 방법이다. 오디오/비디오 기록은 발생한 사건이나 활동을 영구적으로 기록하고, 교사가 수행한 수업과 일어났던 것을 그대로 보여주는 객관적인 관찰 및 평가 방법이다. 재생이 가능하여 사건이나 활동에 대한 세부적인 분석과 평가를 제공하고, 광범위한 초점을 제공한다. 유아교사와 유아가 행하고, 말하는 것, 학급 상호작용에서 정서적인 분위기와 비언어적 행동 등 '감정'을 포착할 수 있는 효과적인 방법이다(Tan & Towndrow, 2008). 유아교사들은 수업에 대한 오디오/비디오 기록을 만든 다음, 동기 유발, 수업 진행, 언어 행동 등 자신의 수업에 대해서 분석하고 평가할 수 있다.

(2) 장점

- 오디오 기록은 사용하기 쉽고, 수업에 방해되지 않는다.
- 오디오 기록은 유아교사의 언어적 상호작용을 집중적으로 분석 및 평가할 수 있다. 비디오 기록은 언어적 · 비언어적 상호작용을 모두 분석하고 평가할 수 있다.
- 오디오/비디오 기록은 유아교사 자신, 다른 교사, 또는 유아가 필요할 때 언제든지 다시 듣거나 볼 수 있다.
- 오디오/비디오 기록은 유아교사들로 하여금 교실 상황에서 일어난 중요한 사건이나 경향을 기억하면서 학급 상황에 대한 심도 있는 분석과 반성적 사고를 하게 한다.

(3) 단점

- 오디오 기록은 소리만을 기록하므로 사람들의 모습, 표정 등 비언어적 상호작용을 분석하는 데 제한점이 있다.
- 비디오 기록은 장비 때문에 수업 진행을 방해할 수 있고, 유아교사들이 촬영을 의식해 자신의 실제 모습을 감출 수 있다.

2) 방법

오디오/비디오 녹음 장비는 수업에 방해가 되지 않도록 조심스럽게 조작해야 하고 유아들이 학급에 들어가기 전에 미리 설치하는 것이 좋다. 비디오 촬영에 대해서 유아교사와 유아들이 편안한 마음과 태도를 갖기 위해서는 몇 번의 연습 과정을 갖는 것이 효과적이다(Acheson & Gall, 2003). 구체적인 오디오/비디오 기록 방법은 다음과 같다.

- 상태가 좋은 녹음기나 보이스레코더, 캠코더 등의 기자재를 준비한다.
- 기자재를 사용하기 전에 반드시 사용 방법과 성능을 익혀야 한다.

- 실행 전에 교실에서 녹음과 녹화가 가장 잘 될 수 있는 장소가 어디인지를 확인해야 한다. 이를 위해 다양한 위치에서 실험을 해 보는 것이 효과적이다.
- 녹음이나 녹화 후 유아교사는 필요한 부분을 편집할 수 있다.

〈녹음된 수업 전사의 예〉

T : 안녕! 애기별꽃 반 친구들, 나는 악어란다~ 나는 초콜릿이랑 사탕을 너무너무 좋아해. 하루도 빠짐없이 난 초콜릿이랑 사탕을 먹었어. 그랬더니 내 이가 어떻게 되었는지 아니? 자, 보여줄게. 이렇게 썩었기 때문에 매일 밤마다 이가 아파서 잠도 못 잔단다. 너희들 중에 나 같은 친구가 또 있니?
C : 김명규~
T : 얘들아, 악어 이가 어떻게 되었어요?
C : 다 썩었어요. 까맣게 됐어요.
T : 왜 그렇게 됐을까?
C : 초콜릿이랑 사탕을 먹어서요. 그런 거 먹고서 이를 안 닦아서요.
T : 그래. 악어는 초콜릿과 사탕을 매일 먹어서 이가 까맣게 다 썩어 버렸어요. 우리 친구들이 악어처럼 이가 썩지 않고 튼튼하게 하려면 어떻게 해야 할까요?
C : 초콜릿이랑 사탕 안 먹어요.
T : 그래 맞아. 우리가 먹는 음식 중에는 이를 튼튼하게 만들어 주는 음식이 있고 이를 썩게 만드는 음식이 있대. 악어가 매일 먹었던 초콜릿과 사탕은 우리의 이에 아주 좋지 않은 음식이래요. 그럼 초콜릿이랑 사탕 말고 우리 이에 나쁜 음식이 또 뭐가 있을까?
C : 인절미요. 콜라요.
C : 선생님, 그런데 인절미는 왜 이에 안 좋아요?
T : 글쎄? 인절미가 왜 이에 안 좋을까? 아는 친구가 있나요?
C : 야, 인절미 먹으면 목 막히잖아~
T : 인절미 먹으면 목이 막혀서 이에 안 좋을 것 같아요?
C : 네……
T : 그럼 우리가 먹는 음식 중에 치아를 튼튼하게 만들어 주는 음식은 무엇이 있을까요?
C : 우유, 오이, 시금치 같은 거요.
T : 우유, 오이, 시금치는 이에 좋을 것 같다고 생각하는구나.
C : 선생님 그런데, 치아가 뭐예요?
T : 이를 어려운 말로 치아라고 해요.
T : 선생님이 이에 좋은 음식과 나쁜 음식을 준비하셨는데 친구들이 앞으로 나와서 이에 좋은 음식과 나쁜 음식 한 가지씩 붙여 볼까요?
C : 네. 저요~저요~
T : 현지가 나와서 붙여 보자.
T : 현지는 왜 우유가 이에 좋고 캐러멜은 이에 나쁘다고 생각했어요?

C : 그냥.
T : 다른 생각을 가지고 있는 친구가 있나요?
T : 그런데, 우리 친구들이 여기에 붙인 이에 나쁜 음식의 같은 점을 알고 있어요?
C : 맛있는 거예요.
T : 그래요. 그러고 보니 이에 나쁜 음식은 우리 친구들이 전부 좋아하는 음식이네~. 그럼 이제 사탕이랑 초콜릿 안 먹을 거예요?
C : 히히…….
T : 우리 친구들이 이에 나쁘다고 붙여 준 음식들은 모두 이에 달라붙고 단맛이 나는 음식들이에요.
T : 우리 다 같이 이에 좋은 음식과 나쁜 음식에는 무엇이 있는지 읽어 볼까요?
C : 오이, 당근, 시금치, 우유……. 초콜릿, 사탕, 인절미, 캐러멜…….
T : 얘들아, 그런데 아무리 이에 나쁜 음식을 먹지 않고 좋은 음식만 먹는다고 이가 튼튼해질까요?
C : 아니요~
T : 그럼 어떻게 해야 될까요?
C : 양치질해요. 치카치카 해요.
T : 그래요. 맞아요. 열심히 양치질을 하면 이가 튼튼해질 수 있어요. 우리 텔레비전에 나오는 친구는 어떻게 얼마나 이를 잘 닦는지 볼까요?
텔레비전에 나온 친구는 양치질을 하기 위해 무엇을 썼지요?
C : 치약이랑 칫솔이요.
T : 그래요. 이를 닦으려면 칫솔도 필요하고 치약도 필요하지요? 선생님이 오늘 친구들과 함께 이를 닦기 위해서 치약과 칫솔, 그리고 우리의 치아와 똑같이 생긴 가짜 이를 가지고 왔어요. 어떤 친구가 나와서 이를 한 번 닦아 볼까요?
C : 저요~~
T : 그래, 지훈이가 나와서 한 번 닦아 볼까요?
C : 이렇게 뺑 돌려야 돼요.
T : 그래요. 잘 닦았어요.
C : 선생님, 지훈이가 닦은 이를 악어 입에 넣어 봐요. 그럼 악어 이도 깨끗해지잖아요.
T : 그럴까요? 어때요? 악어 친구도 이가 깨끗해진 것 같아요?
C : 네~
T : 우리 친구들, 오늘 악어처럼 이가 새까맣게 썩지 않게 하려면 어떻게 해야 한다고 했지요?
C : 사탕 안 먹고요, 이 잘 닦아요.
T : 친구들 정말로 사탕 안 먹을 수 있어요?
C : 먹을 수도 있고 안 먹을 수도 있어요. 먹고 치카치카 하면 돼요.
T : 그래요. 우리 친구들 이가 튼튼해지려면 하루에 3번 밥을 먹고 난 후에, 또 사탕을 먹고 나서 이를 닦아야 해요. 그래서 아주 예쁘고 반짝반짝거리는 이를 만들도록 해요. 오늘 이야기 나누기는 여기서 끝내요~

활동 발문과 피드백 평가하기

1. 앞의 수업 전사의 예를 읽어 보세요.
2. 다음의 발문 및 피드백 평가 준거에 근거하여 평가해 보세요.

발문 및 피드백			
유형		방법	그렇다
발문	지시적 발문	지시, 비난하는 발문을 한다. (예) 선생님을 보아요, 틀렸어, 조용히 좀 해)	
	비지시적 발문	칭찬, 권장, 유아의 생각을 수용하는 발문을 한다. (예) 잘했어요, 맞았어요, 그래)	
	재생적 발문	재생, 암기, 계산, 열거 등 유아에게 단편적 지식을 물어보는 발문을 한다. (예) 수박 씨는 어떻게 생겼을까?)	
	추론적 발문	인과관계, 종합, 분석, 구분, 비교, 대조하게 하는 발문을 한다. (예) 수박 씨와 참외 씨는 어떻게 다를까?)	
	적용적 발문	새로운 사태에 원칙을 적용, 이론화, 예언하는 반응을 유도하는 발문을 한다. (예) 과일 속에 씨가 없다면 어떻게 될까?)	
피드백	수정	유아의 아이디어를 말로 바꾸거나 개념화하여 아이디어 수정한다. (예) 승희는 기차가 가장 빠르다고 생각한대.)	
	적용	추측하게 하거나 다음 단계를 위해 아이디어를 사용한다. (예) 기차 중에서도 아주 빠른 기차에는 어떤 것이 있을까?)	
	비교	교사의 아이디어와 유아의 아이디어를 비교한다. (예) 선생님은 자동차가 더 빠르다고 생각하는데, 경진이는 오토바이가 더 빠르다고 생각한대.)	
	요약	유아들의 아이디어를 요약한다. (예) 너희들이 말한 자동차, 자전거, 기차, 오토바이 이런 것들은 땅 위를 달리는 교통기관이야.)	
	비난	비난한다. (예) 동준이 왜 자꾸 떠들어?)	
	무시	무시한다. (예) 예쁘게 손든 사람만 시켜 주지.)	
	거부	거부한다. (예) 승희는 바르게 앉아야 시켜 주지.)	

출처: 전경원(2003). 창의성을 중심으로 한 유아과학교육. 서울: 학문사.; 주삼환, 이석열, 김홍운, 이금화, 이명희(1998). 수업 관찰과 분석. 서울: 원미사.를 재구성함

4. 저널 쓰기

1) 개념 및 특성

(1) 개념

저널 쓰기는 유아교사들이 자신의 실천 행위에 대해 개인적인 관점을 가지고 기록하는 다양한 형태의 글쓰기를 의미한다. 저널 쓰기는 자신의 개인적인 생각을 적는다는 점에서 일기와 비슷하지만 일기가 전적으로 개인의 사생활에 관한 것이라면 저널은 개인적 차원이 아닌 전문성을 가진 교사로서의 의견을 기록한다는 점에서 차이가 있다. 일기는 개인의 신상에 관한 이야기이며 계속해서 그 수준에 머무르지만 저널 쓰기는 개인의 일상적인 수준을 넘어서서 교사의 전문적인 성장을 개인적 수준에서 점검하는 것이다. 저널은 교사가 자신의 교수-학습 활동을 분석하고 미래에 발생할 문제들에 대한 해결책을 고안하며 자신과 대화를 나누는 수단이다. 저널 쓰기는 교사들에게 교사로서의 역할을 수행하는 의도 및 목적, 역할 수행 과정, 역할 수행의 결과에 대해서 기록하는 것으로 생각하고 반성하게 한다(박은혜, 2002). 저널 속에 내포되어 있는 유아교사의 반성적 사고 수준을 분석하는 방법을 통해서 유아교사의 평가가 가능하다.

(2) 장점

- 저널 쓰기는 수업, 유아 지도, 학급 운영 등 유아교사가 경험했던 내용을 회상하고 정리하여 기록하면서 다시 한 번 생각해 보고 반성하게 한다.
- 유아교사의 실행에 대해서 반성하는 과정에서 비판적 사고를 하게 하고 보다 발전적인 다양한 문제 해결 방법을 모색하게 한다.
- 반성 및 문제 해결 과정을 통해서 교수 기술을 습득하고 교사들의 전문적인 지식을 확장·심화시켜 준다.
- 저널 쓰기를 통한 동료 간의 상호작용은 정서적인 공감대를 형성하게 하고, 지식을 교환·확장시켜 준다.

(3) 단점

- 일회적인 저널 쓰기로 유아교사를 평가하는 것은 어렵기 때문에 지속적인 저널 쓰기가 필요하다.
- 지속적으로 저널을 쓰는 것은 다양한 업무를 수행하는 유아교사들에게 많은 노력과 시간을 필요로 한다.
- 저널 쓰기는 유아교사의 실천 행위에 대한 자유로운 글쓰기이므로 객관적으로 분석하고 평가하는 데 어려움이 있을 수 있다.

2) 방법

(1) 저널 쓰기 방법

저널 쓰기에서 보다 많은 것을 얻기 위해서는 수업 계획이나 하루 일과에 대한 목록을 쓰는 것이 아니라 사건, 문제 또는 자신에게 관련된 것을 써야 하고, 좌절과 기쁨에 대한 자신의 느낌을 표현해야 한다. 깊게 생각하고 자신이 해야 할 일이 무엇인지를 생각해야 한다. 이러한 저널 쓰기는 자신의 생각을 명확히 하는 데 도움이 되고 자신을 평가하고 교수에 대한 결론을 얻을 수 있다(Roe & Ross, 1998). 저널 쓰기의 방법을 구체적으로 제시하면 다음과 같다(Acheson & Gall, 2003).

- 매일 발생하는 문제나 딜레마를 기록하고, 문제나 딜레마를 해결하기 위한 시도와 해결의 효과를 기록한다.
- 특정 교수 전략과 교육과정에 초점을 두고 교수 방법이나 새로운 교육과정의 실행 경험 등을 기록한다.
- 저널의 내용과 상관없이 교육에 영향을 주는 유아교육기관, 지역사회, 유아들의 가정 등 관련된 맥락적 요인들을 서술한다.
- 유아교사의 행동을 이해할 수 있도록 유아교사들의 신념, 느낌, 통찰력, 교육철학을 서술한다.
- 예비 유아교사의 경우 저널 기록의 여백에 지도교사나 교수가 논평을 쓸 수 있

다. 현직교사들의 저널에는 유아교사와 논의하기 원하는 것, 협의회에서 이야기하기 원하는 것을 쓸 수 있다.

〈저널 쓰기의 예〉

일　　시 : 2019년 6월 14일 목요일
주　　제 : 게임 지도
기 록 자 : ○○○ 선생님(경력 1년차)
저널 번호 : 5

저널 내용

오전의 날씨와 출석, 일과를 이야기한 후 바로 게임 수업을 시작했다. 등원을 할 때부터 골대를 보고 축구 게임을 한다는 것을 모두들 알고 들떠 있었다.

우선 유아들을 잠시 화장실에 다녀오도록 내보낸 후 책상 배열을 바꾸고 게임 준비를 하였다. 유아들이 화장실에 다녀올 때 팀을 나누어 앉히기 위해서 두 줄로 세운 다음에 두 팀으로 나누어서 양쪽에 앉히고 수업을 진행하였다. 유아들이 게임 수업을 한다고 한 순간부터 들떠 있어서 떠들고 너무 주의 집중이 되지 않았다. 적절한 주의 집중 방법이 떠오르지 않아서 직접 설명을 한 경우가 많았던 것 같다. 떠들고 가만히 앉아 있지 않은 유아들의 이름을 부른다거나 떠들면 진행을 할 수 없다는 식의 말을 많이 하였던 것 같다. 도입 부분에서 준비물과 게임 방법을 정하고 팀 이름을 정하였는데 유아들이 월드컵에 관련된 팀 이름으로 정하자고 말을 하기 전에 먼저 알아서 팀 이름을 정하였다. 그리고 규칙을 이야기하고 게임을 시작하였다. 처음에는 유아들이 공을 살살 차서 골대에 들어가지 않아서 게임 방법을 잘못 정했다고 생각하였는데 조금 달려가서 차니 공이 멀리까지 날아가서 괜찮았다.

예상 시간을 30분을 잡았는데 진행을 하다 보니 시간이 지연되어서 50분 정도의 시간이 걸린 것 같았다. 유아들이 게임이라는 수업을 좋아하고 잘하는 것 같아서 어렵지 않았는데 시간이 지날수록 응원도 하고 흥분해서 앞으로 나오는 유아들이 있어서 통제를 시키기가 어려웠던 것 같다. 게임은 활동적인 수업이어서 유아들을 통제하기 위한 어떤 방법을 연구해야 할 것 같다. 그리고 적절한 게임 시간은 얼마인지 모르겠다. 유아들이 흥미 있어 해서 50분 수업을 했는데, 흥미가 있으면 그렇게 길게 해도 좋은 것인지 아니면 이론적으로 이야기하는 것처럼 30분 내외로 해야 하는 것인지 모르겠다. 그러나 활동을 하는 유아들이 즐거워하는 모습을 보니 힘들어도 뿌듯하고 기분이 좋았다.

(2) 저널 평가 방법

저널 평가는 저널에 나타나는 반성적 사고 수준을 통해서 평가할 수 있다. 반성적 사고를 평가하는 방법은 학자들에 따라서 다를 수 있다. Van Manen(1977, 박은혜, 2002. 재인용)은 기술적 수준, 전문가 수준, 도덕 · 윤리적 수준으로 제시하였으며, Sparks-Langer와 Simmons와 Pasch(1990)는 반성적 사고의 분석 기준을 7수준으로 제시하였다. 이를 구체적으로 제시하면 다음 〈표 3-3-2〉와 같다.

표 3-3-2 반성적 사고 분석 기준

학자	수준	분석 기준
Van Manen(1977)	기술적 수준	주어진 목적을 달성하기 위해 교육적 지식을 기술적으로 적용
	전문가 수준	문제나 상황 및 경향성 분석, 교사 행동의 장기적인 경향성 검토 후, 행동하고 모든 결정이 교육학적 원리에 기초를 둠
	도덕 · 윤리적 수준	학급 상황과 그에 영향을 미치는 교육적, 사회적, 정치적, 경제적 조건들을 연관시키는 등 실천 행위 안에 도덕적, 윤리적 기준 포함
Sparks-Langer, Simmons, Pasch(1990)	1 수준	설명 없음
	2 수준	단순하고 평범한 설명
	3 수준	사건에 적절한 용어를 붙임
	4 수준	합리적인 개인적 선호에 의한 설명
	5 수준	합리적인 이론이나 원리에 의한 설명
	6 수준	원리, 이론, 상황적 요인을 고려한 설명
	7 수준	윤리, 도덕, 정치적 문제를 고려한 설명

활동 저널 수준 분석하기

1. 앞의 187쪽의 교사의 저널 쓰기의 예를 읽어 보세요.
2. 동료들과 함께 Van Manen(1977)의 반성적 사고 분석 수준 중 어디에 해당하는지 분석하고 그 이유를 설명해 보세요.
3. 동료들과 함께 Sparks-Langer, Simmons, & Pasch(1990)의 반성적 사고 분석 7수준 중 어디에 해당하는지 분석하고 그 이유를 설명해 보세요.

5. 개념도

1) 개념 및 특성

(1) 개념

개념도는 개념과 선으로 구성된 위계적 그래픽 연결망의 형태로 지식을 시각적으로 나타내는 도식이다. 개념도는 정보와 개념, 아이디어를 체계적으로 조직하고 관계를 보여주는 시각적 방법이다. 개념도는 생각을 모으는 것으로 시작하여 주요 개념들을 조직하고, 색깔이나 상징에 의해서 유사한 것으로 유목화한다. 효율적인 개념도는 개념들 사이의 연결선을 포함한다. 선을 그리고 개념들 사이의 관계성을 인식하는 것은 상호 관계성을 시각화하고 비판적 사고를 촉진시킨다. 그 외에 개념들 사이의 연결 이유를 쓸 수 있는데, 이것은 이론적인 관계성을 더 잘 이해하게 한다(Liling & Suh-Ing Hsieh, 2005).

따라서 개념도는 일반적인 아이디어를 생산하고, 복잡한 구조를 디자인하고, 의사소통하고, 생각을 이해하거나 잘못된 이해를 진단하는 데 사용된다(Senita, 2008). Hay(2007)는 개념도는 학습 연구, 교수 실천, 수업 계획, 평가, 인지적 표상, 학습 양식, 전문가 확인, 협동 작업 등 교육에서 다양하게 활용된다고 하였다. 개념도는 예비 유아교사 교육과 현직 유아교사 교육에서 학습법의 일환으로 활용될 수 있고, 유아교사들은 유아들과 함께 다루게 될 교육 내용의 효과적인 조직을 위해서 개념도를 사용한다. 그리고 교사들의 지식의 내용 및 조직이 변화되어 가는 과정을 평가하기 위해서 사용된다(이성아, 2006). 이처럼 개념도는 학습을 위한 교수 방법일 뿐 아니라 교사의 사고를 분석하고 평가하는 수단으로 사용된다.

(2) 장점

- 개념도는 모든 개념들을 나열하고, 하위 개념과 상위 개념 간의 관계성을 시각적으로 나타내므로 개념적 이해 범위와 수준을 파악할 수 있다.
- 개념도는 어려운 개념의 상호 관계성을 이해하도록 돕고, 원인-결과의 관계를

인식하게 한다.

- 개념도는 지식 및 실천과 연결된 비판적 사고 기술을 향상시켜 이론과 현장을 연결하도록 돕는다.

(3) 단점

- 개념도 작성에 대한 충분한 이해가 선행되지 않으면 작성하기 어렵다.
- 개념도 작성 내용이 타당한 것인지를 확인하기 어렵다.

2) 방법

(1) 개념도 작성 방법

개념도를 평가하기 위해서는 우선 개념도를 작성해야 한다. 박은혜(2002)는 개념도 작성 방법을 다음과 같이 제시하였다.

- 특정 주제와 관련하여 개념도 안에 포함되어야 하는 개념들을 모두 나열한다. 이때 필요한 개념을 미리 제공해 주는 구조화된 개념도 그리기와 개념을 모두 생각해 내는 비구조화된 개념도 그리기가 가능하다.
- 나열된 개념들을 가장 일반적이고 포괄적인 상위 개념과 보다 구체적인 종속 개념으로 구분한다.
- 개념도의 가장 윗부분에 상위 개념을 배치하고 그 밑에 종속 개념을 배치한 후 이를 선으로 연결한다. 첫 번째 수준의 종속 개념 밑에 관련된 하위 수준의 종속 개념을 계속 배열하고 서로 관계가 된다고 생각되는 개념끼리 선으로 연결한다.
- 관련되는 개념들이 서로 어떤 관계가 있는지 개념들을 연결한 선 위에 연결어를 적는다.

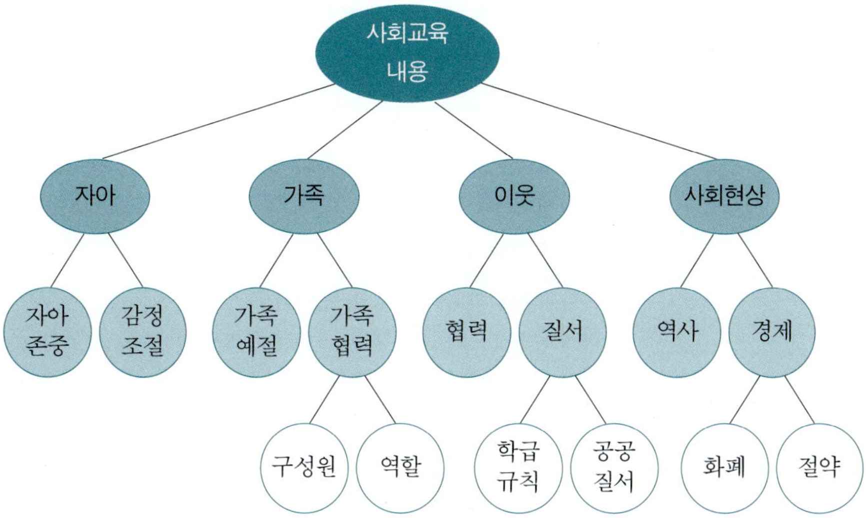

그림 3-3-1 개념도의 예

(2) 개념도 평가 방법

여러 학자들은 개념도를 평가하는 양적, 질적인 방법을 제시하였다. 여기에서는 보다 손쉽게 활용할 수 있는 두 가지 방법을 제시하였다. Jacobs-Lawson과 Hershey(2002)는 전체 개념 수, 상호 연결선 수, 수준의 수, 각 수준별 개념의 수를 계산하여 개념도를 평가하였다. 윤정아(1998)는 개념도의 밀도를 통해서 개념도를 평가하였다. 구체적인 평가 방법은 다음 〈표 3-3-3〉과 같다.

표 3-3-3 개념도 평가 방법

<table>
<tr><th>연구자</th><th>개념도 평가 방법</th></tr>
<tr><td>Jacobs-Lawson, Hershey(2002)</td><td>• 전체 개념 수
• 상호 연결선(다른 위계에 있는 개념 간에 연결된 선)
• 전체 수준의 수
• 각 수준별 개념의 수</td></tr>
<tr><td>윤정아(1998)</td><td>• 가로 상위 개념의 수×세로 위계 수의 표 만들기
• 첫 번째 줄에 1수준 상위 개념 수(1)를 각각 적음
• 두 번째 이후 줄에 2수준 이후의 각 개념 수를 적음
• 표 안에 그려진 수를 모두 더한 다음, 그려진 표의 칸 수로 나눈다.
〈예시〉<table><tr><td>1</td><td>1</td><td>1</td></tr><tr><td>2</td><td>3</td><td>2</td></tr><tr><td>1</td><td>2</td><td></td></tr></table>13(총 개념 수)÷8(칸의 수)=1.63</td></tr>
</table>

활동 개념도 그리고 평가하기

1. 놀이, 유아 과학교육, 유아 수학교육 중 하나를 선택하세요.
2. 선택한 것에 대한 개념도를 그려 보세요.
3. 그린 개념도의 전체 개념 수와 윤정아(1998)가 제시한 개념도 점수를 계산해 보세요.

6. 포트폴리오

1) 개념 및 특성

(1) 개념

유아교사 포트폴리오는 유아교사의 교수 기술과 지식, 전문적 노력, 성장과 발달, 실천 능력 등을 입증하기 위해서 명확한 목표를 가지고 결과물들을 지속적으로 선별해서 수집하고 체계적으로 구성한 조직적인 기록이다(조운주, 최일선, 2006; Barton & Collins, 1993; Campbell, Cignetti, Melenyzer, Nettles, & Wyman, 1997). 포트폴리오는 예비 유아교사와 현직 유아교사들의 능력을 종합적으로 평가하고 성장과 발달을 지원하기 위하여 수행에 기초하여 다양한 증거를 제시하는 총체적, 다면적, 대안적 평가 방법이다(Georgi & Crowe, 1998; Hoper, 1999).

즉, 유아교사 포트폴리오는 첫째, 유아교사의 반성을 증진시키고, 전문적 성장을 검증하는 체계적인 평가 수단이다. 둘째, 매일의 교수 활동을 잘 수행했는지에 대해서 평가한다. 셋째, 맥락을 고려하여 평가한다. 넷째, 장기적이고 지속적으로 진행하는 평가 방법이다.

(2) 장점

- 포트폴리오는 유아교사의 성장과 변화를 반영하여 지속적으로 전문성을 발달시킨다.
- 포트폴리오는 유아교사의 반성과 실천을 자극하여 이론과 실천을 통합하게 한다.
- 포트폴리오를 만드는 과정에서 유아교사는 의사결정자가 되어 다양한 교수 방법을 발달시키고, 생산적인 학급 환경을 구성한다.
- 포트폴리오는 유아교사 자신이 선택하고 구성하므로 개성과 자율성을 갖게 하고, 자신의 학습과 전문적 성장에 책임감과 주인의식을 갖게 한다.
- 포트폴리오를 동료들과 공유하므로 유아교사들 간의 토의와 피드백이 가능하고, 협동과 지원의 기회를 제공한다.
- 포트폴리오는 전통적 평가에서 제시하지 못하는 다양하고 심도 깊은 평가를 제공하기 때문에 유아교사의 성장과 학습을 평가할 수 있는 신뢰성 있는 도구인 동시에 유아교사의 수행에 대한 종합적인 평가를 제공한다.

(3) 단점

- 포트폴리오는 장기적으로 실행해야 하므로 많은 시간이 소요된다.

- 포트폴리오는 유아교사가 의사결정자가 되므로 내용 선정 시 주관적인 판단에 의해 구성될 수 있다.
- 포트폴리오는 점수화를 위한 명확한 평가 기준이 부족하고, 평가 시 객관성이 부족할 수 있다.

2) 제작 및 평가 방법

(1) 포트폴리오 제작 방법

유아교사 포트폴리오가 효과적으로 구성되기 위해서는 첫째, 포트폴리오를 실행하는 목적을 명확히 정의해야 한다. 둘째, 포트폴리오는 유아교사 자신이 선호하는 것을 모아서 표현하는 독특한 창조물이므로 구성 시 주인의식이 필요하다. 셋째, 포트폴리오는 개인 유아교사의 전문적 성취, 교수 능력에 대한 조직적인 수집이므로 능력을 나타내는 기록들, 즉 추천서, 장학사의 평가, 수업 계획, 사진 등 구체적인 자료를 포함해야 한다. 넷째, 포트폴리오는 유아교사의 성장, 발전, 반성을 드러내는 다양한 자료를 지속적으로 수집하는 것으로 장기적으로 실행해야 한다. 다섯째, 포트폴리오를 만드는 것은 반성의 기회를 제공하는 것으로 유아교사들의 집약적인 반성을 포함해야 한다(Hurst, Wilson, & Cramer, 1998; Wolf & Dietz, 1998).

(2) 포트폴리오 평가 방법

포트폴리오는 전문적인 발달을 평가하기 위한 도구이나 평가 기준이 표준화되어 있지 않다. 즉, 주관적인 특성을 갖는 포트폴리오를 어떻게 신뢰적이고 타당하게 평가하는가 하는 것이 주요한 문제이다. 이런 문제를 해결하기 위해서 포트폴리오 평가 기준을 사용할 수 있다(Doolittle, 1994). 여러 학자들이 제시한 포트폴리오 평가 준거는 다음 〈표 3-3-4〉와 같다.

표 3-3-4 학자별 포트폴리오 준거

학자	포트폴리오 준거
Snyder, Lippincott, & Bower(1998)	• 구성 • 주제 • 성장 • 미래 발전
George Mason 대학 (Costantino & DeLorenzo, 2002)	• 교육철학 • 교육학 내용과 계획 • 학생의 발달과 학습 • 동기와 학급 운영 • 의사소통과 테크놀로지 • 평가 전략 • 반성적 실천 • 학교와 지역사회 참여
Costantino & DeLorenzo (2002)	• 소개 • 철학 • 주제 및 목적 • 기록, 소개 및 설명 • 반성 • 전문적 발달 계획 • 쓰기 • 조직과 모습 • 전체적인 점수
박은혜, 조운주(2006)	• 배열 • 결과 • 설명 • 반성 • 언어 • 개인 배경 • 교수 • 유아 이해

4장 유아교사 포트폴리오 평가의 실제

1. 목표 및 내용 선정

포트폴리오 목표 및 내용은 유아교사의 역량에 기초하여 설정될 수 있다. 우리나라와 다른 여러 나라의 유아교사 역량에 기초하여 유치원 교원 평가를 위한 포트폴리오의 목표 및 내용을 제시하면 다음 〈표 3-4-1〉과 같다(조운주, 최일선, 김은영, 2011a).

표 3-4-1 포트폴리오 구성 목표 및 내용

구분	내용
포트폴리오 목표	• 유아를 이해하고 지도하는 능력을 증진한다. • 교육과정을 효과적으로 운영하는 능력을 증진한다. • 학급을 효과적으로 운영하는 능력을 증진한다. • 가족 · 지역사회와 협력하는 능력을 증진한다. • 전문성과 리더십을 증진한다.

<table>
<tr><th>구분</th><th colspan="2">내용</th></tr>
<tr><td rowspan="17">포트폴리오
내용</td><td rowspan="3">유아 발달 이해와 평가</td><td>유아의 개인적 발달 이해</td></tr>
<tr><td>유아평가 이해 와 실행</td></tr>
<tr><td>유아평가 결과 활용</td></tr>
<tr><td rowspan="2">유아와 관계 형성과 지도</td><td>유아와의 상호작용과 의사소통</td></tr>
<tr><td>유아지도</td></tr>
<tr><td rowspan="4">교육 과정 운영</td><td>학습 환경 이해와 구성</td></tr>
<tr><td>교육과정 계획</td></tr>
<tr><td>교육과정 실행</td></tr>
<tr><td>교육과정 평가와 활용</td></tr>
<tr><td rowspan="2">학급 운영</td><td>건강 · 안전 · 영양 지도</td></tr>
<tr><td>문서 작성과 관리</td></tr>
<tr><td rowspan="2">가족 · 지역사회와의 협력</td><td>가족과의 협력</td></tr>
<tr><td>지역사회와의 협력</td></tr>
<tr><td rowspan="3">전문성과 리더십 개발</td><td>신념과 교직윤리 형성</td></tr>
<tr><td>반성과 전문성 발달</td></tr>
<tr><td>교직원 협력과 리더십 개발</td></tr>
</table>

출처: 조운주, 최일선, 김은영(2011a). 유치원 교원 평가를 위한 포트폴리오 모형 및 평가준거 개발. 한국교원교육연구, 28(1), 37-63.

2. 자료 수집

포트폴리오의 목적과 내용에 따라서 발전과 전문성을 보여주는 알맞은 자료를 수집한다. 자료를 수집할 때에는 어떤 종류의 자료가 포트폴리오 목적을 충족시키는 데 유용한지, 발전에 대한 충분한 증거를 제공하는지 등을 고려해야 한다. 즉, 수집하는 자료나 결과물들은 지식, 기술, 가치, 성향 및 태도에 대한 발전을 보여주는 증거들이어야 한다(Barton & collins, 1993; Campbel etal., 1997). 포트폴리오 내용에 따라서 교사들이 반드시 수집해야 하는 핵심 자료와 개별적으로 수집할 수 있는 자료를 제시하면 다음 〈표 3-4-2〉와 같다(조운주 외, 2011a).

표 3-4-2 포트폴리오 내용별 수집 자료

포트폴리오 내용		핵심 자료	개별화 자료
유아 발달 이해와 평가	유아의 개인적 발달 이해	• 유아관찰기록(일화기록, 평정척도, 체크리스트 등) • 부모상담 자료	• 유아면담 자료 • 유아 포트폴리오 • 유아 생활기록부 • 가정환경조사서 • 표준화된 도구
	유아평가 이해 와 실행		
	유아평가 결과 활용		
유아와 관계 형성과 지도	유아와의 상호작용과 의사소통	• 유아 관계 형성과 유아지도 저널	• 자유놀이 비디오/오디오 녹화 • 의사소통 관련 도구
	유아지도		
	학습 환경 이해와 구성	• 학급 환경 구성 사진과 서술	• 교실 배치도
	교육과정 계획	• 교육계획안(연간, 월간, 주간, 일일) • 수업 비디오/오디오 녹화 • 수업저널 • 수업 평가(유아의 수업 결과물, 수업평가 도구)	• 수업 실행 서술 • 발문과 피드백 평가
	교육과정 실행		
	교육과정 평가와 활용		
학급 운영	건강 · 영양 · 영양 지도	• 가정통신문 • 교육(건강 · 영양 · 안전) 계획안	• 지도 저널
	문서 작성과 관리	• 학급문서(출석부, 생활기록부, 비상연락망 등)	
가족 · 지역 사회와의 협력	가족과의 협력	• 부모와 의사소통 자료(알림장, 쪽지, 상담일지 등)	• 가정통신문 • 부모참여 교육계획안 및 사진
	지역사회와의 협력	• 지역 견학계획서 및 사진	• 교육계획안(지역자원 활용 및 참여) 및 사진
전문성과 리더십 개발	신념과 교직윤리 형성	• 자서전 또는 교육철학 진술	
	반성과 전문성 발달	• 연수, 학회, 장학 • 반성적 저널 • 동료와 협력증거물(동료장학)	• 상급학교 진학 자료 • 연구물, 도서, 인터넷 자료
	교직원 협력과 리더십 개발		

출처: 조운주, 최일선, 김은영(2011a). 유치원 교원 평가를 위한 포트폴리오 모형 및 평가준거 개발. 한국교원교육연구, 28(1), 37-63.

3. 설명 기술

포트폴리오를 구성하기 위한 자료를 수집한 다음, 수집한 자료에 대한 설명 및 반성하는 글을 쓴다. 서술적인 설명은 제시된 결과물에 대한 정보를 제공하므로, 자료를 선정한 이유, 사건에 대한 설명, 학습의 결과 등을 보충적으로 작성하는 것이 효과적이다. 또한 교사 자신의 체계적이고 통찰력 있는 생각을 포함하는 것이 좋다(Costantino & DeLorenzo, 2002).

4. 조직

수집한 자료를 체계적으로 정리하고 창조적으로 조직하여 구성한다. 포트폴리오를 정리하여 조직하는 것의 표준화된 방법은 없으나 체계적으로 조직하기 위해서는 의미 있고 이해할 수 있는 조직 체제가 필요하다. 가장 효과적인이고 쉬운 방법은 포트폴리오의 목표에 따라서 조직하는 방법이다. 포트폴리오가 잘 정리되고 조직되었는지를 점검하기 위해서 다음과 같은 일반적인 체제와 조직을 확인해 보아야 한다(Compbell et al., 1997).

- 모든 서술은 표준어를 사용하였는가?
- 작업은 가능한 워드프로세서를 사용하였는가?
- 모든 작업 결과물이 일관성이 있는가?
- 모든 작업이 깨끗한가?
- 전체 구성이 쉽게 조직되어 있는가?
- 포트폴리오의 모든 부분을 명확히 인식할 수 있도록 목차가 있는가?

5. 평가

구성된 포트프폴리오를 통해서 교사의 수준이나 진보를 평가할 수 있다. 박은혜, 조운주(2006)는 포트폴리오를 평가하기 위해서 배열, 적합한 결과물 제시, 결과물에 대한 설명, 반성의 포함, 문법과 철자 등 조직 전반에 대해서 평가해야 한다고 하였다. 또한 개인 배경, 교수, 유아 이해, 학급 운영, 전문적 발달 노력, 종합 평가 등 각 항목별로 구체적인 자료 및 설명, 반성이 포함되어 있는지를 평가해야 한다고 하였다. Costantino와 DeLorenzo(2002)는 포트폴리오 평가 준거로 소개의 글, 철학 기술, 기준·주제·목적, 기록, 소개 및 설명, 반성, 전문적 발달 계획, 적절한 쓰기, 조직, 교수 능력을 제안하였다.

조운주, 최일선, 김은영(2011b)은 포트폴리오 평가 준거뿐 아니라 준거별 루브릭을 개발하였다. 이를 제시하면 다음 〈표 3-4-3〉과 같다.

표 3-4-3 포트폴리오 평가 루브릭

영역	준거	수준			
		0수준	1수준	2수준	3수준
1. 조직	배열	목차, 쪽 번호, 영역별 구분을 모두 포함하지 않는다.	목차, 쪽 번호, 영역별 구분 중 한 가지만 포함한다.	목차, 쪽 번호, 영역별 구분 중 두 가지를 포함한다.	목차, 쪽 번호, 영역별 구분을 모두 포함한다.
	개인 배경	자기소개, 교육철학, 근무기관소개를 포함하지 않는다.	자기소개, 교육철학(또는 자서전), 근무기관 소개 중 한 가지를 포함한다.	자기소개, 교육철학(또는 자서전), 근무기관 소개 중 두 가지를 포함한다.	자기소개, 교육철학(또는 자서전), 근무기관 소개를 모두 포함한다.
	설명 및 반성	포트폴리오 각 영역에 맞게 결과물을 제시하지 못하고, 설명과 반성도 포함하지 않는다.	포트폴리오 각 영역에 맞게 결과물을 제시하나, 설명과 반성을 포함하지 않는다.	포트폴리오 각 영역에 맞게 결과물을 제시하고, 설명이나 반성 중 하나만 포함한다.	포트폴리오 각 영역에 맞게 결과물을 제시하고, 설명과 반성을 모두 포함한다.
2. 유아 발달 이해와 평가	유아 발달 이해	유아 특성(발달, 문화, 장애, 가족, 개인차 등) 기술, 분석, 지도 방향에 대한 내용이 없다.	유아특성(발달, 문화, 장애, 가족, 개인차 등)을 기술하거나, 분석만 한다.	유아 특성(발달, 문화, 장애, 가족, 개인차 등) 기술하고, 분석한다.	유아 특성(발달, 문화, 장애, 가족, 개인차 등) 기술하고, 분석하고, 지도 방향을 기술한다.

영역	준거	수준			
		0수준	1수준	2수준	3수준
2. 유아 발달 이해와 평가	유아 평가 이해	유아평가 작성 방법(작성 양식, 객관적 기술, 해석)에 맞지 않는다.	유아평가 작성 양식(개인 배경, 관찰 일시)에 맞게 작성하거나, 내용을 객관적으로 작성한다.	유아평가 작성 양식(개인 배경, 관찰 일시)에 맞게 작성하고, 내용을 객관적으로 서술한다.	유아평가 작성 양식(개인 배경, 관찰 일시)에 맞게 작성하고, 내용을 객관적으로 서술하며, 적절하게 해석한다.
	유아 평가 실행	유아평가를 정기적(한 학기 3회 이상)으로 시행하지 않고, 일관성(평가 도구, 관찰 영역 등)이 없으며, 종합평가가 없다.	유아평가를 정기적(한 학기 3회 이상)으로 시행하거나, 일관성(평가 도구, 관찰 영역 등) 있게 실행한다.	유아평가를 정기적(한 학기 3회 이상)이고, 일관성 있게(평가 도구, 관찰 영역 등) 실행한다.	유아평가를 정기적(한 학기 3회 이상)이고 일관성(평가도구, 관찰 영역 등) 있으며, 종합평가를 실행한다.
	유아 평가 활용	유아평가 결과를 활용하지 않는다.	유아평가 결과를 개별지도 계획, 교육과정 계획, 부모상담 중 하나에만 활용한다.	유아평가 결과를 개별지도 계획, 교육과정 계획, 부모상담 중 두 가지에 활용한다.	유아평가 결과를 개별지도 계획, 교육과정 계획, 부모상담 모두에 활용한다.
3. 유아와의 관계 및 지도	유아와 상호작용	유아들과 반응적 상호작용(신체 접촉, 눈 맞춤, 관찰), 개별요구 인식(흥미, 연령, 발달 수준), 지원전략(설명, 시범, 질문, 돕기 등) 모두를 실천하지 못한다.	유아들과 반응적 상호작용(신체 접촉, 눈 맞춤, 관찰), 개별요구 인식(흥미, 연령, 발달 수준), 지원전략(설명, 시범, 질문, 돕기 등) 중 한 가지를 실천한다.	유아들과 반응적 상호작용(신체 접촉, 눈 맞춤, 관찰), 개별요구 인식(흥미, 연령, 발달 수준), 지원전략(설명, 시범, 질문, 돕기 등) 중 두 가지를 실천한다.	유아들과 반응적 상호작용(신체 접촉, 눈 맞춤, 관찰), 개별요구 인식(흥미, 연령, 발달 수준), 지원전략(설명, 시범, 질문, 돕기 등) 모두를 실천한다.
	유아와 의사소통	유아들과 언어적(경청, 질문, 설명, 공감, 칭찬), 비언어적(몸동작, 신체 접촉, 눈 맞춤) 의사소통을 하지 않는다.	유아들과 언어적(경청, 질문, 설명, 공감, 칭찬) 또는 비언어적(몸동작, 신체 접촉, 눈 맞춤) 의사소통을 한다.	유아들과 언어적(경청, 질문, 설명, 공감, 칭찬) 의사소통과 비언어적(몸동작, 신체 접촉, 눈 맞춤) 의사소통을 한다.	유아들과 언어적(경청, 질문, 설명, 공감, 칭찬), 비언어적(몸동작, 신체 접촉, 눈 맞춤) 의사소통을 상황에 맞게 한다.
	유아 지도	유아의 행동을 지도하지 않는다.	유아의 행동 원인을 파악하거나 대처하는 것 중 한 가지를 한다.	유아의 행동 원인을 파악하고, 적절히 대처 한다.	유아의 행동 원인을 파악하고, 적절한 대처를 하며, 추후 지도 전략을 세운다.

영역		준거	수준			
			0수준	1수준	2수준	3수준
4. 교육과정 운영	4.1 학습 환경 구성	흥미 영역 구성	기본적인 흥미영역(역할, 쌓기, 언어), 다양한 흥미영역, 영역별 다양한 교구 제공 모두를 충족하지 못한다.	기본적인 흥미영역(역할, 쌓기, 언어), 다양한 흥미영역, 영역별 다양한 교구 제공 중 한 가지를 충족한다.	기본적인 흥미영역(역할, 쌓기, 언어), 다양한 흥미영역, 영역별 다양한 교구 제공 중 두 가지를 충족한다.	기본적인 흥미영역(역할, 쌓기, 언어) 이외에 다양한 흥미영역이 구성되고 있고, 영역별 다양한 교구를 제공한다.
		흥미 영역 배치	흥미영역의 배치 원리(동적/정적, 건조/물 사용, 영역별 공간 규모)를 고려하지 않는다.	흥미영역의 배치 원리(동적/정적, 건조/물 사용, 영역별 공간 규모) 중 한 가지 특성만 고려한다.	흥미영역의 배치 원리(동적/정적, 건조/물 사용, 영역별 공간 규모) 두 가지 특성을 고려한다.	흥미영역의 배치 원리(동적/정적, 건조/물 사용, 영역별 공간 규모)를 모두 고려한다.
	4.2 교육 과정 계획	연간 계획	연간교육계획안은 국가수준 교육과정의 목표, 생활주제, 내용을 모두 포함하지 않는다.	연간교육계획안은 국가수준 교육과정의 목표, 생활주제, 내용 중 일부만 포함한다.	연간교육계획안은 국가수준 교육과정의 목표, 생활주제, 내용을 모두 포함하나, 연계성이 부족하다.	연간교육계획안은 국가수준 교육과정의 목표, 생활주제, 내용이 잘 연계되어 있다.
		월간 (주간) 계획	월간(주간)교육계획안은 국가수준 교육과정의 목표, 주제, 활동을 모두 포함하지 않는다.	월간(주간)교육계획안은 국가수준 교육과정의 목표, 주제, 활동 중 일부만 포함한다.	월간(주간)교육계획안은 국가수준 교육과정의 목표, 주제, 활동을 모두 포함하나, 연계성이 부족하다.	월간(주간)교육계획안은 국가수준 교육과정의 목표, 주제, 활동이 잘 연계되어 있다.
		일일 계획	일일교육계획안은 세부 목표, 세부 주제, 다양한 활동(3개 이상)을 모두 포함하지 않는다.	일일교육계획안은 세부 목표, 세부 주제, 다양한 활동(3개 이상) 중 일부만 포함한다.	일일교육계획안은 세부 목표, 세부 주제, 다양한 활동(3개 이상)을 모두 포함하나, 연계성이 부족하다.	일일교육계획안은 세부 목표, 세부 주제, 다양한 활동(3개 이상)이 잘 연계되어 있다.
		일과 운영 원리	일일교육계획안은 활동의 균형(기본 욕구, 정적-동적, 실외-실내, 개별-소집단-대집단)을 모두 고려하지 못한다.	일일교육계획안은 활동의 균형(기본 욕구, 정적-동적, 실외-실내, 개별-소집단-대집단) 중 한 가지만 고려한다.	일일교육계획안은 활동의 균형(기본 욕구, 정적-동적, 실외-실내, 개별-소집단-대집단) 중 두 가지를 고려한다.	일일교육계획안은 활동의 균형(기본 욕구, 정적-동적, 실외-실내, 개별-소집단-대집단)을 모두 고려한다.

영역		준거	수준			
			0수준	1수준	2수준	3수준
4. 교육과정 운영	⋯ ⋯	도입	도입이 적절하게 이루어지지 않는다.	도입 시 유아 흥미, 활동과의 관련성, 소요 시간 중 한 가지만 적절하다.	도입 시 유아 흥미, 활동과의 관련성, 소요 시간 중 두 가지가 적절하다.	도입 시 유아 흥미, 활동과의 관련성, 소요 시간이 모두 적절하다.
		전개	전개가 적절하게 이루어지지 않는다.	전개 시 활동 내용(수준, 적절성), 유아 참여, 발문 및 피드백 중 한 가지만 적절하다.	전개 시 활동 내용(수준, 적절성), 유아 참여, 발문 및 피드백 중 두 가지가 적절하다.	전개 시 활동 내용(수준, 적절성), 유아 참여, 발문 및 피드백이 모두 적절하다.
		마무리	마무리(평가)가 적절하게 이루어지지 않는다.	마무리(평가)에 목표달성, 흥미도, 활동 개선 방안 중 한 가지만 포함한다.	마무리(평가)에 목표달성, 흥미도, 활동 개선 방안 중 두 가지만 포함한다.	마무리(평가)에 목표달성, 흥미도, 활동 개선 방안 등을 모두 포함한다.
		교수매체	교수매체 활용 원칙을 실천하지 않는다.	교수매체 활용 원칙(교육 내용에 맞는 매체 유형, 발달 수준과 흥미 고려, 다양한 매체) 중 한 가지만 실천한다.	교수매체 활용 원칙(교육 내용에 맞는 매체 유형, 발달 수준과 흥미 고려, 다양한 매체) 중 두 가지를 실천한다.	교수매체 활용 원칙(교육 내용에 맞는 매체 유형, 발달 수준과 흥미 고려, 다양한 매체)을 모두 실천한다.
	4.4 교육	평가내용	교육활동을 체계적으로 평가하지 않는다.	교육활동의 목표, 내용, 방법 중 한 가지만 평가한다.	교육활동의 목표, 내용, 방법 중 두 가지를 평가한다.	교육활동의 목표, 내용, 방법 모두 평가한다.
		평가시기·활용	교육활동을 정기적으로 평가하지 않는다.	교육활동을 간헐적(월 1회 미만)으로 평가한다.	교육활동을 지속적(월 1회 이상)으로 평가한다.	교육활동을 지속적(월 1회 이상)으로 평가하고, 평가 결과를 교육계획에 반영한다.
5. 학급운영		건강지도	유아 건강지도를 하지 않는다.	계획 없이 유아 건강지도를 한다.	계획을 세워 유아 건강지도를 한다.	구체적인 계획을 세워 유아 건강지도를 하고, 평가한다.
		안전지도	유아 안전지도를 하지 않는다.	계획 없이 유아 안전지도를 한다.	계획을 세워 유아 안전지도를 한다.	구체적인 계획을 세워 유아 안전지도를 하고, 평가한다.

영역	준거	수준			
		0수준	1수준	2수준	3수준
5. 학급 운영	영양 지도	유아 영양지도를 하지 않는다.	계획 없이 유아영양 지도를 한다.	계획을 세워 유아영양지도를 한다.	구체적인 계획을 세워 유아 영양지도를 하고, 평가한다.
	문서 관리	입학원서, 출석부, 생활기록부가 없다.	입학원서, 출석부, 생활기록부 중 한 가지를 작성한다.	입학원서, 출석부, 생활기록부 중 두 가지를 작성한다.	입학원서, 출석부, 생활기록부 모두를 작성 한다.
6. 가족·지역사회와의 협력	가족과의 소통	유아의 가족과 의사소통하지 않는다.	유아의 가족과 공식적(학기별 1회 이상) 또는 비공식적으로 의사소통한다.	유아의 가족과 공식적(학기별 1회 이상) 의사소통과 비공식적 의사소통을 한다.	유아의 가족과 공식적(학기별 2회 이상) 의사소통과 비공식적 의사소통을 한다.
	가족 참여	가족 참여의 기회를 제공하지 않는다.	가족 참여 유형(수업참관, 학부모 특강, 자원봉사, 보조교사, 교육운영 등) 중 한 가지를 제공한다.	가족 참여 유형(수업참관, 학부모 특강, 자원봉사, 보조교사, 교육운영 등) 중 두 가지를 제공한다.	가족 참여 유형(수업참관, 학부모 특강, 자원봉사, 보조교사, 교육운영 등) 중 세 가지 이상을 제공한다.
	지역사회와의 협력	지역 행사 참여, 견학, 인사 초청 등의 활동을 실행하지 않는다.	지역 행사 참여, 견학, 인사 초청 중 한 가지 활동을 실행한다.	지역 행사 참여, 견학, 인사 초청 중 두 가지 활동을 실행한다.	지역 행사 참여, 견학, 인사 초청 등의 활동을 모두 실행한다.
7. 전문성과 리더십 개발	신념과 교직 윤리	교사로서 아동 중심 철학, 열정, 윤리를 제시하지 않는다.	교사로서 아동 중심 철학, 열정, 윤리 중 한 가지만 제시한다.	교사로서 아동 중심 철학, 열정, 윤리 중 두 가지를 제시한다.	교사로서 아동 중심 철학, 열정, 윤리 모두를 제시한다.
	반성과 전문성 발달	전문성 발달을 위해 자기장학, 유아교육 관련 단체(학회), 연수, 대학원에 참여하지 않는다.	전문성 발달을 위해 자기장학, 유아교육 관련 단체(학회), 연수, 대학원 중 한 가지에 참여한다.	전문성 발달을 위해 자기장학, 유아교육 관련 단체(학회), 연수, 대학원 중 두 가지에 참여한다.	전문성 발달을 위해 자기장학, 유아교육 관련 단체(학회), 연수, 대학원 중 두 가지에 참여한다.
	교직원 협력과 리더십	교직원과의 협력을 위한 연구회, 자율장학, 전달연수에 참여하지 않는다.	교직원과의 협력을 위한 연구회, 자율장학, 전달연수 중 한 가지에 참여한다.	교직원과의 협력을 위한 연구회, 자율장학, 전달연수 중 두 가지 이상 참여한다.	교직원과의 협력을 위한 연구회, 자율장학, 전달연수에 참여하여 리더 역할(계획, 발표, 진행)을 한다.

출처: 조운주, 최일선, 김은영(2011b). 유치원교사 포트폴리오 평가 루브릭 개발. 유아교육학논집, 15(6), 213-235.

활동 포트폴리오 계획하기

1. 자신의 포트폴리오의 목표를 선정하세요.

2. 포트폴리오에 포함시키고 싶은 내용을 선정하여 포트폴리오의 목차를 구성해 보세요.

3. 포트폴리오에 포함시키고 싶은 자료를 선정하세요.

4. 동료들과 포트폴리오 구성 계획을 비교하고 차이점과 공통점에 대해서 논의해 보세요.

활동 포트폴리오 평가하기

1. 다음 207쪽 이후에 제시된 유아교사 포트폴리오 예를 보세요.

2. 201쪽에 제시된 포트폴리오 평가 루브릭을 근거로 유아교사 포트폴리오를 평가해 보세요.

6. 유아교사 포트폴리오의 예

목 차

1) 개인 배경
   (1) 이력서
   (2) 자기소개서
   (3) 자서전
   (4) 다중 지능
   (5) 교육철학
   (6) 교사 효능감

2) 유아 발달 이해와 평가
   (1) 유아 일화기록
   (2) 유아 발달 체크리스트

3) 교육과정 운영
   (1) 교육계획안 및 실행

4) 학급 운영
   (1) 환경 구성
      ① 실내 흥미영역 유무 및 개선
      ② 교실 배치도 및 교실 사진
      ③ 실외 놀이 사진 및 실외 놀이의 유무
   (2) 학급 운영 및 일과 운영
      ① 학급 규칙
      ② 일과 운영

5) 전문성과 리더십 개발
   (1) 저널
   (2) 도서와 인터넷 정보 자료
   (3) 동료에 대한 태도

1) 개인 배경

(1) 이력서

<table>
<tr><td rowspan="4">사 진</td><td colspan="4"></td></tr>
<tr><td rowspan="2">성 명</td><td rowspan="2" colspan="2">○ ○ ○ 인</td><td>주민등록번호</td></tr>
<tr><td>○○○○○○-○○○○○○○</td></tr>
<tr><td>생년월일</td><td colspan="3">○○○○년 ○월 ○○일생</td></tr>
<tr><td>주 소</td><td colspan="4">○○도 ○○시 ○○구 ○○동 ○○아파트 ○○동 ○○호</td></tr>
<tr><td>호적 관계</td><td>호주와의 관계</td><td>孫</td><td>호주 성명</td><td>○ ○ ○</td></tr>
</table>

년	월	일	학력 및 경력 사항	발령청
20○○	2		○○초등학교 졸업	
20○○	2		○○중학교 졸업	
20○○	2		○○고등학교 졸업	
20○○	3		○○대학교 유아교육과 입학	
20○○	2		○○대학교 유아교육과 졸업	
20○○	3	~	○○유치원 교사 임용	
20○○	12	27	자동차 운전 면허 1종 취득	
20○○	6	10	적극적 부모 역할 훈련(APT) 수료	
20○○	6	13	응급처치원 자격증 취득	

(2) 자기소개서

<table>
<tr><th colspan="2">자기소개서</th></tr>
<tr><td>성장 과정</td><td>1남 1녀 중 막내이고 훌륭하고 성실한 부모님 아래 바른 교육을 받으며 어려움 없이 자랐다. 영아기 때부터 온순하여 주변 사람들에게 피해를 주는 일은 거의 없었던 것 같다. 또한 체질적으로 건강하고 잘 적응하는 편이라 크게 아프지 않고 자랐다.</td></tr>
<tr><td>학교 생활</td><td>학교에서 새로운 친구들을 많이 사귀었고, 리더의 어려움을 잘 알기에 리더가 되기보다는 리더 옆에서 도와주고 힘이 되어 주는 사람이 되어 학교 행사에 적극적으로 참여했다. 미래의 유아교사로서 책임감을 갖고, 공부를 재미있게, 그리고 열심히 최선을 다하여 유아교육을 공부했다.</td></tr>
<tr><td>본인 성격</td><td>●장점
• 부정적이기보다는 긍정적인 사고를 한다.
• 외향적이고 활발하다.
• 추진력이 강하고, 해야 할 일은 끝까지 책임을 다한다.
• 주어진 일에 최선을 다하는 노력하는 인간이다.
●단점
• 주관이 너무 뚜렷하다.
• 눈치가 없어 다른 사람들에게 핀잔을 듣기도 한다.</td></tr>
<tr><td>직무 경험</td><td>고등학교를 졸업하고 대학교에 들어와서 방학 기간 동안 여러 종류의 아르바이트를 하면서 사회생활을 간접적으로 체험했다. 4학년 대 4주간의 교육 실습을 하면서 유아교육 현장을 체험했다. 그리고 2012년 3월에 사립 ○○유치원에 근무하면서 유치원 교사 경험을 하였다.</td></tr>
<tr><td>장래 희망
및
포부</td><td>4학년이 되었을 때 불투명한 미래 때문에 고민이 많았다. 하지만 교육 실습을 하면서 유아들과 함께 지내면서 힘들기보다는 행복하고 참 즐거웠다. 그래서 빨리 유아들과 함께 지내고 싶다는 생각을 하게 되었다. 졸업 후, 유치원 교사로 생활하면서 어려운 점도 있었지만, 유아들과 즐겁게 생활하고 있다.
"영원히 살 것처럼 꿈을 꾸고 내일 죽을 것처럼 오늘을 살아라." 이 말은 제임스 딘이 한 말로 내 좌우명이다. 나는 꿈을 크게 갖고 살고 오늘 하루를 감사하며 열심히 살려고 노력하는 그런 교사로 그렇게 살 것이다. 유아 시기의 경험이 인생에 있어서 미치는 영향은 너무나 크기 때문에 내가 유아교사로서 유아들에게 미치는 영향을 생각하면 긍지와 책임감을 느낀다. 시간이 지나도 초심을 잃지 않고, 그 누구에게도 부끄럽지 않은 그런 유아교사가 되고 싶다. 그리고 보다 전문성을 갖춘 교사가 되기 위해서 대학원에 진학하고 싶다.</td></tr>
</table>

(3) 자서전

자서전: 내가 걸어온 길과 내가 가야 할 길

나는 대전에 있는 작은 산부인과에서 金씨 집안의 막내딸로 태어났다. 막내딸이라고 하지만 내 위로 오빠가 한 명밖에 없어서 막내딸이라고 하기도 참 민망하다. 평소에 아들 한 명, 딸 한 명의 자식 계획을 갖고 계셨던 나의 부모님은 여자 아이가 태어나자 너무 기뻐서 탄성을 지르셨다고 한다. 그만큼 부모님은 나를 많이 예뻐해 주시고, 아껴주시고, 사랑으로 키워 주셨다. 내 이름은 아빠가 지어 주셨다. 그 당시 순 한글 이름이 유행이라서 순 한글로 이름을 지었으나 할아버지께서 한문이 없다고 반대가 심해서 뜻이 없이 그냥 한문을 짜 맞추기를 하여 '○○○'라고 지었다. 요즘은 한문을 많이 쓰지 않아서 순 우리말로 지었어도 좋았을 걸 하는 생각이 든다.

나의 아버지는 카리스마가 넘치고, 검소하시며, 근면 성실하신 분이다. 엄격한 모습 뒤로 특유의 유머로 주변 사람들을 즐겁게 해 주시며 정이 많고 이 세상에서 우리 가족, 특히 어머니를 가장 사랑하는 낭만적인 분이시다. 나의 어머니는 밝고 긍정적인 성격에 넓은 마음을 가지신 분이다. 어머니께선 감각이 좋으셔서 헤어나 패션 감각, 음식 감각, 혹은 집을 꾸미는 감각까지도 남에게 뒤지지 않는다. 우리 가족에게 있어서 정신적 지주 역할을 하는 건 어머니라고 생각한다. 늘 격려해 주시고 지원을 아끼지 않는다. 나에겐 오빠가 한 명 있는데 나와 나이가 3살 터울이어서 지금 군대를 전역하고 ○○대학교 4학년으로 졸업을 앞두고 있다. 오빠는 학창 시절 공부를 잘하는 우등생이었고 지금도 착실하고 모범적인 사람이다. 나와는 성격이 정반대여서 오히려 더 우애가 좋은 것 같다. 단란한 네 식구이지만 집은 늘 화목하고 분위기가 좋은 편이다. 우리 가족은 특별히 종교를 갖고 있지 않다. 종교에 의지를 하기보다는 자기 자신을 믿고 행동하는 편이 낫다고 생각하고 있다.

내 성격을 보면 나는 남들보다 조금 더 긍정적으로 생각하는 면이 강하고, 우울해하거나 축 처져 있는 일이 거의 없이 활동적이고, 밝은 성격은 좋은 점인 것 같다. 하지만 참을성이 부족하고 덜렁대고 변덕이 심한 것은 별로 좋지 못한 성격인 것 같다. 사람들과 접촉하는 것을 좋아하고 늘 웃고 즐겁게 살려고 하는 게 내 성격인 것 같다.

나는 유아기에 유치원을 다니지 않고 학원을 1년 다녔다. 학원 선생님이 너무 아름다우셔서 선녀라고 생각을 했던 것 같다. 지금 내가 유아교육을 하는 데 많은 영향을 미친 것도 이 시절 때문일 것이다. 이때부터 나의 꿈은 '선생님'이었다. 학원 선생님은 너무 인자하시고, 따스한 봄빛 햇살을 닮은 분이셨다. 내가 속상할 때 내 마음을 잘 이해해 주시고 좋은 습관을 형성할 수 있게 도움을 주신 분이다. 내가 유치원 교사가 되었을 때 나의 반 아이들도 나와 같은 생각을 한다면 나는 더 바랄 것이 없을 것 같다.

○○동에 살고 있어서 ○○초등학교와 ○○중학교를 나왔다. 초등학교 시절에는 부반장을 늘 도맡아 했으며 중학교 1학년 때 실장을 했다가 리더의 어려움을 느끼고 그 이후에는 학급원으로 착실히 학급생활을 했다. 몸이 건강한 편이고 지각이나 결석을 하면 안 된다는 생각으로 학교를 다녀서 9년 동안 개근을 하여 성실한 면은 있는 것 같다. 고등학교는 조금

멀리 ○○동에 있는 ○○고등학교에 다녔다. 학창 시절의 성적은 매우 공부를 잘한 것은 아니었으나 공부를 못한다는 소리는 들어 본 적이 없다. 고등학교에 접어들면서 질풍노도의 시기에 공부를 안 하고 놀기만 해서 고등학교 1학년 성적이 좋지 않은 것을 제외하고 내 나름대로 최선을 다했던 것 같다. ○○대학교 유아교육과에 합격을 해서 지금의 내가 되었다. 지금 나의 선택에 대해 나는 한 번도 후회를 해 본 적이 없다. 유아교육은 유아기를 잘 보내지 않으면 평생 잘 지낼 수 없으므로 중요성이 큰 학문이라 사명감도 큰 학문이다. 이런 유아교육이라는 학문은 하면 할수록 쉬운 것 같으면서도 어려운 매력이 있는 것 같다. 그리고 나도 언젠간 나의 아이를 갖게 되어 어머니가 될 사람이므로 유아교육은 도움이 많이 되는 학문이라고 생각한다. 유아교육을 하면서 알게 된 사람들도 너무 착하고 순진하고 맑은 사람들이라 너무 좋다. 꼭 멋있는 유치원 교사가 되고 싶다. 대학 시절 관찰을 나갈 때 유아들을 직접 접할 때마다 유아들이 너무 사랑스럽고 좋아서 내 적성과도 잘 맞는다고 생각했다.

나는 시간이 있으면 영화 보는 것을 즐기며, 친구들과 여행 다니는 것을 무척 좋아한다. 시간만 많다면 우리나라 곳곳을 여행하고 싶으며 기회가 된다면 해외 여행도 꼭 가고 싶다. 나에게 특별한 특기는 없지만 목소리가 큰 편이고 활동적인 것을 좋아하기 때문에 레크레이션은 잘할 수 있을 것 같다. 또 유연하지는 않지만 요가 혹은 재즈댄스같이 즐겁게 하는 활동은 잘할 수 있다. 또 어렸을 때 오랫동안 서예를 배워서 붓글씨 쓰는 것은 남들보다 조금 잘할 수 있다. 기회가 된다면 유아 레이크레이션 자격증과 유아 요가 자격증을 취득하고 싶다. 자격증을 받을 수 있도록 내가 더 많이 노력해야 할 것 같다.

내가 자라면서 많이 영향을 받은 것은 물론 부모님이고 유치원과 학교의 선생님들도 있다. 하지만 어렸을 적에 위인전을 읽다가 신사임당이야말로 내가 존경하고 배워야 할 사람이라고 생각했다. 이 세상에서 가장 현명한 사람은 어머니라고 한다. 나도 어머니가 될 사람이기 때문에 신사임당처럼 현명한 어머니가 되도록 노력할 것이다.

짧은 시간이지만 유아교사로 생활하면서 너무나 과다한 업무 때문에 힘든 일도 많았다. 그러나 밝은 유아들을 보면서 계속 유아들과 함께 하고 싶고, 좋은 선생님, 부끄럽지 않은 선생님이 되고 싶다. 그리고 전문성을 갖춘 교사가 되기 위해서 대학원에 진학해서 열심히 배우고 싶다. 당당하고 멋진 교사가 되도록 더욱 노력할 것이다.

(4) 다중 지능

다중 지능						
	문항	잘 모르겠다 0	전혀 그렇지 않다 1	거의 그렇지 않다 2	약간 그렇다 3	매우 그렇다 4
1	말하고, 쓰고, 읽는 것을 좋아한다.			✓		
2	패턴을 잘 이해하고 잘 찾아낸다.				✓	
3	수업 시간 중에 낙서를 자주 한다.		✓			
4	의자에 가만히 앉아 있는 것이 매우 힘이 든다.				✓	
5	걸어 다니거나 일을 할 때 콧노래를 흥얼거린다.				✓	
6	거의 모든 일을 주변 사람과 의논한다.					✓
7	매우 본능적이고 경험에 의존한다.				✓	
8	글이나 말로 자신을 정확히 표현한다.			✓		
9	여러 가지 문제를 쉽게 사용한다.		✓			
10	학습을 할 때 학습 보조물을 사용한다.				✓	
11	자신의 감정을 얼굴 표정이나 몸 움직임으로 잘 표현한다.				✓	
12	일하는 동안 연필로 책상이나 발, 손가락 등을 친다.			✓		
13	타인의 말을 잘 경청한다.			✓		
14	조용하고 사색을 잘 즐긴다.		✓			
15	여러 사람 앞에서 말하는 것을 즐긴다.				✓	
16	공식 등을 잘 외운다.			✓		
17	그리기나 찰흙을 가지고 노는 것을 즐긴다.			✓		
18	운동을 잘한다.				✓	
19	노래를 쉽게 기억한다.			✓		
20	다른 사람의 기분에 민감하게 반응한다.			✓		
21	스스로에게 질문을 많이 하고 호기심이 많다.				✓	
22	단어 사용 등에 매우 주의를 기울인다.			✓		
23	물건이나 단어 등을 범주로 분류하는 것을 좋아한다.			✓		
24	방향 감각이 좋고 지도를 잘 본다.				✓	
25	발명을 즐기며 물건을 분해, 조립하는 것을 좋아한다.		✓			
26	가사를 바꾸어 부르거나 음절을 새로 만들어 낸다.			✓		

27	다른 사람과 일을 협동해서 잘한다.			✓		
28	자신의 내적 감정을 여러 가지 방법으로 표현할 수 있다.			✓		
29	단어 게임을 즐긴다.			✓		
30	복잡한 논리를 따라 하거나 분석을 즐긴다.			✓		
31	흉내 내기를 즐긴다. 정신적인 이미지를 잘 떠올린다.			✓		
32	다른 사람에게 가르쳐 주거나 보여주는 것을 즐긴다.					
33	일상적인 삶에서 음악적 요소를 찾아낸다.			✓		
34	다른 사람의 의도를 빨리 파악하는 편이다.		✓			
35	자주 독립적이고 혼자서 일하는 것이 좋다.					

영역	언어 지능	논리/수학 지능	공간 지능	운동 지능	음악 지능	대인 관계 지능	내적 지능
점수	14	10	16	24	12	18	

해석

나의 다중 지능 측정 결과 나는 운동 지능이 가장 높고 논리/수학 지능이 가장 낮은 것으로 나왔다. 평소에 운동을 좋아하고 유아들과도 활동적인 놀이를 많이 하게 되는 것은 이러한 영향 때문이었던 것 같다. 유아들에게 새 노래 지도를 하는 것이 힘들게 느껴졌는데, 음악지능이 낮은 것이 원인일 수 있다. 다중 지능 측정을 하는 목적은 나의 부족한 영역을 채우도록 하는 데에 있기 때문에 나는 앞으로 음악적 능력과 논리/수학적인 능력도 발달시키도록 노력해야 할 것 같다.

(5) 교육철학

교육철학

아이들이 성인이 될 때까지 어떠한 삶을 살아야 할지 방향을 잡아 주는 것이 유아교육이라고 생각한다. 유아교육에 있어서 교육철학은 올바른 방향을 판단하여 주는 역할을 해 준다. 이 세상에는 보편적인 것이 있으나 절대적이고 고정 불변한 것에 대한 의미가 서서히 없어지고 있으며 자신의 사상에 대한 상대성이 인정받으며 존재할 뿐이다. 다양한 사람들이 각기 다른 철학을 가지고 있다. 철학은 자신의 삶의 방향을 올바르게 잡아주는 지표가 되기 때문에 중요한 것이다. 특히 유아기에는 교사를 무조건적으로 믿고 따르며 모방하려는 경향이 크고, 교사에 의하여 유아의 가치관도 발달하고 철학의 틀을 만들기 때문에 교사가 가지는 교육철학은 매우 중요하다고 할 수 있다. 교사가 어떤 목표를 갖고 유아들을 교육하느냐에 따라 유아교육의 질이 달라지기 때문에 교사의 교육목표 역시 매우 중요한다.

그렇다면 내가 갖고 있는 교육철학은 어떤 것인가? 나는 교육이란 학생들의 잠재 가능성을 실현시켜 올바른 인간으로 성장시키는 의도적이고 계획적인 활동이라고 생각한다. 교사가 일방적으로 지식만을 가르친다면 학생들에겐 아무 의미도 없을 것이며 학생 내부의 아무런 변화 역시 일어나지 않을 것이다. 과거의 주입식 교육은 이런 점에서 비판받아 마땅하다. 올바른 교육이란 교사와 학생이 함께 협력하여 이루어 내는 것이라고 생각한다. 어린 유아들의 경우 미숙하기 때문에 많은 것을 알지 못한다. 그렇다고 하여 과거의 일방적인 주입식 교육을 한다면 그것은 유아의 발달상의 특성에도 맞지 않을 뿐더러 올바른 교육도 아닐 것이다. 교육은 주입이 아닌 학생의 잠재력 및 개성을 이끌어내는 산출의 과정이다. 교육에 있어서 무엇보다도 중요한 것은 학습자의 흥미, 즉 자발적인 참여일 것이다. 자신이 하고자 하는 생각이 있으면, 마음가짐부터 달라져 학업에 대한 효율도 훨씬 좋아지게 될 것이다. 학생들이 학습에 흥미를 느끼고 능동적으로 참여할 수 있게 도와주는 것이 교사의 역할이라고 생각한다.

사람은 저마다 개개인의 특성이 있다는 것은 누구나 다 알 것이다. 그 특성을 무시하고 획일적인 방법으로 교육을 한다면 참된 교육이 이뤄질 수 없을 것이다. 학생들도 저마다 가지고 있는 특성이 다르다. 특성이 다르다는 말은 재능이 다르다는 것이다. 이런 학생들의 재능을 파악하고 자신의 미래를 준비할 수 있게 도와주는 것 또한 교사의 역할이다. 하지만 어린 유아들의 경우 이런 것들을 잘 모르기 때문에 교사는 유아에게 다양한 경험을 할 수 있는 기회를 제공해 주어야 할 것이며 바람직한 습관과 태도 형성을 위해 힘써야 할 것이다. 유아들에게 세상을 보는 시야를 넓혀 주고, 안목을 갖게 해 주어야 할 것이다.

교육은 자아실현의 과정이기도 하다. 학생의 내적인 성장과 계발을 중요시해야 하며, 내면의 가치를 알아봐 주어야 한다. 우리나라의 교육에서 가장 이뤄지지 않는 것이 이런 점인 것 같다. 나는 유아의 외적인 것에 초점을 두지 않고 내적인 것에 초점을 두어 교육해야 한다고 생각한다. 사회·도덕적 생활을 통하여 자아를 실현한 학생들이 사회에 나간다면 우리의 사회는 더욱 이상적일 것이다.

나는 유아들의 자율성을 최대한 신장시켜 적극적으로 행동하는 창의적인 유아로 가르치는 것도 중요하다고 생각한다. 21C는 자율성과 창의성이 높은 사람들이 주도하는 시대가 될 것이다. 앞으로의 시대를 대비하기 위해 교사는 이런 점에 주안점을 두고 교육을 해야 할 것이다.

유아교육이 다른 초·중등 학교와 판이하게 다른 점이 있다면 교사와의 친밀감 혹은 유대감일 것이다. 교사는 유아들과 신뢰감을 형성해야 하고, 인간미가 느껴지는 다정다감한 교사가 되어야 할 것이다. "교육과정은 그 자체를 초월한 어떤 목적도 가지지 않으며, 교육은 그 자체가 목적이다."는 듀이의 말이다. 나도 이 말에 공감한다. 교육은 교육 그 자체가 목적이고, 교육은 본질적으로 가치를 가진다고 생각한다.

(6) 교사 효능감

	문항	매우 그렇다	대체로 그렇다	보통이다	대체로 그렇지 않다	전혀 그렇지 않다
		5	4	3	2	1
1	유아가 평소보다 적극적으로 활동하는 것은 교사의 노력 때문이다.	✓				
2	유아들이 어떠한 분야에 대해 관심을 더 많이 가지게 된다면, 교사가 효과적인 교수 방법을 적용했기 때문이다.	✓				
3	유아가 어떤 활동에 관심을 보이지 않는 것은 교사의 교수 방법이 적절하지 않기 때문이다.			✓		
4	교사가 효과적인 교수 방법을 사용하면 유아의 부족한 지식은 향상될 수 있다.		✓			
5	몇몇 유아가 어떤 활동에 흥미를 보이지 않는 것은 교사의 탓이라고 할 수 없다.				✓	
6	어떤 활동에 관심이 없었던 유아가 활발히 참여를 하는 것은 교사의 적극적인 지도 때문이다.		✓			
7	교사가 교수에 많은 노력을 기울일지라도, 유아의 어떤 활동에 대한 태도는 변하지 않을 수 있다.				✓	
8	어떤 활동에 대한 유아의 관심과 흥미 정도는 일반적으로 교사에게 책임이 있다.	✓				
9	유아의 적극적인 활동 참여는 그 활동에 대한 교사의 교수 능력과 직접적인 관련이 있다.		✓			
10	유아가 유치원 활동에 흥미를 많이 보인다는 부모의 반응은 아마도 교사의 적절한 교수 때문일 것이다.	✓				
11	어떤 활동에 전혀 관심을 보이지 않는 유아에게는 교사가 효과적으로 교수를 해도 영향을 미치지 않는다.				✓	
12	교사가 뛰어난 교수 능력을 가졌어도 어떤 유아는 동기 유발을 시킬 수 없다.			✓		
13	나는 효과적인 교수 방법이 무엇인지 알아내고자 끊임없이 노력한다.				✓	
14	나는 아무리 노력해도 어떤 영역의 활동은 다른 영역의 활동보다 잘 지도하지 못한다고 생각한다.			✓		
15	나는 유아들을 효과적으로 지도하기 위한 단계를 알고 있다고 생각한다.			✓		

16	나는 유아들을 지도하는 데 있어서 그다지 유능하지 않은 것 같다.				✓	
17	나는 유아들을 비효과적으로 지도한다고 생각한다.			✓		
18	나는 유아들을 지도하는 데 필요한 만큼의 지식이 있다고 생각한다.			✓		
19	나는 유아들에게 어떤 활동을 왜 하는지 이해시키는 데 어려움을 느낀다.		✓			
20	나는 유아들이 질문을 할 때, 적절하게 대답할 자신이 있다.			✓		
21	나는 유아들을 지도하는 교사로서 필요한 능력을 가지고 있는지 염려된다.		✓			
22	나는 나의 교수 능력을 외부 전문가로부터 객관적으로 평가받는 것이 꺼려진다.			✓		
23	나는 유아가 어려움을 나타낼 때 어떻게 지도해야 할지 당황한다.		✓			
24	나는 유아의 질문을 반기고 격려한다.		✓			
25	나는 유아들이 어떤 것에 관심을 갖도록 하기 위해서 어떻게 해야 할지 모르겠다.		✓			

해석

나의 결과는 일반적 교수 효능감은 48점으로 상(20%)이고, 개인적 교수 효능감은 40점으로 중(60%)에 해당한다. 일반적으로는 교사가 유아의 교육에 있어 많은 영향을 미치며 교수에 책임이 있다고 생각은 하지만, 개인적으로는 아직 확신이 부족한 편이다.

2) 유아 발달 이해와 평가

(1) 유아 일화기록

일화기록		
관찰 유아: 박민철	나이: 만 5세	성별: 남자
관찰자: ○○○	관찰일: 2020년 6년 26일 오전 9:45~9:57	
관찰 장면: 자유놀이 중 게임을 이기려고 친구를 속이는 장면		

민철이가 가방을 사물함에 넣고 조작 영역에 이름표를 붙이고 들어온다. 지호가 "박민철 왔다."라고 말하자 진구가 "어! 진짜 박민철 왔다."라며 민철이에게로 다가간다. 민철이는 "아파서 병원에 있었어."라며 조작 영역의 교구장을 본다. 민철이는 3번 바구니를 꺼내서 가현이 옆에 앉았다. 민철이가 "이거 같이 할 사람~"이라고 말하자 가현이가 "나!"라고 한다. 민철이는 "안 돼! 이거 할 사람~" 하고 더 큰 소리로 말한다. 주변에서 아무도 대답을 하지 않고 가현이가 "나! 나!"라고 말한다. 민철이는 "그래 알았어. 너 또 이상하게 하면 너랑 안 할 거야."라고 말하며 게임판을 펴고, 말을 한 개씩 나누어 갖는다.

민철이는 "누구부터 시작해? 나 먼저 한다~"라고 말을 하면서 주사위를 던진다. "2"라고 민철이와 가현이가 동시에 대답을 한다. 민철이가 말을 2칸 옮기고 가현이에게 "너 해~"라고 말한다. 가현이는 주사위를 높이 던져서 주사위가 책상 밑으로 떨어졌다. 떨어진 주사위로 가현이가 기어가서 숫자를 확인하고 주사위를 민철이에게 준다. "나 4 나왔어"라고 말을 하며 게임판에서 3칸을 간다. 민철이는 가현이가 말을 옮기는 것을 보고 "나 한다."라며 주사위를 던진다. 주사위가 1칸이 나오자 민철이가 "1"이라고 말하며 말을 1칸 옮긴다. 가현이가 "우리 둘이 똑같아"라고 말하자 민철이가 "나 아직 안 움직였거든?" 하면서 말을 한 칸 옮긴다. 가현이가 주사위를 던졌는데 책상 틈에 껴서 마름모 형태로 서자, 민철이가 "꽝이야 이렇게 되면! 아무것도 안 나왔잖아."라고 말하면서 주사위를 가져간다. 민철이가 주사위를 던져서 3이 나오자 "3"이라며 말을 옮긴다. 가현이가 쌓기 영역에서 다른 유아들이 노는 쪽을 바라보고 있다. 민철이는 가현이의 얼굴을 한번 쳐다보고 자신의 말을 한 칸 앞으로 옮긴다. 민철이가 "야 너 안 해?"라며 가현이에게 소리를 지른다. 가현이가 주사위를 던지자 거북이 표시가 나왔다. 가현이는 "이거 나오면 거북이 있는 데까지 쌩~하고 가는 거야. 쌩~"이라고 말하며 거북이 그림까지 말을 옮겨서 민철이보다 앞선다. "우와~"라고 민철이가 말을 하며 주사위를 던져서 2가 나오자 "왜 난 만날 2칸이야."라며 말을 2칸 옮긴다. 가현이가 주사위를 던져서 2가 나오자 민철이가 "2칸"이라고 말하고 가현이의 말을 2칸 옮긴다. 민철이가 주사위를 던져서 2가 나오자 "나 또 2칸" 하면서 주사위를 가현이 앞에 놓고 말을 옮긴다. 가현이가 쌓기 영역을 보면서 서 있는다. 민철이는 "야~ 해~ 하라고." 하면서 주사위를 가현이 손 위에 놓는다. 민철이는 "야, 너 일어서서 하지 마."라며 소리를 지른다. 서 있던 가현이가 주사위를 던졌는데 토끼가 나왔다. 가현이는 웃으며 "나 토끼 나왔어. 토끼까지 간다. 쌩~" 하며 가현이의 말을 토끼 그림으로 옮긴다. 민철이가 주사위를 던져서 3이 나오자 "3칸"이라고 말하며 4칸 앞으로 간다. 가현이가 주사위를 던져서 2가 나오자 민철이가 "2칸"라고 말하고 가현이가 말을 2칸 앞으로 옮겼더니 '한 번 쉬세요.' 였다. 민철이는 "야 너 '한 번 쉬세요.' 야 헤헤헤헤헤."라며 입을 가리고 웃는다. 가현이도 민철이를 보면서 웃는다. 민철이가 주사위를 던지자 4가 나와서 "4칸 음……. 하하하하"라고 웃으며 말을 앞으로 4칸 옮긴다. "너 '한 번 쉬세요.' 니까 내가 한 번 더 해야 되는 거야~"라며 민철이가 주사위를 던졌는데 거북이가 나왔다. "나 '거북이' 오예~"라고 말하며 말을 옮기는데 거북이 그림 한 개를 그냥 지나쳐서 도착점 2칸 앞의 거북이 그림까지 간다. 민철이가 "끼야~ 난 이제 2칸만 더 가면 너를 이긴다. 하하하."라며 가현이를 향해 손짓을 한다. 가현이가 주사위를 던져서 3이 나오자 4칸을 간다. 민철이는 그것을 보고 "야 김가현 너 왜 4칸 가냐? 3칸이 나왔으면 3칸을 가야지~"라며 가현이의 말을 1칸 뒤로 놓는다. 민철이가 주사위를 던져서 1이 나와서 "나 1칸"이라고 말하면서 1칸을 간다. 가현이가 주사위를 던져서 3이 나와서 말을 앞으로 3칸 옮긴다. 민철이가 주사위를 던져서 3이 나오자 "하나 둘 셋"이라고 말하며 말을 3칸 앞으로 옮기는 시늉을 하더니 "끝~ 예~ 내가 이겼다. 하하하"라고 팔짱을 끼며 웃는다.

해석

- 민철이는 승부욕이 지나쳐서 친구를 속여서라도 이기려고 한다.
- 숫자 개념이 있어서 말을 숫자에 맞게 움직일 수 있지만 이기기 위해서 더 많이 간다.
- 숫자 개념이 없는 친구를 도와주지 않는다.
- 글자를 읽을 수 있다(가현이는 글자를 읽을 수 없어서 민철이가 대신 읽어 준다).
- 게임에서 지고 있으면 기분이 좋지 않아 소리를 지르는데 게임에서 이기면 기분이 좋아서 우쭐해진다.

(2) 유아 발달 체크리스트

발달 체크리스트

대상: 박민철(만 5세) 성별: 남자 날짜: 2020년 6월 4일

발달 영역	내용	관찰됨	관찰 안 됨
신체/운동 발달	신발끈 묶기, 단추 채우기, 지퍼 올리기 등을 혼자 한다.	✓	
	신체 부위를 조절한다(자전거 타기, 수영하기 등).	✓	
	정확하게 오린다.	✓	
	연필과 가위를 올바르게 사용한다.	✓	
	오른쪽과 왼쪽을 기본적으로 구분한다.	✓	
	유연하게 신체를 움직인다.	✓	
	뒤로 걷는다.	✓	

신체/운동 발달	장애물을 건드리지 않고 건너뛴다.	✓	
	오른손 사용이나 왼손 사용이 고정되어 있다.		✓
	풀을 정확하고 쉽게 사용한다.	✓	
사회성 발달	자신의 친구를 선택하기도 하고 배척하기도 한다.	✓	
	간단한 그룹 게임을 하고 경쟁적인 게임을 한다.	✓	
	집단 활동에 참여하고 역할을 나누며 의사결정을 한다.	✓	
	공정한 놀이를 원한다.		✓
	친구와 어른과 상호작용한다.	✓	
	소유물과 다른 사람을 존중한다.	✓	
	리더십을 보인다.	✓	
	친구를 따를 수 있다.	✓	
	놀잇감을 공유하고 순서를 기다린다.	✓	
인지/언어 발달	생각을 표현하기 위해 완전하고 복잡한 문장을 사용한다.	✓	
	그림을 그리고 문자를 사용하여 생각을 쓴다.	✓	
	글자와 몇몇 단어를 인식한다.	✓	
	숫자를 인식한다.	✓	
	형태를 인식한다.	✓	
	일정한 모양과 순서대로 나열하는 것을 이해한다.	✓	
	일대일 대응을 이해한다.	✓	
	비교하고 순서대로 배열한다.	✓	
	전·후 관계의 단어를 이해한다.	✓	
정서 발달	자기 통제력을 보인다.	✓	
	부모로부터 쉽게 떨어진다.	✓	
	대집단 활동 시 편안하게 참여한다.	✓	
	협동적인 태도를 갖는다.		✓
	언어로 갈등을 해결한다.	✓	
	제안이나 수정에 잘 반응한다.	✓	

출처: Gober, Y. S.(2002). *Six simple ways to assess young children*. NY: Delmar.

3) 교육과정 운영

(1) 교육계획 및 실행

<table>
<tr><th colspan="4">일일교육 계획 및 실행 · 평가</th></tr>
<tr><td>반 이름</td><td>하늘반 (만 3세)</td><td>날짜</td><td>2020년 5월 2일</td></tr>
<tr><td>놀이관찰</td><td colspan="3">4명의 남자 유아들이 쌓기 영역에서 놀이를 하고 있다. 동우는 서준이와 함께 블록으로 무언가를 만들고 있다. 교사가 동우에게 "뭐 만드는 중이에요?"라고 묻자 "저 해적선 만들어요."라고 대답한다. 동우는 블록으로 해적선을 만들고 난 뒤, 해적선을 들고 서준이와 함께 교실을 한 바퀴 돈다. 그런 다음 늑대를 해적선에 태운다. 교사가 서준이에게 "서준이는 해적선에 뭐 태우러 다니는 거야?"라고 묻자 동우는 "저는 공룡을 태울 거예요."라고 말한 뒤 공룡 모형 교구를 가지고 와서 블록 위에 올린다. 공룡을 태우고 5분 정도 반을 돌아다닌다. 쌓기 영역에서 동우와 서준이를 바라보던 현우는 코끼리 모형을 해적선에 넣으려고 하면서 "얘도 태워 줘."라고 말한다. 그러자 동우가 "좋아."라고 한다.</td></tr>
<tr><td>놀이이해</td><td colspan="3">유아들이 배에 대해 호기심을 갖고 있고, 늑대, 공룡 등의 동물에 관심을 갖고 있고(자연탐구), 친구와 함께 놀이하는 것이 부족하다(사회관계).</td></tr>
<tr><td>놀이지원</td><td colspan="3">• 놀이주제: 뱃놀이
• 교육 목표: 교통기관(배)에 대해 호기심을 갖고, 동물에 관심을 갖는다. 친구와 함께 놀이한다.
• 공간 및 자료
- 쌓기 영역: 놀이공간이 뱃놀이를 하기에 협소하므로 넓혀 주고, 다양한 종류의 배 모형과 배 사진, 배에 대한 책을 제공해 준다.
- 미술 영역: 배를 만들어 볼 수 있도록 폐품 등 다양한 자료를 제공해 준다.
- 언어 영역: 배에 관련된 동화책을 제공해 준다.
• 상호작용
- 배를 타고 싶은 동물들이 다 탈 수 있게 하려면 어떻게 하면 좋을까?</td></tr>
</table>

	계획	실행
일과 시간표	• ~9:00 등원 • 9:00~10:30 실내놀이 • 10:30~11:00 화장실 다녀오기 및 간식 • 11:00~11:10 동화: 검피 아저씨의 뱃놀이 • 11:10~12:10 바깥놀이 • 12:10~12:20 화장실 다녀오기, 손 씻기 • 12:20~12:50 점심 식사 • 12:50~13:00 양치 • 13:00~ 방과 후 과정 • 16:30~17:00 귀가 지도 및 귀가	• ~9:00 등원 • 9:00~10:40 실내놀이(쌓기 영역, 미술 영역에서 배 만들기, 언어 영역: 검파 아저씨의 뱃놀이 진행) • 10: 40~11:10 화장실 다녀오기 및 간식 • 11:10~12:10 바깥놀이 • 12:10~12:20 화장실 다녀오기, 손씻기 • 12:20~12:50 점심 식사 • 12:50~13:00 양치 • 13:10~ 방과 후 과정 • 16:30~17:00 귀가 지도 및 귀가
평가	• 유아들이 언어 영역에 비치된 검피아저씨 뱃놀이 동화에 관심을 보여서 자유놀이 시간에 들려주었다('의사소통-동화를 다양한 방법으로 듣고 즐긴다.'가 실행됨). • 쌓기 영역에서 여러 명의 유아들이 함께 배를 더 크게 만드는 시도가 이루어졌다('사회관계-친구와 함께 놀이한다.'가 실행됨) • 미술 영역에 제공된 자료를 활용하여 배를 구성하였다('예술경험-미술활동을 경험해 본다.'가 실행됨). • 바깥놀이 중 물놀이에서 뱃놀이를 할 수 있도록 자료를 제공하여 실내놀이와 바깥놀이를 연결시키도록 지원이 필요하다.	

4) 학급 운영

(1) 환경 구성

① 실내 흥미 영역 유무 및 개선

구분 \ 영역	쌓기놀이	역할놀이	언어	수조작놀이	과학	미술	음률	컴퓨터	모래놀이	목공놀이	이유 기술
영역 유무	○	○	○	○	○	○	○	×	×	×	
유사 영역 및 설비의 인접성	○	○				○	○				미술은 입구 쪽(수도), 과학은 창가 쪽 배치로 인접하기 어려움
유아 선호도 높음	○	○	○	○		○	○				역할과 쌓기 선호도가 높고, 과학은 선호도가 낮음
영역 확장의 필요성	○	○									참여 인원 수가 많아서 역할, 쌓기를 연결해서 넓혀 줌
영역 축소 및 제거 필요성					○						과학은 축소시킴
놀잇감 추가 및 교체 필요성	○	○	○		○	○					쌓기, 역할, 언어, 과학, 미술은 놀이 주제에 따라 놀잇감 추가, 변경 필요
놀이 규칙 변경의 필요성	○	○									역할, 쌓기놀이 대기자가 많아서 인원 제한의 규칙을 없앰
정리정돈의 용이성	○	○	○	○	○	○	○				
개선 방안 기술	역할, 쌓기 영역을 확장시켰고, 과학 영역을 축소시켰으며, 인원 제한 규칙 및 놀잇감 이동 제한 규칙을 없앴음										

출처: 박은혜, 조운주(2020). 반성적 실천을 위한 유아교육실습. 서울: 창지사. 재구성.

② 교실 배치도 및 교실 사진

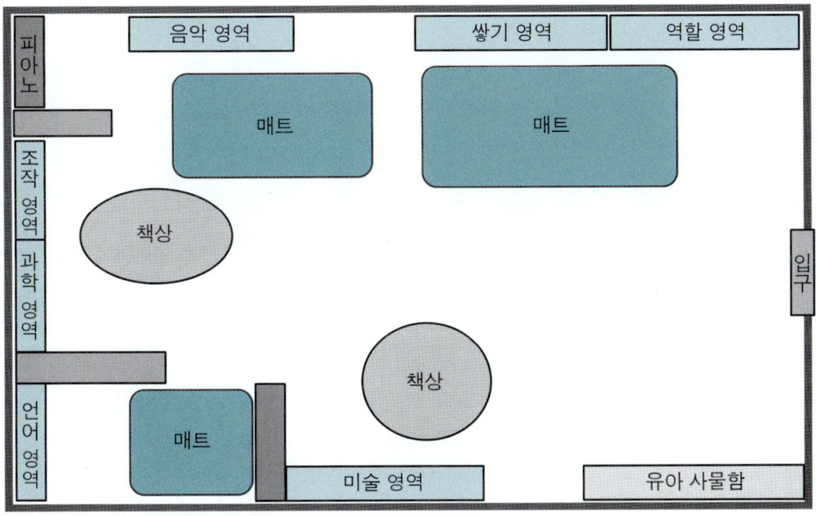

③ 실외놀이 사진 및 실외놀이의 유무

실외놀이 영역 체크리스트										
관 찰 자	○○○									
관찰 기관	○○유치원									
관찰 일시	2020년 6월 5일									
영역 / 유무	물놀이	모래놀이	놀이기구	동물사육장	화단	창고	휴식공간	자전거길	잔디	기타
있다		○	○		○	○		○	○	
없다	○			○			○			

(2) 학급 운영 및 일과 운영

① 학급 규칙

영역	규칙 내용	영역	규칙 내용
역할	1. 놀잇감을 던지지 않아요. 2. 내일 계속 놀이할 것을 빼고는 제자리에 정리해요. 3. 역할놀이를 원하는 친구들과 함께 놀이해요.	쌓기	1. 블록으로 싸움놀이를 하지 않아요. 2. 친구의 블록을 쓰러트리지 않아요. 3. 블록을 던지지 않아요. 4. 내일 계속 놀이할 것을 빼고는 제자리에 정리해요. 5. 친구들과 사이좋게 나누어 사용해요.
언어	1. 책을 찢거나 던지지 않아요. 2. 친구가 책을 볼 때 방해하지 않아요. 3. 읽은 책은 제자리에 정리해요.	조형	1. 사용한 재료는 자기 자리에 넣어요. 2. 가위로 장난하지 않아요. 3. 뚜껑을 잘 닫아요. 4. 재료를 아껴서 써요. 5. 친구들과 사이좋게 나누어 사용해요.

② 일과 운영

시간	일과 내용
~ 9:00	• 등원
9:00~10:20	• 실내놀이
10:20~10:50	• 화장실 다녀오기 및 간식
10:50~11:10	• 대소집단 활동
11:10~12:10	• 바깥놀이
12:10~12:20	• 화장실 다녀오기 및 손 씻기
12:20~12:50	• 점심
12:50~13:00	• 양치
13:00~16:30	• 방과 후 과정
16:30~17:00	• 귀가 지도 및 귀가

5) 전문성과 리더십 개발

(1) 저널

저널 기록	
학급	○○반(만 4, 5세 혼합반)
교사	○○○
일시	2020년 6월 15일

점심을 먹고 교실로 돌아왔다. 다른 아이들은 모두 양치를 한 듯했다. 혹시 몰라서 "양치질 안한 친구 있니?"라고 묻자 모두들 자기는 다 닦았다고 했다.

평소에 이를 잘 닦지 않는 명규에게 물었다. "명규야, 이 닦았니?" 명규는 "네, 칫솔 만져 보세요. 물 묻어 있지."라고 말했다. 나는 명규의 칫솔을 만져 보았다. 명규의 칫솔에 물이 묻어 있었다. 그래서 명규가 이를 닦은 줄 알았다. 그때 현지가 "어, 명규 이 안 닦았는데……"라고 말했다. 그래서 나는 "명규랑 같이 이 닦은 친구?"라고 말했다. 현지가 "선생님, 명규 이 안 닦고요, 칫솔에 물만 묻혀 놨어요."라고 말했다. 어제 명규가 이를 닦았다고 해서, 내가 칫솔을 만져 봤더니 물이 안 묻어 있다면서 명규에게 이를 닦으라고 말했던 것이 떠올랐다. 명규는 내가 이를 닦았는지 안 닦았는지 칫솔에 물이 묻은 것으로 확인을 하는 것을 알았나 보다.

나는 명규에게 다시 한 번 물어보았다. "명규야, 이 닦았니 안 닦았니?"라고 묻자 명규는 "닦았어요."라고 말했다. "명규야 사실대로 말해 봐. 이 닦았어? 안 닦았어?"라고 물었더니 명규는 또 닦았다고 말했다. 그때 아이들이 명규는 이를 안 닦았다고 말했다.

나는 명규가 거짓말을 하는 것인지 아닌지 처음에는 잘 몰랐는데 아이들이 말을 해서 명규가 거짓말을 하고 있다는 것을 알았다. 명규는 계속 닦았다고 했지만 나는 명규에게 "알아, 명규야 너 이 닦은 거 아는데 오늘은 이를 두 번 닦아 보자. 두 번 닦으면 더 깨끗해질 거야."라고 말했다. 명규는 불만 가득한 얼굴로 이를 닦았다.

경력 교사께서 점심 식사를 하고 교실로 돌아오셨다. 내가 명규 이야기를 했더니 경력 교사는 명규가 평소에도 거짓말을 잘하는 것 같다고 하셨다.

유아들의 발달 특성상 본인에게 난처한 상황을 피하기 위해서 거짓말을 할 수 있다. 그러나 반복적으로 거짓말을 하는 유아들은 거짓말을 하므로 본인이 원하는 것을 얻고 더 나아가 습관화가 되지 않도록 지도를 해야 할 것이다. 오늘 명규는 거짓말을 했지만, 거짓말을 하므로 본인이 어떤 이익을 얻지 못했고 또 거짓말한 것에 대해서 무안함을 당하거나 하지는 않았다. 교사로서 적절한 대처였던 것 같다. 그러나 명규가 앞으로도 계속 거짓말을 한다면 오늘처럼 모른 척하고 넘어가는 것이 맞는 지도 방법인지 아니면 교사가 알고 있음을 드러내는 것이 좋은 방법인지 정확한 판단이 어렵다. 거짓말 지도에 대한 서적을 읽고 다음 번 거짓말하는 상황이 발생하면 적절히 대처를 해야 할 것 같다. 그리고 기회가 되면 대집단 활동을 통해서도 교육을 해야 할 것 같다.

(2) 도서와 인터넷 정보 자료

도서 및 인터넷

• 도서

번호	제목	저자	출판사
1	유아놀이와 게임	정진 · 성원경	학지사
2	제작 과정 중심의 교재 · 교구 이론과 실제	오연주 · 안은숙 · 김혜수 · 이은상 · 이경실 · 고영주 · 이명희	창지사
3	유치원 교육과정에 따른 유아행동 관찰법	황해익 · 송연숙 · 정혜영	정민사
4	아동 환경	권영례 · 이재연	한국방송대학교출판부
5	탐색 · 표현 · 감상의 통합적 유아미술교육	이정욱 · 임수진	정민사
6	월간유아 [5월호]	유아교육원	유아교육원 출판사
7	피아노 반주 완성	남주희	삼호뮤직
8	유아사회교육	이영자 · 유효순 · 이정욱	교문사
9	유아교육기관에서의 유아생활지도	조운주 · 최일선	창지사

• 인터넷 사이트

번호	이름	주소
1	아이코리아	http://www.aicorea.org/
2	동화나라	http://www.donghwanara.com/
3	부키의 동화나라	http://www.buki.co.kr/
4	어린이 자연학습	http://www.kidsnature.co.kr/
5	국립중앙박물관	http://www.nsm.go.kr/
6	에듀넷	http://www.edunet.net/
7	한국어린이안전재단	http://www.childsafe.or.kr/
8	유아교육키드키즈	http://www.kidkids.net/
10	키드잡	http://www.kidjob.co.kr/
11	동심에드피아	http://www.edpia.com/
12	영에듀케이션	http://www.youngedu.com/
13	유아교육대표카페(한국유아교사연합)	http://cafe.daum.net/dkdlnam
14	야후꾸러기	http://kr.kids.yahoo.com/

(3) 동료에 대한 태도

동료에 대한 태도와 기술				
문항		그렇게 하지 않는다	그렇게 한다	항상 그렇게 한다
		1	2	3
1	다른 사람들에게 친절하고 존중을 보인다.			V
2	일을 공정하게 나누려고 노력한다.			V
3	아이디어와 자료를 제공하고 공유한다.			V
4	험담을 피하고 직접 의사소통한다.			V
5	학습 태도에 대해서 비판주의로 접근한다.		V	
6	도움이 되는 방법을 찾는다.		V	

출처: Sciarra, D. J. & Dorsey, A. G.(2002). *Leaders and supervisiors in child care programs*. NY: Delmar, Thomson Learning, Inc.

4부 유아교육기관 평가

1장 유치원 평가

1. 유치원 평가의 정의

1980년대 이전까지 유아교육 평가 영역은 포괄적인 성격을 띠기보다는 유아의 발달이나 성취 수준만을 대상으로 삼거나 개별 교육 프로그램이나 수업 방법 등에 초점을 두어 왔다. 그 결과 유치원의 질을 종합적이고 체계적으로 평가하는 데에 어려움이 있었다. 유치원에 대한 평가 체제와 기준이 부재한 상태에서는 유치원 교육 활동이 국가나 교육 소비자인 학부모들이 기대하는 일정한 기준을 제대로 달성하고 있는지를 점검하기가 매우 어렵기 때문이다.

유치원의 질을 보다 종합적이고 체계적으로 평가하기 위해서 교육인적자원부는 1999년 한국교육개발원에서 '유아교육의 공교육화 촉진을 위한 유치원 평가 체제 구축'과 2000년에 '유치원 모의 평가를 통한 유아교육 평가 모형 확립 방안'이라는 연구를 실시하였으며 2004년 1월에 유아교육법을 제정하여 유치원 평가 체제 도입을 위한 법적 근거를 마련하였다(이대균, 2004).

유치원 평가는 유아교육기관으로서 유치원의 기능과 성취 정도를 총체적으로 점검하고, 이를 토대로 유치원의 강 · 약점을 파악하여 개선을 위한 정보를 제공하는 일련의 과정이라고 정의하고 있다(장명림, 나 정, 최윤정, 1999). 아울러 유치원 평가는 유치원 교육공동체의 참여 · 소통 · 협력을 통한 자율과 책임을 바탕으로 유치원 교육의 전반을 확인하고 진단하여 개선해 가는 '계획-실천-평가-환류'의 과정이라고 정의할 수 있다(서울특별시교육청, 유아교육진흥원, 2020).

2. 유치원 평가의 필요성

유치원 평가는 유아교육의 질 관리, 교사의 전문성 향상, 질 높은 교육 제공 측면에서 필요하다. 유치원 평가가 시행되어야 하는 필요성을 구체적으로 정리하면 다음과 같다(이기숙, 2009; 이기숙, 홍용희, 박은혜, 김희진, 2002).

첫째, 유치원 평가는 유아교육의 질을 체계적으로 관리하는 일련의 정책이 될 수 있다. 유치원 평가를 통해 국가수준의 체계적인 평가 시스템을 구축함으로써 유치원의 운영 실태를 진단하고 개선 방안을 제안할 수 있다. 이를 통해 유치원의 책무성과 질적 수준을 제고하여 유아교육의 공교육화를 정착시키는 데 기여할 수 있다.

둘째, 유치원 평가는 기관의 질 개선뿐 아니라 유아들의 교육을 실질적으로 담당하는 교사의 전문성을 향상시킬 수 있다. 교육 운영 및 유아들과의 상호작용 등에 관한 실제적인 점검 과정을 통해 교사로서의 전문성을 신장시킬 수 있다.

셋째, 유치원 평가를 실시함으로써 우리 사회가 요구하고 있는 질 높은 교육을 유아들에게 제공할 수 있을 뿐 아니라 부모에게 질 높은 기관을 변별할 수 있는 기준을 제시할 수 있다. 즉, 유아들은 질 높은 경험을 가질 수 있으며, 학부모는 유치원 평가에 기초하여 체계적인 정보를 제공 받음으로써 기관 선택의 자료로 활용할 수 있다.

넷째, 유치원 평가는 유아교육의 정상적인 운영을 위한 교육의 질 관리를 가능하게 한다. 실제적인 장학 인력 부족으로 인해 사실상 형식적인 장학이 이루어지는 상황에서, 국가수준의 유치원 교육과정이 학부모들의 편향된 요구와 원아 모집을 의식한 유치원의 행사 및 특기 활동 중심의 운영에 의해 파행적으로 실행되고 있기에 평가를 통해서 바람직한 유아교육의 질적 수준을 정착시킬 수 있다.

유아교육의 진정한 발전을 위해서는 유아교육의 양적 확대와 함께 전반적인 질적 수준이 조화롭게 발전되어야 하는데 이를 지원하기 위해서는 유치원 평가의 기준과 과정이 확립되어야 한다. 유치원의 운영을 효과적으로 달성하고 질적 증진을 이루기 위해서는 유치원 평가의 체계적인 접근에 대한 개념 정립이 필요하며, 실제적으로 적용 가능한 구체적인 평가 기준과 구조화된 평가 과정의 확립이 필요하다.

3. 유치원 평가의 목적

현재 우리나라는「유아교육법」제19조 1항(평가)과「유아교육법 시행령」제20조(평가의 대상), 제21조(평가의 기준), 제22조(평가의 절차)에 의거하여 유치원 평가를 실시하고 있다. 2007년도에 전국의 공·사립유치원 100개 원을 대상으로 시범 평가를 실시하였으며, 2008년 공립유치원을 시작으로 2010년 사립유치원까지 제1주기(2008~2010년) 및 제2주기(2011~2013년), 제3주기(2014~2016년) 및 4주기(2017~2019년) 유치원 평가가 시행되었다. 2020년부터 2022년까지 시행되는 제5주기 평가는 지방자치단체별로 지역의 특수성을 고려하여 자율적으로 운영하도록 하였다.

1) 목적

유치원 평가의 목적은 다음과 같다(교육부, 2017).

첫째, 누리과정을 충실히 운영할 수 있는 유치원 운영체계 구축 및 유치원의 책무성 제고를 통해 유치원 교육서비스의 질적 수준을 향상시킨다. 둘째, 유치원 운영 전반을 체계적·종합적으로 점검하고 평가 결과 환류 및 맞춤형 지원을 통해 유치원 운영을 개선한다. 셋째, 평가 결과 공개를 통해 학부모의 알 권리 및 유치원의 선택권 보장으로 학부모의 유치원 교육에 대한 만족도를 제고한다.

5주기 평가부터는 시도별로 자체적으로 유치원 평가 목적을 제시하고 이에 따른 평가 영역을 구성하였다. 일부 시도별 평가 목적 및 평가 영역을 살펴보면 다음 〈표 4-1-1〉과 같다(경기도교육청, 2020; 부산유아교육진흥원, 2020; 서울특별시교육청, 유아교육진흥원, 2020).

표 4-1-1 시도별 평가 목적 및 평가 영역

지역	평가 목적	평가 영역
서울	• 자율적인 유치원 교육 활동의 진단 및 개선을 통한 유아교육의 질 향상 • 교육공동체의 참여 · 소통 · 협력을 통한 자율과 책임의 유치원 자치문화 조성 • 건강 · 안전 관리 강화를 통한 안전한 유치원 환경 조성 • 단위 유치원의 공공성 및 책무성 제고로 자율 운영체제 구축	• 3개 평가 영역, 11개 평가 지표, 41(42)개 평가 항목 - 유아 중심 교육과정 및 방과 후 과정, 민주적 유치원 운영, 안전하고 쾌적한 교육 환경 및 유아를 위한 건강 · 안전
경기	• 성장 중심의 유치원 평가를 통한 교육의 질 개선 및 자율적 책무성 제고 • 교육공동체의 공동 참여와 성찰을 통한 유치원 역량 강화 • 교육공동체의 유치원 교육에 대한 만족도 제고	• 4개 평가 영역, 12개 평가 지표, 31개 평가 항목 - 교육과정 및 방과후 과정, 교육 환경 및 운영 관리, 건강 · 안전, 민주적 유치원 운영
부산	• 유치원 운영 실태에 대한 체계적 검토 및 개선을 통해 단위 유치원의 책무성 강화 • 자체 평가 실시로 현장 적합성이 높은 유치원 운영 체계 구축 • 유치원 교육 여건 조성으로 유아의 건전한 성장 지원 • 유치원 평가 결과의 환류를 통해 학부모 만족도 제고	• 4개 평가 영역, 17개 평가 지표, 47개 평가 항목으로 구성(교육부 공통 지표) - 교원은 4개 평가 영역 모두 평가 - 학부모, 외부위원(유치원 자체평가위원회 위원)은 건강 · 안전 영역 평가

2) 추진 방향

최근 2020년부터 시행되는 5주기 유치원 평가는 현장 평가를 폐지하고 자율과 참여 중심의 유치원 자체 평가를 실시하는 것을 지향한다. 이에 유치원별 유치원 자체평가위원회를 자율적으로 구성·운영하고, 유치원 자체 평가의 내실화를 위한 연수와 컨설팅을 확대하며, 유치원 평가 결과를 공유하고 차 년도 교육계획에 반영하는 것을 기본 방향으로 제시하고 있다. 구체적인 추진 방향을 살펴보면 다음과 같다(서울특별시교육청, 유아교육진흥원, 2020).

첫째, 평가 절차 간소화(자체, 서면 평가)로 유치원 자치문화를 조성한다. 둘째, 건강·안전 영역 강화로 책무성을 제고한다. 셋째, 컨설팅 강화로 현장 지원 체제를 확립한다.

4. 유치원 평가 과정

유치원 평가는 시도교육청과 유아교육진흥원에서 평가 기획을 주관하여 유치원 평가위원회를 구성 운영한다. 유치원 평가 대상은 국·공·사립유치원으로 평가 주기는 3년이며 평가 대상 기간은 평가 실시년도의 6개월간 유치원 운영 실적이다.

평가 영역 및 평가 지표는 교육부에서 제시된 공통 지표를 토대로 자율적으로 재구성하여 사용한다. 평가단은 유아교육전문가, 유아교육 전공 현장교원(퇴직교원 포함, 교사 제외)등으로 1개 평가단에 3명 내외로 구성하며, 평가 방법은 각 평가 문항별로 충족 여부에 따라 체크리스트 방식에 의해 '충족(Y)' 또는 '미충족(N)' 에 체크하며, 최종 충족 항목 수에 따라 평가 영역별 3단계(우수, 적합, 개선 필요)로 평정한다. 5주기 유치원 평가 절차는 현장 평가가 생략되어, 자체 평가(정량 평가)와 서면 평가(정성 평가) 2단계로 진행된다. 서면 평가 결과는 정량 평가 기준으로 명시하여 유치원으로 송부되며, 마지막으로, 차 년도 유치원 알리미에 공시된다. 서울특별시의 제5주기 유치원 평가를 중심으로 진행 절차와 내용을 살펴보면 다음과 같다(서울특별시교육청, 유아교육진흥원, 2020).

1) 자체 평가

자체 평가는 준비(계획 수립), 실천, 평가 및 환류로 진행된다. 구체적인 단계별 내용을 살펴보면 첫째, 계획 수립 단계에서는 당해년도 자체 평가 결과, 유치원 교육공동체 토론회의 의견 및 상위 지침 등이 반영되었는지를 분석한다. 아울러 유치원 실태를 분석(교원, 교직원 현황, 원아 실태, 시설 현황 등)하고, 유치원 교육 목표 및 중점 교육 활동을 수립한다. 이외에 중 · 장기 유치원 발전계획 과제 설정을 하고, 유치원 평가계획 및 유치원 교육 목표에 따른 지표별 평가 문항을 선정한다.

자체평가운영위원회는 교직원, 학부모 등으로 5명 이상 11명 이하로 자율적으로 구성한다. 자체평가운영위원회 구성이 어려울 경우, 유치원운영위원회 등 유사 위원회와 통합 운영이 가능하나, 학부모 위원은 반드시 2명 이상 포함해야 한다. 주요 역할은 자체 평가를 위한 기본계획 수립, 자체 평가 자료 수합 · 정리, 자체 평가 실시 후 자체 평가 보고서 작성 등이다. 유치원 교육계획 수립 시, 유치원 평가계획을 반영하여 유치원 평가가 별개의 활동이 아닌 유치원 교육 활동의 계획-실천- 평가-환류의 과정으로 실시한다. 계획 수립 시, 유치원 구성원의 협의를 통해 모두가 공감하는 계획을 수립하는 것이 바람직하다. 이때, 직전년도의 자체 평가 결과 및 평가년도 평가 지표를 유치원 교육계획서에 포함하여 작성한다. 이외에도, 홈페이지나 설명회 등을 통해 유치원 교육공동체가 유치원의 비전과 교육 활동 목표를 공유하도록 한다.

둘째, 실천 단계에서는 연령 및 부서별 유치원 교육 활동을 추진한 후 단위 교육 활동을 실시 후 평가 및 보완을 한다. 이 단계에서는 1학기 유치원 교육 활동 평가를 통한 수정, 보완이 시행되며, 자체 평가 보고서 작성법 및 기타 유치원 평가 관련하여 사전 컨설팅을 실시한다.

셋째, 평가 단계에서는 유치원 교육공동체(교직원, 학부모)를 대상으로 설문 평가하고, 유치원 평가 결과에 대한 토론회를 실시하여, 평가 결과를 분석한 내용을 발표 및 공유하고, 문제점 도출 및 개선 방안을 마련한다. 또한 다음연도 교육계획 수립을 위한 의견을 수렴한다.

넷째, 환류 단계에서는 유치원 평가 결과에 따른 후속 컨설팅을 요청하고 시행한다. 유치원 평가 결과, 개선이 필요한 영역에 대한 컨설팅 장학을 시행하고, 유치원 평가 결과를 유치원 홈페이지에 탑재 및 정보 공시를 하는 것으로 이루어진다. 아울러, 차년도 유치원 교육계획 준비를 위한 워크숍을 실시한다.

2) 서면 평가

(1) 서면 평가의 목적

서면평가는 평가 대상 유치원을 직접 방문하지 않고 자체 평가 결과 및 운영계획서, 정보 공시와 평가 영역 중 '영역 Ⅲ'에 해당하는 안전하고 쾌적한 교육 환경 및 유아를 위한 건강 · 안전에 필요한 자료와 정보를 정확하게 확인하는 데 그 목적이 있다.

(2) 서면 평가의 기본 방향

서울특별시교육청과 유아교육진흥원에서는 기본계획 수립, 교육지원청에서 평가 대상 유치원 선정 및 서면 평가 시행을 지원한다. 제5주기(2020~2022년) 3년간 매년 전체 유치원 수의 1/3 정도를 평가 대상으로 하고 희망 유치원을 우선적으로 실시하되 평가 년도별 평가 대상 유치원 수가 고르게 분포되도록 한다. 서면평가단은 평가단별 평가위원 3인으로 구성되며, 평가의 전문성, 신뢰성 등을 확보하도록 유아교육전문가, 교원으로 이루어진다. 운영 기간은 평가단 위촉 시부터 서면 평가 종료 시까지 운영되며, 서면평가단은 서면 평가 보고서를 작성하여 제출한다.

(3) 서면 평가의 내용

지표별 평가 문항과 요소의 충족 여부를 확인하고 평가 지표와 영역별 등급 부여, 평가 총평 등을 작성한다. 서면 평가 자료는 자체 평가 보고서, 운영계획서, '영역 Ⅲ' 평가 자료(기록 확인 자료)가 포함되며, '영역 Ⅲ' 평가 자료(기록 확인 자료)의 경우, 정보 공시에 등재된 자료(영양 및 환경위생, 안전교육 · 안전점검 항목)를 제외하고 '영역 Ⅲ'의 평가 문항 내 평가 요소당 한 가지씩 제출하게 되어 있다.

3) 평가 결과서 송부

평가 결과서를 통보한 후 이의 제기가 가능하며, 이의 제기가 인정되는 경우 해당 평가 지표, 평가 영역 등에 대해 등급 조정이 가능하다.

4) 결과 공시

결과 공시의 경우, 영역별 등급과 유치원 등급 공개를 권장하나 시 · 도의 여건 등을 고려하여 교육감이 결정하며 영역별 소견과 총평은 반드시 공개해야 한다. 'A등급' 유치원은 평가 주기를 1년 연장(4년)하며, 'D등급' 유치원은 평가 주기를 1년 단축(2년)하는 것이 가능하며, 'D등급' 유치원의 경우 시 · 도교육청이 지원 방안을 적극 수립 · 추진한다.

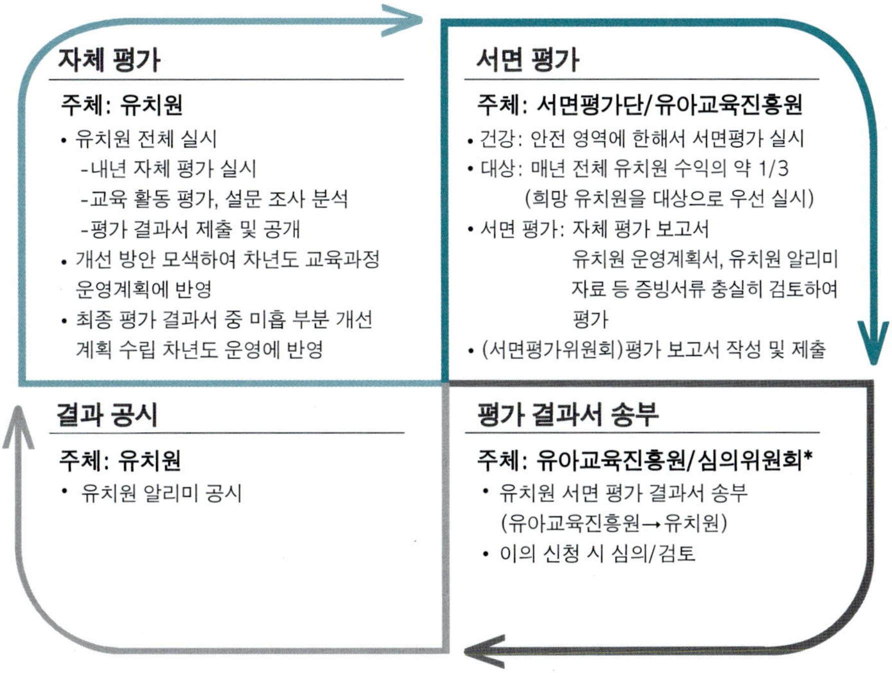

*심의위원회: 유아교육진흥원에서 구성 운영하는 유치원평가위원회 내 소위원회로 구성하여 운영

그림 4-1-1 제5주기 유치원 평가의 절차 및 내용

출처: 서울특별시교육청, 유아교육진흥원(2020). 2020 유치원평가 가이드북 제5주기(2020~2022)(유치원용), p. 12.

5. 유치원 평가 내용 및 지표

유치원 평가는 1주기 유치원 평가(2008~2010년), 2주기 유치원 평가(2011~2013년), 3주기 유치원 평가(2014~2016년), 4주기 유치원 평가(2017~2019년)를 거쳐 5주기 유치원 평가(2020~2022년)가 진행 중에 있다. 교육부에서 제시한 5주기 유치원 평가 영역 및 공통 지표는 4개 평가 영역(교육과정 등 영역, 교육 환경 및 운영 관리 영역, 건강 · 안전 영역, 교직원 영역), 17개 평가 지표와 47개 평가 항목으로 구성되어 있다.

1) 평가 영역별 내용

(1) 교육과정 영역

교육과정은 유치원 운영의 가장 핵심적인 요소이다. 교육과정을 어떻게 운영하느냐에 따라 교수·학습 경험의 질이 결정되고, 그 결과 유아교육의 효과도 크게 좌우된다(교육부, 2017).

교육과정 영역에서는 국가수준의 교육과정에 근거한 교육 목표를 설정하고 있는지, 유아 발달과 장애 여부를 고려한 교육계획을 수립하고 있는지, 놀이와 활동을 융통성 있게 구성하여 일과 운영을 하고 있는지, 유아 중심·놀이 중심의 교수·학습 방법을 지원하며 교사가 유아에게 적절하게 반응하고, 놀이를 지원하는지, 평가가 적절히 실행되고 활용되는지를 점검한다.

(2) 교육 환경 및 운영 관리 영역

교육 환경 및 운영 관리는 교육과정의 성공적 운영과 밀접한 관련이 있다. 유아는 주변 환경과의 긴밀한 상호작용을 통해 성장과 발달이 이루어지므로 유치원의 교육 환경을 어떻게 구성·제공하느냐가 매우 중요하다. 아울러 유치원의 운영 관리는 유아 교육 활동을 보다 효과적으로 추진하게 하는 지원 체제로서 유치원의 장기적인 발전을 위하여 체계적인 관리가 필요하다(교육부, 2017).

교육 환경 및 운영 관리 영역에서는 놀이공간이 다양한지, 시설 설비나 놀이자료가 적합하게 구비되어 관리되고 있는지, 행·재정 관리가 체계적으로 이루어지는지를 점검한다.

(3) 건강·안전 영역

건강 및 안전 관리는 유치원의 교육적 기능과 더불어 매우 중요한 기능이다. 유치원에서도 유아의 심신의 건강을 유지하고 안전한 환경을 제공하는 일은 강조되어야 하며, 유아기의 영양은 이후 정상적인 성장 · 발달을 위해 중요하다(교육부, 2017).

건강 및 안전 영역에서는 실내 · 외 공간과 시설이 청결하고 안전하게 관리되고 유아의 건강 · 안전 증진을 위한 교육 및 관리가 이루어지고 있는지를 점검한다. 또한 급 · 간식을 위생적으로 안전하게 제공하는지, 유아의 등 · 하원 지도가 안전하게 시행되는지를 평가한다.

(4) 교직원 영역

질 높은 유아교육의 질을 확보하기 위해서는 교직원에 대한 전문적인 관리가 이루어져야 한다. 주로 유치원에서의 인적 자원에 관련된 부분으로 원장과 교직원의 전문성, 교사의 업무 지원 및 교직원의 복지 등을 평가한다.

교육부에서 제시한 구체적인 평가 영역별 평가 지표 및 평가 항목은 〈표 4-1-2〉와 같다(교육부, 2020).

표 4-1-2 평가 영역별 평가 지표 및 평가 항목

평가 지표	평가 항목
Ⅰ. 교육과정 등 영역(5개 평가 지표, 14개 평가 항목)	
평가 지표	평가 항목
1-1. 교육계획 수립	1-1-1. 국가 수준의 공통 교육과정을 바탕으로 각 유치원의 실정을 반영한 교육계획을 수립한다.
	1-1-2. 유아의 발달과 장애 정도를 고려하여 교육계획을 수립한다.
	1-1-3. 가정과 지역사회와의 협력과 참여를 포함하여 교육계획을 수립한다.
1-2. 일과 운영	1-2-1. 놀이와 활동을 융통성 있게 운영한다.
	1-2-2. 성, 신체적 특성, 장애, 종교, 가족 및 문화적 배경 등으로 인한 차별이 없도록 운영한다.
1-3. 교수 학습 및 평가	1-3-1. 유아 중심 놀이가 이루어지도록 지원한다.
	1-3-2. 유아가 놀이에 대한 흥미와 관심을 갖도록 지원한다.
	1-3-3. 유아의 특성 및 변화 정도와 교육과정 운영에 대한 평가를 실시한다.
	1-3-4. 유아와 교육과정 운영에 대한 평가 결과를 다음 계획에 반영한다.
1-4. 교사와 유아 상호 작용	1-4-1. 교사는 유아의 요구나 질문에 적절하게 반응한다.
	1-4-2. 교사는 유아의 감정에 공감하고 유아가 스스로의 감정을 다룰 수 있도록 돕는다.
	1-4-3. 교사는 유아의 놀이 상황을 주의 깊게 관찰하고 적절히 지원한다.
1-5. 방과 후 과정 운영	1-5-1. 방과 후 과정을 적절하게 계획하여 운영한다.
	1-5-2. 방과 후 과정을 위한 환경을 갖추고 있다.
Ⅱ. 교육환경 및 운영관리 영역(4개 평가 지표, 9개 평가 항목)	
평가 지표	평가 항목
2-1. 놀이공간의 다양성	2-1-1. 다양한 놀이와 활동이 가능하도록 실내외 공간을 구성한다.
	2-1-2. 놀이 영역간의 연계 및 놀이 확장이 가능하도록 실내외 공간을 구성한다.
2-2. 시설 설비의 적합성	2-2-1. 실내외 시설 · 설비가 유아의 발달 수준에 적합하다.
	2-2-2. 유아의 놀이와 활동을 지원하는 공간을 마련한다.
2-3. 놀이 자료의 구비 및 관리	2-3-1. 다양한 놀이와 활동이 가능한 놀이 자료를 구비한다.
	2-3-2. 놀이 자료 및 비품을 보관하는 공간이 있고 체계적으로 관리한다.
2-4. 행·재정관리	2-4-1. 유치원운영위원회를 구성 · 운영한다.
	2-4-2. 유치원생활기록부 작성 및 관리지침에 따라 생활기록부를 작성 · 관리한다.
	2-4-3. 유치원 예산 · 회계를 체계적으로 관리한다.

III. 건강 · 안전 영역 (4개 평가 지표, 14개 평가 항목)	
평가 지표	평가 항목
3-1. 시설 및 환경	3-1-1. 실내 공간을 청결하고 안전하게 관리한다.
	3-1-2. 실외 공간을 청결하고 안전하게 관리한다.
	3-1-3. 수도시설 공간을 청결하고 안전하게 관리한다.
	3-1-4. 전기 및 가스를 안전하게 관리한다.
	3-1-5. 안전시설 및 용품을 충실히 관리하고 사용법을 숙지한다.
3-2. 건강 및 안전 증진	3-2-1. 질병 및 상해 관리가 적절히 이루어진다.
	3-2-2. 의약품 등을 철저하게 관리하고 있다.
	3-2-3. 건강 및 안전 증진을 위한 예방 관리를 실시한다.
	3-2-4. 건강 및 안전 증진을 위한 교육을 충실히 실시한다.
3-3. 급 · 간식 건강 및 안전	3-3-1. 균형 잡힌 급 · 간식 계획을 수립 · 제공하며, 식자재 관리를 적절하게 한다.
	3-3-2. 조리 및 배식 과정이 안전하고 위생적이다.
	3-3-3. 급 · 간식 운영 및 사후 관리가 위생적으로 이루어진다.
3-4. 등 · 하원 안전	3-4-1. 등 · 하원 계획 및 지도가 안전하게 이루어진다.
	3-4-2. 어린이통학버스 관리 및 운행이 안전하게 이루어진다.
IV. 교직원 영역 (4개 평가 지표, 10개 평가 항목)	
평가 지표	평가 항목
4-1. 원장의 전문성	4-1-1. 원장은 전문성을 갖고 조직을 운영하기 위해 노력한다.
	4-1-2. 원장은 전문성을 갖고 수업을 지원하기 위해 노력한다.
	4-1-3. 원장은 원의 구성원과 지역사회와의 협력을 위해 노력한다.
4-2. 교직원의 전문성	4-2-1. 교직원은 교수 · 학습에 대한 전문성 개발 등을 위한 다양한 연수에 적극적으로 참여한다.
	4-2-2. 교육과정과 방과 후 과정을 담당하는 교직원은 수업 나눔, 학습공동체 등 서로 협력하여 전문성을 향상시킬 수 있는 기회를 갖는다.
4-3. 교사의 업무 지원	4-3-1. 교사의 업무 지원을 위한 공간, 시설, 설비 및 자료를 적정하게 갖추고 있다.
	4-3-2. 교사는 교육과정 준비를 위한 시간을 확보하고 있다.
4-4. 교직원 복지	4-4-1. 교직원이 이용하는 시설을 유아용과 별도로 설치한다.
	4-4-2. 교직원의 직무 공간에 원활한 업무 수행을 위한 적절한 설비가 있다.
	4-4-3. 교직원 처우에 대한 규정이 있으며 이에 따라 교직원의 복지를 향상시키기 위해 노력하고 있다.

그러나 실제 제5주기 평가는 법적 근거와 시도 교육청의 기본계획에 기초하여 각 평가 영역 및 평가 지표와 평가 항목을 구성하여 실행한다. 이에 대한 한 예로 서울특별시교육청의 유치원 평가 5주기(2020~2022) 평가 영역별 평가 지표 및 평가 문항은 〈표 4-1-3〉과 같다(서울특별시교육청, 유아교육진흥원, 2020).

표 4-1-3 서울특별시교육청의 평가 영역별 평가 지표 및 평가 문항

영역	평가 지표	평가 문항
Ⅰ. 유아 중심 교육과정 및 방과 후 과정	1-1. 유아 · 놀이 중심 교육과정 편성 · 운영 및 교수 · 학습 지원	유아의 흥미와 요구에 따라 능동적으로 놀이에 참여하는 유아 · 놀이 중심 교육과정을 실천하며 유아의 놀 권리를 보장하고 있다.
		유치원의 비전과 실정을 고려한 교육과정이 있으며, 구성원 모두가 교육과정 운영을 위해 노력한다.
	1-2. 유아 · 교육과정 평가 및 환류	교사는 유치원 일과 운영 전반에 나타난 유아의 흥미와 놀이 모습에 근거하여 유아의 변화 및 특성, 발달 상황을 포괄적으로 파악한다.
		참여 · 소통 · 협력을 기반으로 하는 유아 놀이 실천-평가-환류가 체계적으로 운영되고 있다.
	1-3. 교원의 전문성 신장 지원	교육과정 수립 및 구체적인 교육 실천에 관한 사항을 교육공동체의 토론과 협의를 통해 공동으로 개발하여 적용하고 있다.
		수업 공개를 통한 수업 나눔, 연수 참여, 다양한 형태의 교원 학습공동체 운영 등을 통해 교사의 전문성 향상을 위한 노력이 협력적이고 자발적으로 이루어지고 있다.
	1-4. 돌봄과 쉼이 있는 방과 후 과정	유아의 발달, 정서적 안정감, 체력 등 개별적 요구를 고려하여 놀이와 쉼을 기반으로 하는 방과 후 과정 계획을 수립 · 운영하고 있다.
		유아의 놀 권리와 쉴 권리를 보장해 주는 안정적인 방과 후 과정을 위해 시설 확보 및 시설 관리, 담당 인력 등에 대한 계획을 수립하고 체계적이고 지속적으로 지원한다.

영역	평가 지표	평가 문항
Ⅱ. 민주적 유치원 운영	2-1. 우리 유치원의 비전 공유	교육공동체의 참여·소통·협력을 기반으로 목표를 함께 수립하고 있다.
		유치원의 비전과 목표를 유치원 교육에 적극 반영하고 있다.
	2-2. 참여와 소통의 교육 자치	교직원 간 의사소통이 원활하고 민주적인 의사결정이 이루어지며, 상호 협력이 잘 이루어지고 있다.
		민주적인 참여와 소통을 바탕으로 교직원 회의가 이루어지고 있으며, 회의에서 합의된 결과를 유치원 운영에 실질적으로 반영하고 있다.
	2-3. 협력공동체 형성	학부모 연수, 유치원 교육 활동 참여 기회 제공, 학부모회 운영 등 학부모 참여를 활성화하여 상호 이해와 협력을 높이기 위해 노력하고 있다.
		지역사회의 인적·물적 자원을 유치원 교육 활동에 활용하고 있다.
Ⅲ. 안전하고 쾌적한 교육 환경 및 유아를 위한 건강·안전	3-1. 안전한 시설설비와 쾌적한 공간	실내외 시설설비와 공간은 유아에게 안전하며, 유아가 쉽게 사용할 수 있도록 갖추어져 있다.
		실내외 놀이공간, 놀이시설, 놀이자료의 안전 관리 및 점검이 효율적으로 이루어지고 있다
		유아를 위한 안전시설이 설비되어 있으며, 실내외 쾌적한 환경이 조성·유지되고 있다.
	3-2. 안심하고 믿을 수 있는 급·간식 환경	유아의 건강을 고려한 균형 있고 질 높은 급·간식을 제공하고 있다
		유아가 안심하고 급·간식을 먹을 수 있도록 식자재가 위생적으로 관리되고 있다
	3-3. 유아와 교사를 위한 건강 및 안전 증진	유아의 질병 및 상해 관리와 이를 위한 가정과의 소통이 이루어지고 있다.
		유아와 교직원의 건강 및 안전 증진을 위한 예방 관리 지침이 마련되어 있다.
		유아와 교직원의 건강 및 안전 증진을 위한 교육이 이루어지고 있다.
	3-4. 안전한 등·하원	유치원은 교육과정 내에서 유아의 안전한 등·하원 환경 조성을 위한 안전교육을 계획-반영-실시하며 지속적으로 지원하고 있다.
		통학차량을 이용하는 유아를 위하여 통학차량의 지속적인 관리와 안전운행을 위한 노력이 이루어지고 있다.

서울특별시교육청의 유치원 평가와 관련하여, 평가 요소 및 평가 자료를 제시하면 〈표 4-1-4〉와 같다(서울특별시교육청, 유아교육진흥원, 2020).

표 4-1-4 유치원 평가 요소 및 평가 자료

영역	평가 지표	평가 요소	평가 자료
III. 안전하고 쾌적한 교육 환경 및 유아를 위한 건강·안전	3-1. 안전한 시설 설비와 쾌적한 공간	평가문항 1. 실내외 시설설비와 공간은 유아에게 안전하며, 유아가 쉽게 사용할 수 있도록 갖추어져 있다.	
		출입문, 창문, 천장, 바닥, 벽면, 비상 사태를 대비한 설비 등이 안전하여 위험 요인이 없다.	• 외부인 방명록 • 현관문 및 출입문 안전장치 설치 증빙 자료 • 창문 주변 추락방지 설치 증빙 자료 • 장애유아가 있을 경우 • 장애유아의 특성에 적절하게 설치된 보조 도구와 승강기, 점자유도블록 설치 증빙 자료 • 승강기 안전검사 성적서 • 비상 사태를 대비한 피난시설(비상구, 비상계단, 유도등) 증빙 자료 • 각 층별 소화기, 설치 및 관리(품질 보증 기간 경과 시 대처) 증빙 자료 • 화재경보, 가스누설 경보기 설치 증빙 자료 등
		위험 요소가 있는 공간에 유아의 출입을 제한하고 있으며 위험한 물건을 안전하게 보관·관리한다.	• 위험한 공간을 분리하기 위한 안전설비 증빙 자료 • 화장실과 교실 내 세면대, 식수대의 온수조절을 위한 안전설비 증빙 자료 • 위험한 물건의 별도 보관에 관한 점검표 및 증빙 자료 등
		유아의 소지품이나 작품 등을 용이하게 보관할 수 있는 안전이 확보된 공간이 있고 유아 수에 맞게 마련되어 있다.	• 유아 개인 공간(개별사물함) 관련 자료 등
		평가문항 2. 실내외 놀이공간, 놀이시설, 놀이자료의 안전 관리 및 점검이 효율적으로 이루어지고 있다.	
		유치원 건물을 안전하게 관리한다.	• 시설물 안전점검 결과 보고서 • 화기시설, 가스밸브, 실외기, LPG가스통, 실외 적재물과 유아 놀이공간의 분리 증빙 자료 등
		고정식 및 이동식 시설설비가 안전하여 위험 요인이 없다.	

<table>
<tr><th>영역</th><th>평가 지표</th><th>평가 요소</th><th>평가 자료</th></tr>
<tr><td rowspan="8">Ⅲ. 안전하고 쾌적한 교육 환경 및 유아를 위한 건강·안전</td><td rowspan="4"></td><td>실내외 시설 및 놀잇감을 안전하게 관리하고 있다.</td><td>• 냉온수기 점검표와 수질 검사표(정보 공시 등재)
• 전기안전 점검표
• 가스안전 자체 점검표와 정기검사 실시 기록(한국가스안전공사 및 도시가스사업자 발급)
• 놀잇감 안전 점검표
• 실외놀이용 놀잇감(삽, 물뿌리개, 훌라후프 등)의 안전한 보관을 위한 별도의 공간이나 수납장 증빙 자료 등</td></tr>
<tr><td colspan="2">평가문항 3. 유아를 위한 안전시설이 설비되어 있으며, 실내외 쾌적한 환경이 조성·유지되고 있다.</td></tr>
<tr><td>환기를 자주 하여 실내 공기를 적정 수준으로 유지되도록 관리한다.</td><td rowspan="2">• 실내 공기질 측정 결과서 (정보 공시 등재)
• 공기청정기 관리, 실내 공간의 온도, 채광과 조도를 위한 교실 내 썬팅지 부착
• 조도 관리 현황(정보 공시 등재)
• 교구장이나 기타 적재물 관리에 관한 내용을 포함한 정기 점검표 등</td></tr>
<tr><td>실내공간의 온도, 습도, 채광, 조명을 적정 수준으로 유지되도록 관리한다.</td></tr>
<tr><td rowspan="4">3-2. 안심하고 믿을 수 있는 급·간식 환경</td><td colspan="2">평가문항 1. 유아의 건강을 고려한 균형 있고 질 높은 급·간식을 제공하고 있다.</td></tr>
<tr><td>유아의 연령 및 영양 균형을 고려한 식단을 수립하고 있으며, 식단에 따른 충분한 양의 급·간식을 제공한다.</td><td rowspan="2">• 급·간식 식단표(오전 간식, 점심, 오후 간식 포함) 및 제공 기록 (정보 공시 등재) 등</td></tr>
<tr><td>전통음식문화를계승·발전하는 급·간식을 제공한다.</td></tr>
<tr><td>식품 알레르기 질환에 대한 지침을 마련하여 실행한다.</td><td>• 식품 알레르기 질환에 대한 지침
• 식품 알레르기 질환에 대한 보호자 안내 자료
• 유아별 식품 알레르기 질환 조사 기록
• 식품 알레르기 질환이 있는 유아가 재원하고 있는 경우, 이를 고려하여 급·간식의 배식이 이루어졌다는 기록 등</td></tr>
</table>

<table>
<tr><th>영역</th><th>평가 지표</th><th>평가 요소</th><th>평가 자료</th></tr>
<tr><td rowspan="16">Ⅲ. 안전하고 쾌적한 교육 환경 및 유아를 위한 건강·안전</td><td rowspan="3"></td><td colspan="2">평가문항 2. 유아가 안심하고 급·간식을 먹을 수 있도록 식자재가 위생적으로 관리되고 있다.</td></tr>
<tr><td>양질의 식자재를 구입하고 유통기한을 지킨다.</td><td>• 검수일지
• 거래명세서
• 유통기한 관리표 등</td></tr>
<tr><td>보존식 보관 규정에 따라 보존식을 보관한다.</td><td>• 보존식 기록표 등</td></tr>
<tr><td rowspan="9">3-3. 유아와 교사를 위한 건강 및 안전 증진</td><td colspan="2">평가문항 1. 유아의 질병 및 상해 관리와 이를 위한 가정과의 소통이 이루어지고 있다.</td></tr>
<tr><td>교사는 일과 중 유아의 건강 상태를 주의 깊게 살펴보고 적절히 조치한다.</td><td>• 상해 관련 유치원 지침
• 영·유아 건강검진 서류
• 응급처치 동의서(필수 기재 사항 : 보호자 연락망, 의료기관, 보호자 서명)
• 공제회 관련 공제료 납부 결과(정보 공시 등재) 등</td></tr>
<tr><td>투약 의뢰서를 관리하고, 부모에게 투약 보고를 한다.</td><td>• 투약 의뢰 및 투약 보고 관련 기록 등</td></tr>
<tr><td>구급상자를 구비하고, 관리하고 있다.</td><td>• 구급상자 구비 목록표(교육부, 2015 유치원 시설안전관리 매뉴얼 p.75 참고하되 내복용을 제외한 의료용 재료와 외용제를 구비) 등</td></tr>
<tr><td colspan="2">평가문항 2. 유아와 교직원의 건강 및 안전 증진을 위한 예방 관리 지침이 마련되어 있다.</td></tr>
<tr><td>교직원의 건강검진이 정기적으로 이루어진다.</td><td>• 건강검진(결핵검진 포함) 결과서
• 잠복결핵검사 결과 등</td></tr>
<tr><td>유아 및 교직원에 대한 감염병 관리 수칙을 준수한다.</td><td>• 감염병에 대한 관리 수칙
(유아 감염병 예방·위기대응 편람, 2016 교육부 자료 비치 여부) 등</td></tr>
<tr><td>유아의 건강 및 안전 관련 정보를 부모에게 제공한다.</td><td>• 감염병 정보를 보호자에게 제공한 기록 등</td></tr>
</table>

영역	평가 지표	평가 요소	평가 자료
Ⅲ. 안전하고 쾌적한 교육 환경 및 유아를 위한 건강·안전		평가문항 3. 유아와 교직원의 건강 및 안전 증진을 위한 교육이 이루어지고 있다.	
		유아와 다양한 방법으로 건강 및 영양, 안전교육을 한다.	• 건강 및 영양, 안전교육 계획 (정보 공시 등재) • 유아 대상 건강 및 영양, 안전 관련 놀이와 활동 실시 기록(연 1회 이상) • 정기적인 소방대피훈련 실시 기록 (정보 공시 등재) 등
		교직원을 대상으로 다양한 건강 및 영양, 안전교육을 실시한다.	• 건강 및 영양, 안전교육 계획 • 교직원(원장, 교사, 조리원 등)이 받은 건강 및 영양, 안전 관련 주제의 교육 실시 기록(연 1회 이상) 등
	3-4. 안전한 등·하원	평가문항 1. 유치원은 교육과정 내에서 유아의 안전한 등·하원 환경 조성을 위한 안전교육을 계획-반영-실시하며 지속적으로 지원하고 있다.	
		유아를 대상으로 다양한 형태의 교통안전교육을 정기적으로 실시한다.	• 유아 연간 안전교육 계획안, 안전교육 실시 기록 (정보 공시 등재) • 교직원(신규 교직원, 자원봉사자, 보조교사, 어린이통학차량 운전자 포함 등) 연간 안전교육 계획 및 실시 기록(정보 공시 등재) 등
		유아의 등·하원 시 보호자 인계 절차와 방안이 수립된 귀가 동의서를 구비하고 있다.	• 유아 인계 절차와 방안이 수립된 귀가 동의서 • 결석한 유아에 대한 대처 방안 지침 등
		평가문항 2. 통학차량을 이용하는 유아를 위하여 통학차량의 지속적인 관리와 안전운행을 위한 노력이 이루어지고 있다.	
		차량 내부에 안전 수칙을 게시하고, 유아용 보호장구, 차량용 소화기, 구급상자를 구비하고 있다.	• 차량 내 안전 수칙 게시 증빙 자료 • 차량용 소화기 구비와 정기적인 점검표 • 차량 내 구급상자 구비 목록표 • 유아 하차 확인장치 설치 증빙 자료 등
		차량 안전점검을 매일 실시한다.	• 차량별 점검표 등
		차량기사와 차량에 동승한 성인은 유아를 안전하게 보호한다.	• 차량 운전자 및 동승자 목록표 등

2장 어린이집 평가

1. 어린이집 평가제의 정의 및 배경

어린이집 평가 제도는 보육 · 양육에 대한 사회적 책임 강화 및 안심 보육 환경 조성을 위해 국가 차원에서 모든 어린이집을 주기적으로 평가하여 상시적인 보육서비스 질을 확보하고자 하는 제도이다. 기존 실행했던 '평가인증제'는 2018년 12월 「영유아보육법」 개정에 따라, 2019년 6월 12일부터 전국의 어린이집을 대상으로 하는 '어린이집 평가제'로 전환되어 시행되고 있다.

평가인증의 도입 배경은 최근 우리나라 여성의 사회, 경제적 활동과 저출산 문제가 증가하게 되면서 영유아 보육 및 교육에 대한 사회적 관심이 증가하게 되었기 때문이다. 또한 과거 양적 확충 위주의 국가보육정책에서 보육서비스의 질적 수준의 제고와 유지 방안에 관심이 증가하게 되면서 정부에서도 보육서비스의 질적 수준 향상이라는 사회적 요구를 충족시키기 위한 것이었다. 그리하여 2003년 '어린이집 평가인증제 모형' 개발, 2005년도 시범 운영을 거쳐 2006년도부터 평가인증 제도를 본격적으로 확대하고 시행하기 시작하였으며, 2005년부터 2009년까지 제1차 시행 시기를 마치고, 2010년부터는 지표 개정을 통해 제2차 평가인증이 시행되었다. 2014년에는 제3차 지표 개발 및 시범 적용을 거쳐, 2017년 11월부터 2019년 6월까지는 유보통합 지표를 적용한 제3차 평가인증을 시행하였다

(강진실, 2020).

그러나, 평가인증 제도가 어린이집의 자발적 신청에 의해 운영됨에 따라 미인증 어린이집으로 인한 질 관리 사각지대의 문제가 발생하여, 2019년 1월 말 기준으로 39,219개소의 어린이집 중 7,521개소(19.2%)가 평가인증에 참여하지 않은 것으로 나타났다. 이에 모든 어린이집들이 아동권리를 보호하고, 아동학대 예방 등 아동인권 및 안전관리를 강화하며 보육 및 양육에 대한 사회적 책임을 실현하기 위하여 의무로 실시되는 어린이집 평가제를 도입하게 된 것이다. 그래서 어린이집이 원하는 시기에 신청하여 평가를 진행해 왔던 '어린이집 인증제'와 달리, '어린이집 평가제'에서는 모든 어린이집이 의무적으로 실시해야 하며, 한국보육진흥원에서 평가 대상 및 평가 시기를 정하여 어린이집에 통보하여 진행하게 된다.

이에 따라 2019년 6월 12일부터 어린이집 평가제 시행을 위해 한국보육진흥원에서는 모든 어린이집의 상시적인 질 수준을 확보하고 보육서비스 수준을 주기적으로 평가하고 지속적으로 관리하기 위해 평가 지표를 보완·개선하였으며, 이러한 평가제는 자체 점검 보고서와 지자체의 법정 준수 사항 확인, 현장 관찰 등을 토대로 평가 결과는 A~D등급으로 책정한다. 어린이집 평가제의 운영 체계 변화의 핵심은 모든 어린이집에서 의무적으로 평가에 참여해야 한다는 것이다. 또한 인증제에서는 결과가 인증이나 불인증으로 구분되었지만, 어린이집 평가제는 평가 등급으로 제시되며, 평가 주기는 A, B 등급은 3년간 인정되며 C, D 등급은 2년 간격으로 진행된다는 점이다.

5주기 평가 지표는 기존 제3차 평가인증에서 적용하였던 통합 지표를 기초로 하되 어린이집의 고유한 특성을 반영하였다. 평가제 지표의 주요 특징은 다음과 같다(보건복지부, 한국보육진흥원, 2020). 첫째, 기존 지표 간 항목 수 차이로 나타났던 등급 산정의 불합리성을 해소하고자 지표를 21지표에서 18지표로, 항목은 79항목에서 59항목으로 축소하였고 지표별 평가 항목 수를 평균 3~4개로 균형 배치하였다. 둘째, '영유아 권리 존중', '놀이', '안전' 가치 강조를 통해 영유아 중심의 안심 보육 환경을 조성하고자 영유아 권리 존중 지표를 필수 지표로 지정하여 그 의미를 강조하고 놀이 중심의 보육과정 운영을 강화하였다. 또한 급·간식 위생 및 안전 항목 중 영유아의 등원부터 하원까지 안전하게 생활하는 데 반드시 필요한 필수 요소를 지정하여 필수 지표 또는 필수 요소 충족이 최상위 등급을 받을 수 있는 필수 조건이 되도록 하였다. 셋째, 보육교직원의 근무 여건 개선과 보육에 집중할 수 있는 보육 환경 마련을 위하여 보육교직원의 처우, 스트레스 관리와 관련된 지표를 강조하고 직무 역량 제고를 위한 항목을 강화하였다.

2. 어린이집 평가제의 목적

어린이집 평가제의 목적은 정기적인 평가를 통해 어린이집이 지속적으로 보육의 질적 수준을 향상시키고 유지하게 함으로써 영유아의 안전과 건강, 조화로운 성장과 발달을 도모하여 부모가 믿고 맡길 수 있는 안심 보육 환경 조성에 기여하고자 하는 것이다. 구체적인 어린이집 평가제 시행 목적을 살펴보면 다음과 같다(보건복지부, 한국보육진흥원, 2020).

첫째, 상시적인 보육서비스 질 관리를 위해 주요 핵심 지표를 중심으로 질 관리 표준을 제시하고 어린이집 스스로 질적 수준을 제고하도록 한다.

둘째, 전체 어린이집에 대한 주기적 평가를 통하여 보육서비스 품질 관리 사각지대를 해소하고 전반적인 보육서비스 수준을 지속적으로 관리하여 국가의 책무성을 강화한다.

셋째, 궁극적으로 평가제를 통해 보육서비스의 질 향상을 제고함으로써 유아의 안전과 건강, 조화로운 성장과 발달을 도모한다. 이를 위해 영유아의 인권과 놀 권리를 보장하고 영유아가 건강하고 행복하게 성장할 수 있는 안심 보육 환경을 조성하며, 보육교직원이 영유아 보육에 집중할 수 있는 여건을 조성한다.

3. 어린이집 평가 절차

어린이집 평가 절차는 대상 선정 및 통보, 기본 사항 확인 및 자체 점검 보고서 제출, 현장 방문 및 종합 평가와 결과 통보로 이루어진다(보건복지부, 한국보육진흥원, 2020).

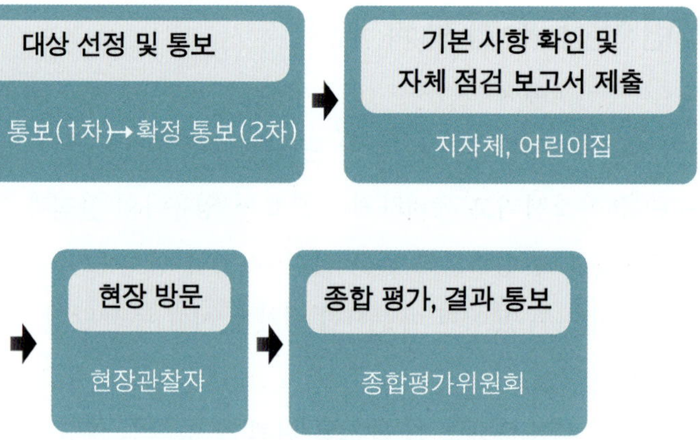

그림 4-2-1 어린이집 평가 절차

출처: 보건복지부, 한국보육진흥원(2020). 어린이집 평가 매뉴얼(어린이집용), p. 19.

어린이집 평가 과정은 평가 대상 선정 및 통보로부터 시작된다. 평가 대상은 「영유아보육법」에 따라 설치한 모든 종일제 어린이집(방과후 전담 어린이집 제외)으로 한다. 평가 대상 선정 및 통보 이후 어린이집 평가 절차를 구체적으로 살펴보면 다음과 같다(보건복지부, 한국보육진흥원, 2020).

1단계인 기본 사항 확인 및 자체 점검 보고서 제출 단계에서는 지자체(시군구)가 평가 대상으로 확정 통보된 어린이집에 대해 기본 점검 사항인 5개 항목을 확인하고 어린이집은 자체 점검 보고서를 제출하게 된다.

2단계인 현장 평가 단계는 기본 사항 확인 및 자체 점검 보고서를 완료한 어린이집을 대상으로 이루어진다. 어린이집에서는 현장 평가 주간을 현장 평가월

1주일 전에 어린이집지원시스템(CIS)에서 확인할 수 있다. 현장관찰자 자격을 갖춘 현장관찰자로 부터 평가 지표에 따라서 하루 일과 전반에 걸친 관찰, 기록(문서) 검토, 면담 등의 방법을 통하여 진행된다. 현장관찰자는 현장 관찰 후, 어린이집의 질적 수준에 대한 현장 평가 보고서를 작성하여 평가관리통합시스템에 입력하고, 현장 평가 관련 자료를 한국보육진흥원으로 제출하게 된다.

3단계인 종합 평가 단계에서는 현장 평가를 완료한 어린이집을 대상으로 기본사항 확인서, 자체 점검 보고서, 현장 평가 보고서 등을 토대로 종합 평가가 진행된다. 종합 평가는 소위원회와 학계전문가, 현장전문가, 보육담당공무원으로 구성된 종합평가위원회에서 진행한다. 검토한 결과를 토대로 어린이집 질적 개선 방향을 평가 결과서에 제시한다. 어린이집에서는 평과 결과를 매월 15일 전 · 후로 어린이집지원시스템 업무 연락 등을 통하여 통보받을 수 있다. 또한 평가 결과로 어린이집 등급 및 영역별 등급을 어린이집지원시스템 내 어린이집 평가 메뉴를 통하여 확인할 수 있으며, 이에 대해 어린이집은 소명 절차에 따라 평가 결과에 대한 소명 신청이 가능하다. 지표 등급은 문항별로 3단계(우수, 보통, 개선 필요)로 평정한 후 평정 결과의 개수로 산정한다.

평가 결과(A~D등급) 등 전체 어린이집에 대한 평가 이력 정보를 통합정보공시 홈페이지를 통해 공개한다. 평가 결과 A, B등급인 어린이집은 평가 주기 동안 자체점검위원회를 구성하고, 연차별 자체 점검 보고서를 작성하여 결과 통보 후 익년도부터 매년 1회 정해진 기간 내에 어린이집지원시스템(CIS)으로 입력 · 제출해야 한다. 연차별 자체 점검 보고서를 기간 내 제출하지 않은 어린이집에 대해서는 확인 점검을 실시하여 결과에 따라 후속 조치한다.

평가 결과 C, D등급을 받은 어린이집은 사후 지원(컨설팅)을 실시하여 어린이집 운영 전반에 대한 질 향상을 위해 의무적으로 지원받게 된다. 어린이집 평가제 운영 체계를 제시하면 〈그림 4-2-2〉와 같다.

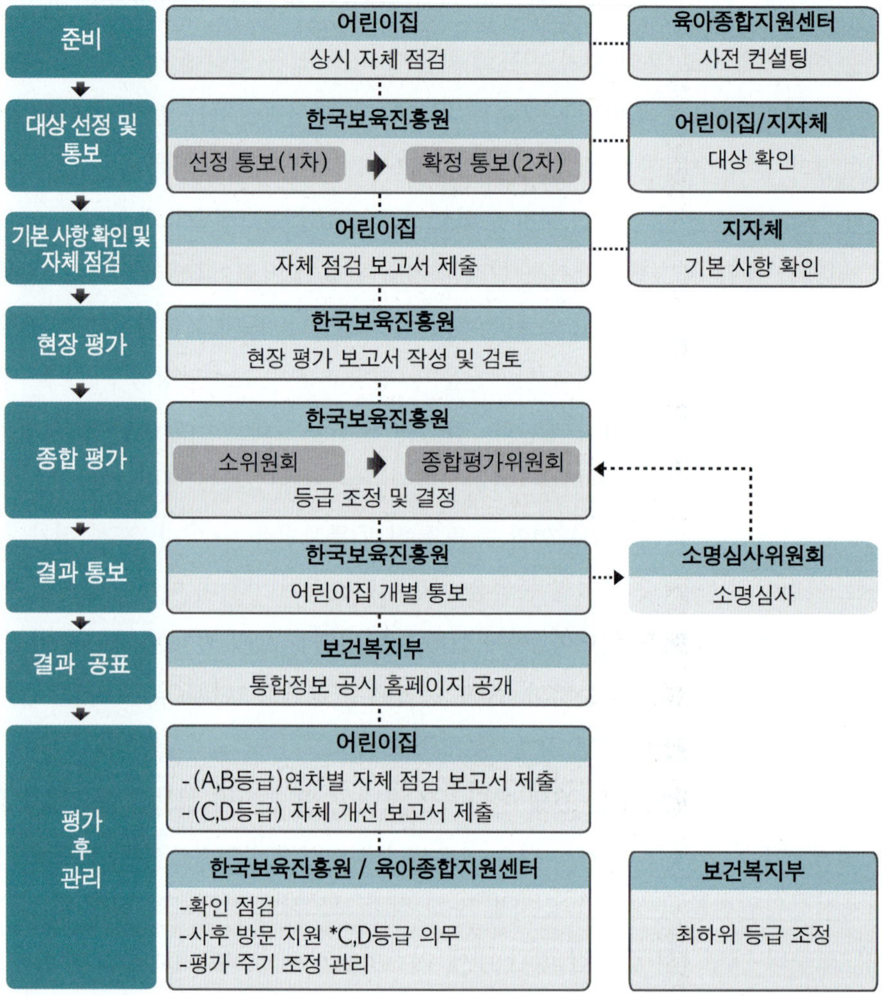

그림 4-2-2 어린이집 평가제 운영 체계

출처 : 보건복지부, 한국보육진흥원(2020). 어린이집 평가 매뉴얼(어린이집용), p. 18.

4. 어린이집 평가제의 평가 지표

어린이집 평가제의 평가 지표는 4영역(보육과정 및 상호작용, 보육 환경 및 운영 관리, 건강 · 안전, 교직원), 18지표, 59항목으로 구성되어 있다. '보육과정 및 상호작용' 영역은 총 5개의 지표로 구성되어 있으며, 영유아의 권리 존중, 어린이집의 보육철학과 표준보육과정에 기초한 보육계획 수립 및 실행, 영유아의 놀이 및 활동에 대한 적절한 지원, 영유아 간 상호작용 지원, 보육과정 운영에 대한 평가를 실시하고 있는지에 대해 평가한다. '보육 환경 및 운영 관리' 영역은 총 4개의 지표로 구성되어 있다. 이 영역에서는 실내 공간 구성 및 운영, 실외 공간 구성 및 운영, 기관 운영, 가정 및 지역사회와의 연계가 원활하게 이루어지고 있는지에 대해 평가한다. 또한 '건강 · 안전' 영역은 총 5개의 평가 지표로 구성되어 있으며, 실내외 공간의 청결 및 안전, 급 · 간식, 건강 증진을 위한 교육 및 관리, 등 · 하원의 안전, 안전교육과 사고예방 등에 대해 평가하게 된다. 마지막으로 '교직원' 영역은 4개의 평가 지표로 구성되어 있다. 원장의 리더십, 보육교직원의 근무 환경, 보육교직원의 처우와 복지, 보육교직원의 전문성 제고 등에 대해 평가한다. 어린이집 평가제 지표는 다음 〈표 4-2-1〉과 같다(보건복지부, 한국보육진흥원, 2020).

표 4-2-1 어린이집 평가제 지표

평가 영역 (항목 수)	평가 지표	평가 항목
1. 보육 과정 및 상호 작용 (18)	1-1. 영유아 권리 존중 (필수)	교사는 영유아를 존중한다.
		교사는 영유아를 차별 없이 대한다.
	1-2. 보육계획 수립 및 실행	표준보육과정을 바탕으로 어린이집의 철학을 반영한 보육계획을 수립한다.
		영유아가 편안한 분위기에서 일상 경험을 할 수 있도록 운영한다.
		하루 일과에서 영유아의 놀이가 충분히 이루어지도록 한다.
		바깥놀이 시간을 매일 충분히 배정하여 운영한다.
		특별 활동은 운영 지침에 따라 운영한다.
		장애영유아 장애영유아를 위한 관련 서비스(치료 지원 포함)를 일과 중에 통합적으로 제공한다.
	1-3. 놀이 및 활동 지원	교사는 놀이와 활동이 영유아의 자발적 선택에 의해 주도적으로 이루어지도록 격려한다.
		교사는 영유아의 놀이 상황을 관찰하면서 놀이와 관련된 상호작용을 한다.
		영유아의 다양한 놀이와 활동에 필요한 자료를 제공한다.
	1-4. 영유아 간 상호작용 지원	교사는 영유아의 감정에 공감하고 스스로의 감정을 다룰 수 있도록 돕는다.
		교사는 영유아가 일상에서 자신의 의견, 생각 등을 또래와 나눌 수 있도록 격려한다.
		교사는 영유아가 적절한 약속과 규칙을 지키도록 격려한다.
		교사는 영유아 간 다툼이나 문제가 발생할 경우 다양한 해결 방식을 사용한다.
	1-5. 보육과정 평가	반별 보육일지에 하루 일과 및 놀이실행에 대한 기록이 있고, 필요한 경우 그 내용을 다음 놀이지원 및 활동계획에 반영한다.
		영유아의 일상생활, 실내외 놀이 및 활동에 대한 관찰 내용을 기록하고, 영유아의 발달 특성과 변화를 평가한다.
		원장은 각 반별 보육과정 운영에 대한 평가를 통해 어린이집 전체 보육과정 운영을 파악하고 있다.

평가 영역 (항목 수)	평가 지표	평가 항목
2. 보육 환경 및 운영 관리 (14)	2-1. 실내 공간 구성 및 운영	보육실 내 놀이 영역은 영유아의 연령, 발달 특성 및 놀이를 반영하여 구성한다.
		실내 시설 및 설비가 영유아의 발달 수준에 적합하다.
		영유아의 요구를 충족하는 보육실 이외의 별도의 공간을 마련하고 있다.
		비품과 활동 자료를 보관하는 별도의 공간이 있고 체계적으로 정리하고 있다.
	2-2. 실외 공간 구성 및 운영	옥외놀이터 등을 구비하고 있다.
		영유아의 발달을 지원하는 다양한 놀이 및 활동 자료가 준비되어 있다.
		영유아의 발달에 적합한 다양한 바깥놀이 및 활동이 이루어진다.
	2-3. 기관 운영	모든 반을 편성 규정에 맞게 운영하고 있다.
		어린이집 운영계획을 수립하여 부모에게 안내한다.
		신규 보육교직원에게 오리엔테이션을 실시하고 있다.
		신입 영유아 적응을 위한 지원을 하고 있다.
	2-4. 가정 및 지역사회와의 연계	어린이집을 개방하여 다양한 부모 참여와 교육이 이루어진다.
		평소 가정과 다양한 방법으로 소통하고 정기적인 개별 면담을 통해 가족을 지원한다.
		지역사회와 연계한 다양한 활동을 실시하고 있다.
3. 건강·안전 (15)	3-1. 실내외 공간의 청결 및 안전	실내외 공간을 청결하고 쾌적하게 관리한다.
		실내외 공간과 설비를 위험 요인 없이 안전하게 관리한다.
		실내외 공간의 놀잇감 및 활동 자료와 위험한 물건을 안전하게 관리한다.
	3-2. 급·간식	영양의 균형을 고려한 급·간식을 제공하고 있다.
		식자재의 구입·보관 및 조리 공간을 위생적으로 관리하고 있다.
		조리 및 배식 과정을 청결하고 위생적으로 관리하고 있다.
	3-3. 건강 증진을 위한 교육 및 관리	손 씻기, 양치질 등 청결한 위생습관을 실천한다.
		교사는 영유아의 건강 상태를 살펴보고 적절하게 지원한다.
		영유아와 보육교직원의 건강 증진을 위한 예방 관리와 교육을 실시한다.
	3-4. 등·하원의 안전	교사는 영유아의 출석을 확인하며 인계 규정에 따라 귀가 지도를 한다.
		영유아는 등원부터 하원까지 성인의 보호 하에 있다.
		등·하원용 차량을 운행할 경우 안전 요건을 갖추어 관리한다.

평가 영역 (항목 수)	평가 지표	평가 항목
	3-5. 안전교육과 사고 예방	영유아를 대상으로 안전교육을 지속적으로 실시하고 있다.
		보육교직원은 안전교육을 받고 영유아 학대 예방 지침을 준수한다.
		안전설비를 비상시 효율적으로 사용할 수 있도록 관리하고 있다.
4. 교직원 (12)	4-1. 원장의 리더십	원장은 자신의 전문성 향상을 통해 어린이집 발전에 기여한다.
		원장은 보육교직원을 존중한다.
		원장은 건전한 조직문화 조성을 위해 노력한다.
	4-2. 보육교직원의 근무 환경	교사를 위한 별도 공간을 마련하고 있다
		교사를 위한 개인사물함과 업무 지원 설비를 마련하고 있다.
		성인용 화장실을 영유아용과 별도로 설치하여 사용하고 있다.
	4-3. 보육교직원의 처우와 복지	보육교직원의 복무와 보수에 관한 규정이 있으며, 이를 준수하고 있다.
		교사의 직무 스트레스를 예방하고 관리할 수 있는 서비스를 안내 및 제공한다.
		보육교직원을 위한 복지 제도를 운영하고 있다.
	4-4. 보육교직원의 전문성 제고	보육교직원의 전문성 제고를 위한 다양한 교육 기회를 부여하고 있다.
		교사의 상호작용에 대한 관찰과 지원을 실시하고 있다.
		교사에 대한 근무 평가를 실시하고 있다.

3장 외국의 유아교육기관 평가

외국에서는 유아교육기관의 질적 발전을 도모하기 위한 다양한 노력이 전개되어 왔다. 미국은 민간 전문 단체인 NAEYC(National Association for Education of Young Children)를 중심으로 1986년부터 인증 평가 제도를 발전시켜 왔고, 영국은 국가의 주관으로 1992년에 설립된 교육기준청 OFSTED(Office for Standards in Education)가 기관 평가를 담당하고 있다. 호주는 1994년부터 정부의 재정 지원을 받는 NCAC(National Childcare Accreditation Council)가 기관 평가를 실시하다가 2012년부터 ACECQA에서 시행하였다.

유아교육기관에 대한 평가를 실시하고 있는 미국의 NAEYC, 영국의 OFSTED, 호주의 ACECQA의 평가 체제를 '주관 기관, 평가 목적, 평가 대상, 평가자, 평가 절차, 평가 준거, 평가 결과 활용' 별로 분석 비교해 보면 다음과 같다.

1. 미국

1) 주관 기관

미국은 유아교육기관 평가에 가장 먼저 관심을 갖고 시행해 온 나라로, 민간 전문 단체인 전미유아교육협회(National Association for Education of Young

Children: NAEYC)가 중심이 되어 프로그램 인증제를 시작하였다. NAEYC는 1926년에 설립되었으며, 미국 전역에 400여 개의 지부가 설립되어 있다. 1981년부터 1984년까지 3년 동안 프로그램 구성 요소를 추출하기 위하여 문헌연구를 시행하였으며, 그 결과 1986년 122개의 평가 지표를 선정하여 평가를 시행하였다. 이후 1998년, 2006년 및 2009년에 지속적으로 개정이 이루어졌다.

2) 평가 목적

미국의 유아교육기관 평가 목적은 크게 두 가지이다. 첫째, 영유아에게 제공되는 보육과 교육 프로그램의 질을 지속적으로 개선시키고자 하는 보육 및 교육 프로그램 종사자들을 지원하기 위한 것이다. 둘째, 양질의 프로그램에 대한 인증을 결정함으로써 그에 대한 질적 수준을 평가하고, 전문성을 인증해 주는 것이다(NAEYC, 2006). NAEYC의 인증제는 유아교육 프로그램이 높은 질의 기준을 충족시키는지의 여부를 결정하기 위해 기관 종사자와 부모가 함께 참여하는 과정으로 자발적이고 포괄적인 성격을 갖고 있다(Goffin, 2002).

3) 평가 대상

인증평가 대상은 자발적으로 인증평가를 신청한 모든 유아교육기관이 될 수 있다. 그러나 신청할 수 있는 대상 프로그램은 다음 조건에 합당해야 한다(NAEYC, 2004). 첫째, 0세부터 5세까지의 각 연령에서 적어도 10명 이상의 유아를 반일제 또는 종일제로 2명 이상의 교직원이 교육 또는 보육하고 있어야 하며, 학령기 아동을 포함하고 있을 경우에는 아동의 과반수 이상이 8세 이하이어야 한다. 과반수 이상의 아동이 8세 이상일 경우에는 NSACA(National School-Age Care Alliance)에, 가정보육 프로그램일 경우에는 NAFCC(National Association for Family Child Care)에 인증을 신청하도록 권유하고 있다. 둘째, 적어도 인증을 신청하기 1년 전에 기관이 설립되어 운영되고 있어야 한다. 셋째, 인증을 신청하는 기관은 각 주 정부에서 요구하는 자격 및 허가 사항에 적합한 조건을 충족하고 있어야 한다. 넷째, 기관에서 시행하는 모든 프로그램은 반드시 평가 대상이어야 한다.

4) 평가자

평가자는 인증 과정에 대한 이해를 가지며, 관찰 기술을 사용할 수 있는 능력을 갖춘 자로 출생부터 유치원까지의 아동 발달과 학습에 대한 전문적인 경험과 아동 발달, 초등교육, 유아교육, 특수교육 분야의 학사학위 이상의 소지자이어야 한다. 평가자의 수는 일률적으로 배정하기보다 지역, 유치원의 원아 수, 프로그램의 유형 등 유아교육 프로그램의 다양성을 고려한다. 평가의 효율성과 신뢰성을 확보하기 위해 현장 방문 평가를 하는 평가자를 지속적으로 집중해서 훈련하고 개별적인 모니터링을 하도록 하고 있다(McDonard, 2009).

5) 평가 절차

초기 NAEYC의 인증평가 절차는 인증평가 신청 및 자체평가, 기관 방문 및 관찰과 인증 여부 결정의 3단계였으나, 2006년 개정된 이후에는 평가인증은 인증 신청, 자체점검, 자체평가, 인증후보, 인증결정의 5단계로 이루어진다(이미화 외, 2012).

먼저 1단계인 인증신청은 NAEYC에 인증을 신청하는 단계이고, 2단계인 자체점검은 기관이 자체적으로 질을 점검하는 단계이며, 3단계인 인증지원은 자체점검을 마친 후 인증 지원서를 제출함으로써 시작되며 1년 이내에 자체평가를 끝내야 한다. 4단계인 인증후보의 경우에는 인증기관에서 제출한 자체평가 보고서에 필수 조건과 후보 요구 조건을 만족시키며, 현장 방문을 받을 사전 준비가 완료된 기관이 NAEYC 인증후보가 될 수 있다. 마지막 단계인 인증결정에서는 훈련받은 평가자에 의해 현장 방문이 진행된다.

한편, 미국 NAEYC 에서는 평가인증제도를 지원하기 위한 온라인 프로그램으로 TORCH(The Online Resource Center Headquarters)를 구축하여 어린이집이 인증평가척도를 확인하여 신청하고 이 과정에서 프로그램의 도움을 받을 수 있도록 하였다(이미화 외, 2012).

6) 평가 준거

2006년에 이어서 2009년 개정된 인증제의 기준과 지표는 10개 기준과 417개 항목의 지표로 구성되었는데, 최종 인증 결정 과정에서 417개의 모든 지표가 점수로 계산되는 것은 아니다(이미화 외, 2012). 평가 기준은 관계, 교육과정, 교수, 아동 평가, 건강, 교사, 가족, 물리적 환경, 지역사회와의 관계, 리더십과 운영의 10개로 분류하여 제시하였다. 각 지표마다 해당 연령, 평가 범주, 근거 자료를 기술하였다. 연령집단은 전체집단(U), 영아(I), 걸음마기(T), 유아(P), 유치원생(K)으로 나뉘며 전체 필수지표(Required), 항상지표(Always), 임의지표(Random), 시범실시준거(Emerging Practice)의 평가 범주로 구분된다. 더불어 관찰(O), 가족설문지(FS), 교사설문지(TS), 프로그램 포트폴리오(PP), 프로그램 안내(T) 등 자세한 근거 자료를 작성하도록 하였다(방소영, 부성숙, 2010). 개정된 기준과 새로 변화된 체제는 다문화에 대한 요구, 신뢰성과 책무성을 강화하는 데 목표를 두고 인증 기준을 개정하였다(강수경, 2009). 각 항목은 미흡, 만족, 매우 만족의 3점 척도로 되어 있으며, 미흡 또는 만족의 경우, 평가자는 평가 이유를 기술하게 되어 있다(NAEYC, 2006).

7) 평가 결과 활용

인증이 결정되면 인증서와 함께 인증 사실을 홍보하는 포스터, 로고, 학부모용 브로슈어 등을 제공하며, NAEYC 홈페이지에 인증 프로그램으로 등록된다. 개정된 인증 과정에서는 NAEYC 인증 유효 기간은 3년으로 인증 시설은 매년 연차 보고서를 제출해야 하며, 인증제와 맞는 수준의 실천 여부를 확인하기 위해 확인 방문과 무작위 불시 방문을 한다. 불시 방문 제도를 통해 인증평가 기준에 부합하는 운영을 하는지를 확인하는 것으로, 확인 방문에서 프로그램이 10개의 평가 기준을 만족시키지 못하면 프로그램 인증은 무효 처리된다.

2. 영국

1) 주관 기관

영국은 국가 주관으로 기관 평가를 하고 있으며, 책무성을 강조한다. 주관 기관은 교육고용성과 별도로 1992년에 설립된 교육기준청(Office for Standards in Education: OFSTED)이 담당하고 있다. OFSTED는 평가 약정자와 등록된 장학사를 통해 평가 절차를 관리한다.

2) 평가 목적

OFSTED의 평가 목적은 유아교육기관의 장 · 단점을 파악하여 이를 기초로 기관이 제공하는 교육의 질을 향상시켜 궁극적으로 유아들이 만 5세에 의무교육을 실시할 때 갖추어야 할 기본 능력의 수준을 높이기 위한 것이다. 평가 후에 발행되는 보고서는 학부모에게 교육기관의 질에 대한 정보를 제공하는 데 활용되며, 또한 교육기준청의 연례 보고서 작성을 위한 자료 및 교육고용성의 참고 자료로 보내진다(OFSTED, 2004).

3) 평가 대상

평가 대상은 3~4세 유아를 교육하고 있는 국 · 공립 유아학교(nursery school)나 국가로부터 교육보조금을 받고 있는 3~4세 유아가 재원하고 있는 유아학교(nursery school)가 해당된다(OFSTED, 2004).

4) 평가자

OFSTED는 평가 약정자 관리를 위해 설립된 유아교육 감독 기관(Nursery Education Inspection Service)을 통해 평가 약정자와 계약을 맺어 기관 평가를 실시한다. 평가 약정자들은 고용된 장학사를 통해 기관 평가를 하게 되는데 1~2일간 기관을 방문하여 평가하게 된다. 기관의 규모가 클 경우에는 평가 인원과 소요 기간이 더 늘어나게 된다(OFSTED, 2004). 방문 평가 동안의 평가자의 전문적인 발달을 위해 5일 동안 훈련을 실시하며, 2년마다 특정 과목과 연관된 평가 기술 발달에 대해 하루 동안 훈련받고 전문적인 지식과 기술에 있어 책임감을 갖도록 한다.

5) 평가 절차

영국의 평가 과정은 평가 준비 단계, 방문 평가 단계, 최종 평가 단계의 3단계 과정으로 이루어진다. 평가 준비 단계는 OFSTED가 대상 기관에 평가를 시작하기 6주에서 8주 전에 평가 일정과 평가 종류를 알리고 관련 서류를 송부함으로써 시작된다(박은혜 외, 2002). 해당 기관에서는 방문 평가일까지 관리자 보고서, 교육 프로그램과 교직원, 입학 안내 관련 유인물, 기관의 교육 방침 및 특별한 교육적 요구를 가진 유아에 대한 방안, 기관 평가 동안 진행할 프로그램 정보, 최근 기관 평가 보고서 사본, 유아 작품 서류철, 유아 성취도 보고서, 기타 평가자의 판단을 돕는 증거 자료 등 각종 자료와 보고서들을 준비해야 한다. 2단계는 방문 평가 단계로 하루 동안 진행되며, 평가단들은 필요한 증거 자료를 수집한다. 3단계는 최종 평가를 내리는 단계로 장학사가 방문 평가 후 평가 보고서를 작성한다. 방문 평가단의 논의 과정을 거쳐 최종 보고서를 작성한다.

6) 평가 준거

기존에는 학교 평가의 평가 준거로 기관의 특성, 제공되는 교육의 질, 교직원과 부모의 협력, 다음 평가에 대비하여 노력해야 할 점으로 구성되었다. 그러나 최근엔 생애 초기 유아교육과정에 기초하여 유아의 안녕과 학습 및 발달에 적합성을 고려하면서 평가하도록 하였다. 유아 서비스에 대한 평가로는 건강, 안전, 즐거움과 성취, 긍정적인 기여, 경제적인 안정 등 5가지 영역이 포함되어 있으며, 각 영역마다 주요 요소가 있는데 총 31개로 구성되어 있다(OFSTED, 2004).

7) 평가 결과 활용

방문 평가가 끝난 후 장학사가 작성한 평가 보고서는 인터넷을 통해 공개되어 학부모들이 참고하게 된다. 만일 기관 평가 후 재평가에서도 교육의 질이 만족스럽지 못한 것으로 나타나면 OFSTED는 지역교육청에 대해 해당 기관이 EYDCP(Early Years Development and Child Plan)에 의해 재정 지원 수혜 기관에서 삭제하도록 지시한다.

3. 호주

1) 주관 기관

호주는 정부의 주도로 어린이집 인증 제도를 시작하였으며, 최초로 인증평가제 시행을 위해 재정 지원을 한 국가이다. 호주의 인증평가제는 1994년부터 국가의 위탁을 받은 민간단체인 국가보육인증위원회(National Childcare Accrediation Council: NCAC)의 주관을 시작하였다. 이후 2012년 1월 1일부터는 호주 영유아교육 · 보육품질인증기관(Australian Children' s Education and Care Quality Authority: ACECQA)을 창설하여, NCAC와 달리 국가조직으로 흡수하여 권한을 강화시켰다. 호주의 ACECQA는 국법과 법령에 근거하여 어린이집 평가인증과 질관리를 진행하였으며, 각 지방정부에 평가인증 관련 부서를 설치하여 관리하였다(이미화 외, 2012).

2) 평가 목적

인증평가의 목적은 교육 및 보육 서비스 수준의 향상을 도모하며, 영유아보육·교육기관에 대한 더욱 투명하고 포괄적인 정보를 부모에게 제공하여 자녀들을 위한 최상의 서비스를 선택하는 데 있다.

NCAC가 제시한 평가 목적은 첫째, 영유아 발달의 측면에서 유아 발달의 모든 측면을 촉진하고 유아들이 사회에서 가치 있는 구성원이 되도록 도우며 긍정적인 상호작용을 통한 최상의 질적 서비스를 제공하는 것이다. 둘째, 유아 교육기관의 측면에서 높은 질에 대한 유아와 가족의 요구, 전문적 발달과 만족에 대한 종사자의 요구를 가장 잘 충족시키는 서비스를 제공하기 위해 자체평가 과정에 유아교육기관들과 부모들을 함께 참여시키는 것이다. 셋째, 지역사회 측면에서 질에 대한 전문적 지식과 공약을 유아교육기관이 증명함으로써 교직원의 의무와 가치에 대하여 알도록 하는 것이다(NCAC. 2001).

3) 평가 대상

하루 8시간 이상, 주 5일 이상의 종일제 어린이집 중에서 자발적으로 ACECQA에 등록한 기관을 대상으로 한다. 각 기관이 국가의 재정 지원을 받기 위해서는 ACECQA의 인증을 기본 조건으로 한다.

4) 평가자

평가자들은 심의위원회에 의해 임명되고 훈련받으며, 이 훈련 프로그램은 관찰자 간의 신뢰도를 높이는 방법으로 4박 5일간의 관찰자 훈련을 시행한다. 평가자들은 종일제 어린이집에서의 경험과 유아교사 자격을 가져야 한다.

5) 평가 절차

평가 과정은 참여신청, 자체점검, 현장관찰, 심의, 인증 결정의 5단계로 진행된다. 먼저 기관은 평가 참여를 신청한 후 자체점검위원회를 구성하여 지표에 따라 질적 수준을 평가하고 개선계획을 세워 자체점검보고서를 작성한다. 이후 현장관찰자들이 평가하며, 심의 단계에서는 현장관찰보고서 내용을 근거로 평가를 하며 마지막으로 인증 여부를 결정받는다.

6) 평가 준거

호주는 새로운 인증평가기관인 ACECQA 창설과 함께 국가교육 및 보육의 질 기준안(The National Quality Framework: NQF)을 도입하였다. NQF 기준안에 제시한 전국 질적 기준(National Quality Standard: NQS)이 평가인증과 관련된 준거로, 영유아 보육·교육의 질에 관련된 교육 프로그램 및 실천, 영유아의 건강 및 안전, 물리적 환경, 직원 사항, 영유아와의 관계, 가족 및 지역사회와의 협력적 파트너십, 리더십 및 서비스 관리 등 7가지 영역 35개 항목으로 구성되어 있다(이미화 외, 2012).

7) 평가 결과 활용

새로운 평가체계에 따른 모든 시설의 평가 결과는 ACECQA와 MyChild 홈페이지에 게시되어 일반인들이 확인할 수 있게 한다. 평가 결과는 5단계로, 최우수(excellent), 우수(high quality), 보통(national quality standard), 노력 중(operation level), 불만족(unsatisfactory)으로 되어 있다.

표 4-3-1 외국과 우리나라의 평가 체제 비교

평가 체제	미 국	영 국	호 주	우리나라
1. 평가 목적	교육의 질적 개선	교육과정 내 학습 목표의 달성 및 책무성 달성 여부	교직원, 유아, 부모에게 양질의 보육 제공	유치원의 운영 실태 진단과 개선 방안 제안을 통한 책무성 강화
2. 평가 대상	자발적으로 인증평가를 신청한 모든 유아교육기관	4세 이하 유아를 대상으로 한 모든 기관	(하루 8시간 이상, 주 5일 이상 종일제 어린이집 중) ACECQA에 등록한 기관	공 · 사립 모든 유치원
3. 평가 주관 기관	전미유아교육교사협의회(NAEYC)	교육기준청(OFSTED)	호주 영유아교육 · 보육품질인증기관(ACECQA)	시도 교육청
4. 평가자	영유아 관련 학사 소지 교사 관리자, 장학 담당자	• 평가 약정자 • 등록 장학사 • 일반 장학사 • 비전문가	영유아 관련 현직 교사	• 유아교육과 교수 • 공 · 사립 유치원 관리자 • 전문직
5. 평가 절차	• 인증신청 • 자체점검 • 자체평가 • 인증후보 • 인증결정	• 평가 준비 단계 • 방문 평가 단계 • 최종 평가 단계	• 참여신청 • 자체점검 • 현장관찰 • 심의 • 인증 결정	• 자체평가 • 서면평가 • 현장 방문 평가
6. 평가 결과	• 인정 • 인정 지연	• 매우 만족 • 만족 • 미흡	• 최우수 • 우수 • 보통 • 노력중 • 불만족	• 평가 결과서 송부
7. 평가 결과의 활용	• 간접적 영향을 받음(원아 모집에 도움, 지원금 모금에 도움이 됨)	• '미흡'의 판정을 받은 경우 실행 계획을 세우고 특별 조치를 취함	• 평가 주기에 차이가 있음 • 부족한 부분에 대한 실행 계획을 세우게 함	• 자구 노력비 지원 • 유치원 기본 현황 및 평가 자료 DB 구축
평가 영역 지표	10개 영역 417개 항목	5개 영역 31개 요소	7개 영역 35개 항목	공통 지표 4개 영역, 9개 항목, 15개 지표, 47개 요소와 자체지표

4장 유치원 평가의 실제

1. 유치원 자체 평가 준비(부산유아교육진흥원, 2020)

1) 유치원 자체평가위원회 구성

유치원과 공동 사고를 통하여 자체 평가를 담당할 위원회를 구성한다. 유치원 규모와 실정에 따라 교원, 학부모(1인 이상), 외부위원 등으로 4~6인으로 구성한다. 자체평가위원회 위원장은 원감(겸임 원감)으로 선출하거나, 자체평가위원 중에 선출(원장도 가능)한다. 학부모, 외부위원은 유치원운영위원회 위원과 겸임 가능하며, 외부위원 포함 여부도 유치원에서 결정한다. 유치원 평가 업무 담당자가 실무자 역할을 수행할 수 있도록 유치원 자체평가위원회에 포함해서 구성한다. 유치원 자체평가위원회의 역할은 다음과 같다.

- 유치원 자체 평가계획 수립 및 계획서 제출, 자체 평가 실시
- 유치원 자체 평가 결과 분석, 결과 보고서 작성 · 심의 · 제출
- 유치원 자체 평가 관련 사항 협의

2) 유치원 자체평가위원회(연수) 실시

유치원 자체평가위원회 구성 후, 자체평가위원회는 자체 연수를 실시한다. 연수 시, 유치원 자체평가위원회 구성의 의의, 유치원 자체 평가계획을 공유한다.

3) 유치원 자체 평가계획 수립

유아교육진흥원에서 주관하는 유치원 평가 연수에 참석하여 유치원 자체 평가에 대한 이해 및 지표를 공유한다. 이후 유치원 자체 평가의 필요성을 전 교원과 공유하는 교원 대상의 자체 연수를 실시하고 유치원 자체 평가의 기본계획 등을 안내한다. 유치원 자체평 가를 위한 연간 흐름을 계획하여 교원들과 함께 단위 유치원별 상황에 맞춰 자체 평가 실시를 위한 구체적인 일정을 계획한다. 추진 절차와 시기 작성의 예는 다음 〈표 4-4-1〉과 같다.

표 4-4-1 추진 절차와 시기 작성 예시

단계	추진 절차	시기(월/주)
준비	1. 유치원 자체평가위원회 구성	2020년 4월 ㅇ주
	2. 교원들과 유치원 자체 평가 지표 공유	4월 ㅇ주
	3. 유치원 자체 평가계획 수립	5월 ㅇ주
실행	4. 교육공동체가 함께하는 유치원 자체 평가 실시	10월 ㅇ주 ~ 11월 ㅇ주
	5. 자체 평가 결과 분석 및 결과 보고서 작성 · 심의 · 제출	11월 ㅇ주~11월 ㅇ주

한편, 유치원 자체 평가를 위하여, 평가 지표별 평가 항목 및 기준에 따라 평가를 하기 위한 증빙 자료를 검토하여 목록을 작성하고, 자료별 담당 교사를 지정한다.

표 4-4-2 유치원 자체 평가를 위한 증빙 자료 및 담당자 작성

평가 영역	평가 지표	증빙 자료(예시)	담당자
Ⅰ. 교육과정 등	1-1. 교육계획 수립	연간교육 계획안, 유치원교육 계획서, 개별교육 계획, 통합학급 참여 계획 등	김○○
	1-2. 일과운영	놀이 관찰기록, 유치원교육 계획서 등	정○○

4) 유치원 평가 사전 컨설팅 희망 및 참여

단위 유치원별 컨설턴트 명단을 확인하고, 유치원 자체 평가 관련 컨설팅을 신청한다. 컨설팅 방법은 전화, 이메일, 면대면, 화상 등으로, 내용은 자체 평가 절차, 방법, 건강 · 안전 영역 준비, 결과 보고서 작성 등에 관한 것이다.

2. 유치원 자체 평가 실행(부산유아교육진흥원, 2020)

1) 유치원 자체 평가 실시

유치원 자체 평가를 실시하기 위하여 평가 매뉴얼 내용을 숙지하고 핵심 사항을 공유한다. 지표별 증빙 자료를 수합한 후에 영역별로 정리한 후, 교원 및 자체 평가위원의 평가를 실시한다. 주요 내용은 다음과 같다.

- 관찰, 면담, 증빙 자료 확인 등의 방법으로 평가 항목별 기준 검토
- 평가 항목별 충족 조건 확인 후 평가
- 교원 4개 영역 평가, 학부모, 외부위원은 건강 · 안전 영역만 평가
- 유치원 운영 관련 우수 · 개선점 작성

2) 유치원 자체 평가 결과 보고서 작성

평가자(교원, 자체평가위원)들의 정량 평가 응답 현황을 종합하여 통계 처리를 한다. 정량 평가 통계 예시는 다음 〈표 4-4-3〉과 같다.

표 4-4-3 유치원 자체 평가 정량 평가 통계 예시

교육과정 영역 통계 작성 예시

<table>
<tr><th rowspan="2">평가 영역
(항목 수)</th><th rowspan="2">평가 지표</th><th rowspan="2">평가 항목</th><th colspan="2">응답자 수</th></tr>
<tr><th>충족(Y)</th><th>미충족(N)</th></tr>
<tr><td rowspan="16">Ⅰ. 교육 과정 등 (14)</td><td rowspan="3">1-1. 교육계획 수립</td><td>1-1-1. 국가수준의 공통 교육과정을 바탕으로 각 유치원의 실정을 반영한 교육계획을 수립한다.</td><td>5</td><td>1</td></tr>
<tr><td>1-1-2. 유아의 발달과 장애 정도를 고려하여 교육계획을 수립한다.</td><td>5</td><td>1</td></tr>
<tr><td>1-1-3. 가정과 지역사회와의 협력과 참여를 포함하여 교육계획을 수립한다.</td><td>4</td><td>2</td></tr>
<tr><td rowspan="2">1-2. 일과 운영</td><td>1-2-1. 놀이와 활동을 융통성 있게 운영한다.</td><td>6</td><td>0</td></tr>
<tr><td>1-2-2. 성, 신체적 특성, 장애, 종교, 가족 및 문화적 배경 등으로 인한 차별이 없도록 운영한다.</td><td>5</td><td>1</td></tr>
<tr><td rowspan="4">1-3. 교수·학습 및 평가</td><td>1-3-1. 유아 중심 놀이가 이루어지도록 지원한다.</td><td>5</td><td>1</td></tr>
<tr><td>1-3-2. 유아가 놀이에 대한 흥미와 관심을 갖도록 지원한다.</td><td>6</td><td>0</td></tr>
<tr><td>1-3-3. 유아의 특성 및 변화 정도와 교육과정 운영에 대한 평가를 실시한다.</td><td>4</td><td>2</td></tr>
<tr><td>1-3-4. 유아와 교육과정 운영에 대한 평가 결과를 다음 계획에 반영한다.</td><td>4</td><td>2</td></tr>
<tr><td rowspan="3">1-4. 교사와 유아 상호작용</td><td>1-4-1. 교사는 유아의 요구나 질문에 적절하게 반응한다.</td><td>5</td><td>1</td></tr>
<tr><td>1-4-2. 교사는 유아의 감정에 공감하고 유아가 스스로의 감정을 다룰 수 있도록 돕는다.</td><td>5</td><td>1</td></tr>
<tr><td>1-4-3. 교사는 유아의 놀이 상황을 주의 깊게 관찰하고 적절히 지원한다.</td><td>5</td><td>1</td></tr>
<tr><td rowspan="2">1-5. 방과후과정 운영</td><td>1-5-1. 방과 후 과정을 적절하게 계획하여 운영한다.</td><td>6</td><td>0</td></tr>
<tr><td>1-5-2. 방과 후 과정을 위한 환경을 갖추고 있다.</td><td>5</td><td>1</td></tr>
<tr><td rowspan="2">Ⅰ. 소계</td><td>평균 응답자 수(명)</td><td>5</td><td>1</td></tr>
<tr><td>평균 응답 비율(%)</td><td>83.3</td><td>16.7</td></tr>
</table>

※ 소계 계산법

1. 평균 응답자 수(명) : 각 영역 충족(또는 미충족) 응답자 수 합계÷각 영역 항목 수
2. 평균 응답 비율(%) : 각 영역 충족(또는 미충족) 평균 응답자 수÷총 응답자 수(충족+미충족)×100

※ 평균 응답자 수(명)는 소수 첫째 자리에서 반올림하여 기록, 평균 응답 비율은 반올림하여 소수 첫째 자리까지 기록

그리고 교원과 자체평가위원들이 작성한 의견(정성 평가)을 종합적으로 정리한 후 영역별 소견과 총평을 서술한다. 영역별 기록 내용의 상호 연계성 점검 후, 최종적으로 자체 평가 결과 보고서를 완성한다. 정성 평가 결과에 대한 정리 예시는 다음 〈표 4-4-4〉와 같다.

표 4-4-4 유치원 자체 평가 정성 평가 결과 정리 예시

영역	소견 예시
교육과정 등	• 자유놀이 및 바깥놀이 시간을 거의 매일 2시간 이상씩 충분히 확보하여 운영하며, 유아 중심 · 놀이 중심으로 교육과정이 운영될 수 있도록 교육계획을 융통성 있게 운영함
교육 환경 및 운영 관리	• 유아들의 놀이 흐름을 고려하여 실내외 공간을 다양하게 구성하였으며, 다양하고 풍부한 놀이 자료가 실내뿐 아니라 실외에도 비치되었음
건강 · 안전	• 유통 기한 내의 비상약품이 교실의 안전한 곳에 비치되어 있으며, 실내외 시설 관리와 관련된 안전 점검부를 비치하여 안전 점검이 체계적으로 이루어지고 있음
교직원	• 교사들이 누리과정의 성공적인 안착을 위하여 학습공동체 운영 계획을 수립하여 시행함으로써 전문성을 신장시키고 유아 중심 · 놀이 중심 교육과정이해를 위한 다양한 연수에 참여하고 있음
총평	• 교사들 간에 민주적이고 협력적인 소통문화를 조성하고 놀이 중심 교육과정 운영을 위한 다각적인 노력을 기울이고 있음, 적극적인 교사 연수 및 모임에 참여함으로써 누리과정 안착을 도모하고 있음 • 충분한 놀이시간을 확보하고 있으나, 놀이공간이 전반적으로 협소함으로 놀이공간 확보에 대한 계획을 수립할 필요가 있음, 일부 실외 공간이 안전성이 우려되는 부분이 있으므로 이에 대한 개선이 필요함 • 놀이기록 및 평가가 충실하게 이루어지고 있으나, 전반적으로 다양한 평가 방법 사용으로 인해 교사의 부담감이 높을 가능성이 보임, 적합한 평가 방법을 모색할 필요가 있음

3) 유치원 자체평가위원회 심의 후 유치원 자체 평가 결과 보고서 제출

유치원 자체 평가 결과 보고서가 완성되면 자체평가위원회의 심의를 거친후 유아교육진흥원에 결과 보고서를 제출한다.

3. 유치원 자체 평가 정리(부산유아교육진흥원, 2020)

유치원 자체 평가 결과 보고서를 제출한 후, 평가 만족도 조사에 참여한다. 이후, 유치원 평가 사후 컨설팅 신청 및 참여를 할 수 있다. 유아교육진흥원에서 유치원별 자체 평가 결과 보고서를 검토한 후 유치원으로 유치원 자체 평가 결과를 환류해 준다. 자체 평가 결과 보고서 검토 결과를 차년도 유치원 교육계획에 반영하여, 유치원 운영 체계를 확립한다. 유치원 평가 결과는 유치원 알리미(정보공시)에 탑재하여 학부모의 알 권리를 충족해 준다.

참고문헌

강수경(2009). 유치원 평가의 과정과 지표에 대한 교사와 평가위원의 인식. 이화여자대학교 대학원 박사학위논문.

강은진 외(2019). KICCE 유아관찰척도 개발 연구보고. 서울: 육아정책연구소.

강인수(2004). 학교교육력 제고를 위한 교원평가제도 개선의 방향. 한국교육행정학회 추계학술대회 자료집, 1-29.

강진실(2020). 보육교직원의 어린이집 평가제 평가지표에 대한 중요도-실행도 인식. 동의대학교 교육대학원 석사학위논문.

경기도교육청(2020). 2020 유치원 평가 기본 계획. 경기도교육청.

경상남도교육청(2017). 유치원 교원 전문성 신장을 위한 2017년 유치원 교원능력개발평가 매뉴얼 연수. 경남: 경상남도교육청 초등교육과.

교육과학기술부(2008). 유치원 평가 편람. 서울: 교육과학기술부.

_____________(2009). 유치원 지도서 총론. 서울: 교육과학기술부.

_____________(2009). 유아교육 선진화 추진계획. 서울: 교육과학기술부.

교육부(2019). 유치원교육과정 교육부 고시 제2019-189호. 세종: 교육부.

______(2017). 제 4주기 유치원 평가 종합연수. 세종: 교육부.

______(2018). 2018학년도 유치원 교원능력개발평가 매뉴얼. 세종: 교육부.

교육부, 보건복지부(2019). 2019 개정 누리과정 해설서. 세종: 교육부, 보건복지부.

교육부, 보건복지부, 육아정책연구소(2020). 유아관찰 및 기록. https://i-nuri.go.kr에서 인출.

교육인적자원부(2001). 유치원 교사 교육프로그램. 서울: 교육인적자원부.

_____________(2006a). 학교 교육력 제고를 위한 교원양성 체제 개선방안. 서울: 교육인적자원부.

_____________(2006b). 외국의 교원평가. http://assembly.mest.go.kr에서 인출.

_____________(2006c). 교원평가시범운영 매뉴얼(시안). 서울: 교육인적자원부.

_____________(2008). 교원능력개발평가, 더 나은 교육을 위한 출발입니다. http://www.mest.go.kr에서 인출.

김동석(2006). 교원 평가, 연내 법제화 안 된다!. 교원 평가제시범 운영 결과와 개선 방향. 한국교육개발원 교원 평가 정책 포럼.

김은영(2012). 유치원 교원능력개발평가 개요. 육아정책포럼, 31, 35-43.

김이경(2006). 교사평가 시스템 분석 및 향후 개선 방향. 교육비평, 20, 14-32.

김재춘, 노국향, 조덕주(1998). 초·중등학교 교육과정평가 방안. 한국교육과정평가원 연구 보고 RRC 98-2.

김종건(2002). 학교교육과정평가방법에 관한 연구. 한국교원대학교.

김희진, 박은혜, 이지현(2000). 유아교육기관에의 관찰. 서울: 창지사.

노수실(2006). 학교교육과정평가의 평가 영역 및 내용 분석. 한국교원대학교 교육대학원 석사학위논문.

대통령자문 교육개혁위원회(1995). 신교육체제 수립을 위한 교육개혁 방안.

박상완(2006). 교사평가에 관한 교원의 인식에 나타난 학교 조직의 특성. 초등교육연구, 19(1), 261-292.

박선미(2005). 유아에 대한 교사의 호감도, 교사-유아 상호작용, 유아 행동에 대한 교사의 귀인방식 연구. 이화여자대학교 대학원 석사학위논문.

박영숙(1989). 심리평가의 실제. 서울: 하나의학사.

박영충(1997). 포트폴리오 평가(Portfolio Assessment)가 유아와 교사의 상호작용에 미치는 효과. 열린유아교육연구, 12(2), 257-279.

박은혜(2002). 지식기반 사회에서의 유아교사의 지식. 서울: 창지사.

______(2009). 유아교사론. 서울: 창지사.

박은혜, 김명순(2002). 유치원 자율장학에 대한 유아교사들의 인식 및 요구. 교육과학연구, 33(1), 171-185.

박은혜, 조운주(2006). 반성적 실천을 위한 유아교육 실습. 서울: 창지사.

박종필(2002). 교사평가의 문제점과 개선 방안 연구. 초등교육연구, 15(2), 161-176.

방소영, 부성숙(2010). 유아교육기관의 '교육과정 영역' 평가지표 비교연구: 유치원, 보육시설, NAEYC, QIAS. 교육의 이론과 실천, 15(3), 75-105.

배호순(1997). 포트폴리오 평가의 질 관리방안의 모색. 교육평가연구, 10(1), 75-104.

______(2000). 교육과정평가 논리의 탐구: 학교교육과정평가 방법론 서설. 서울: 교육과학사.

보건복지부, 한국보육진흥원(2020). 2020 어린이집 평가매뉴얼(어린이집용). 서울: 보건복지부, 한국보육진흥원.

부산유아교육진흥원(2020). 2020학년도 유치원평가 매뉴얼. 부산광역시교육청, 부산광역시유아교육진흥원.

송유진(2007). 교원평가의 목적에 대한 비판적 고찰. 교육철학, 3, 115-140.

서울특별시교육청(2017). 유치원 교육과정 및 유아평가. 서울: 서울특별시교육청.

서울특별시교육청, 유아교육진흥원(2020). 2020 유치원평가 가이드북 제5주기(2020~2022)(유치원용). 서울: 서울특별시교육청, 유아교육진흥원.

신은수 외(2000). 상호작용이론에 기초한 유아교육과정의 운영 및 활동의 실제. 덕성여자대학교 부속유치원(편). 서울: 학지사.

안영진, 장선철(2002). 아동상담. 서울: 동문사.

양옥승, 황윤세(2002). 유아교육과정 평가에 대한 재개념주의적 접근. 한국영유아보육학, 28,

195-224.

유균상, 김이경(2004). 교사평가 시스템 분석 및 향후 개선 방향. 서울: 한국교육개발원.

윤정아(1998). 유아사회교육 내용에 대한 교사의 개념도 분석. 이화여자대학교 교육대학원 석사학위논문.

유현숙, 박영숙, 김규태(1997). 사립유치원 기관평가 준거 개발 연구. 연구 보고 RR 97-11. 서울: 한국교육개발원.

이기숙(2009). 질적 수준과 책무성 제고를 위한 유아교육기관 평가. 한국육아지원학회 춘계 학술대회자료집. 9-44.

이기숙, 홍용희, 박은혜, 김희진(2002). 유아교육기관 인정제 모형. 교육과학연구소 2002-03. 이화교육총서. 서울: 이화여자대학교 사범대학 교육과학연구소.

이대균(2004). 국내 4대 유아교육기관평가 체체 비교 분석. 열린유아교육연구, 9(4), 1-23.

이미화 외(2012). 보육서비스 품질 제고를 위한 어린이집 평가인증 발전 방안 연구. 서울: 보건복지부 · 육아정책연구소.

이미화, 이정림, 여종일, 김경미, 김명순, 이경옥, 이완정, 이정욱, 최일선, 최혜영(2012). 「5세 누리과정」 운영에 따른 유아평가연구-평가척도 개발. 연구보고 2012-3. 서울: 육아정책연구소.

이분려(1998). 유치원 조직풍토와 직무만족 및 교사효능감의 관계. 이화여자대학교 교육대학원 석사학위 청구논문.

이성아(2005). 유치원교사의 유아수학교육 내용에 대한 개념도 분석. 이화여자대학교 대학원 석사학위논문.

이은해(1985). 아동연구방법. 서울: 교문사.

______(1995). 아동발달의 평가와 측정. 서울: 교문사.

______(1995). 유아교육 프로그램 평가척도의 타당화를 위한 연구. 유아교육연구, 15(1), 157-178.

이은화, 양옥승(1995). 유아교육론. 서울: 교문사.

이정환, 박은혜(1996). 교사를 위한 유아 관찰 지침서. 서울: 한국어린이육영회.

이주연(2004). 유치원 교사의 성격특성과 정서신념과의 관계. 한국교원대학교 교육대학원 석사학위논문.

인천광역시 유아교육진흥원(2013). 2013 유치원 평가 매뉴얼. 인천: 인천광역시 유아교육진흥원.

임승렬(2001). 유아교사 평가의 새로운 접근. 유아교육연구, 21(1), 87-116.

임재택(1995). 유치원 운영관리. 서울: 창지사.

장명림, 나정, 최윤정(1999). 유아교육의 공교육화 촉진을 위한 유치원평가 체제 구축. 수탁연구. CR 99-36. 서울: 보건복지부 · 한국교육개발원.

장명림, 양유진(2013). 제3주기 유치원 평가 개선 방안 연구. 서울: 육아정책연구소.

조운주, 최일선(2006). 교육실습생 포트폴리오 구성 모형 개발. 유아교육연구, 26(4), 239-259.

조운주, 최일선, 김은영(2011a). 유치원 교원 평가를 위한 포트폴리오 모형 및 평가준거 개발. 한국교원교육연구, 28(1), 37-63.

__________________(2011b). 유치원교사 포트폴리오 평가 루브릭 개발. 유아교육학논집, 15(6), 213-235.

전경원(2003). 창의성을 중심으로 한 유아과학교육. 서울: 학문사.

전제상(2000). 교사평가의 준거 개발에 관한 연구. 홍익대학교 대학원 박사학위논문.

주삼환, 이석열, 김홍운, 이금화, 이명희(1998). 수업관찰과 분석. 서울: 원미사.

차갑부(1993). 성인교육방법론. 서울: 양서원.

최상문(2007). 유아 교사의 심리적 변인 및 의사결정양식과 창의적 인성과의 관계. 경희대학교 교육대학원 석사학위논문.

최승규(2001). 초등학교 교사의 정서지능과 직무만족과의 관계에 대한 연구. 수원대학교 산업경영대학원 석사학위논문.

최지혜(2003). 사고양식, 의사결정, 창의적 인성 간의 관계 연구. 숙명여자대학교 대학원 석사학위논문.

한국교육평가학회(2004). 교육평가용어사전. 서울: 학지사.

한만길(2004). 교원인사제도 개선 방안. 교사평가제도의 쟁점과 개선 방안에 대한 토론. 한국행정학회 하계학술대회 자료집.

허경철(2002). 학교교육과정평가의 철학: 무엇을 어떻게 할 것인가?. 교육과정연구, 20(2), 1-26.

황해익(2000). 유아교육평가. 서울: 양서원.

Acheson, Keith. A. & Gall, M. D. (2003). *Clinical supervision and teacher development*. MA: John Wiley & Sons, Inc.

Anastasi (1988). *Psychological testing. 6th*(ed). NY: MaCmillan.

Arnold, M. (2005). *Effective communication techniques for child care*. NY: Tomson Delmar Learning.

Arter, J. A., & Spandel, V. (1992). Using portfolios of student work in instruction and assessment. *Educational measurement: Issues and practice, 11*(1), 36-44.

Barton, J., & Collins, A. (1993). Portfolios in teacher education. *Journal of teacher education, 44*(3), 200-209.

Bredekamp, S., & Rosegrant, T. (1992). *Reading Potentials: Appropriate curriculum and assessment for young children(Vol 1)*. Washington, DC: NAEYC.

Brookfield, S. D. (1995). *Becoming a critically reflective teacher*. San Francisco: Jossey-bass.

Campbell, D. M., Cignetti, P. B., Melenyzer, B. J., Nettles, D. H., & Wyman, R. M. (1997). *How to develop a professional portfolio: A manual for teachers*. Allyn & Bacon.

Caruso, J. J., & Fawcett, M. T. (1992). 발달적 접근에 의한 유아교육기관 장학론. 이은화, 조부경 역. 서울: 교문사(원저 출판: 1986).

Costantino, P. M., & DeLorenzo, M. N. (2002). *Developing a professional teaching portfolio*. Boston: Pearson Education Company.

Darling-Hammond, L., & Snyder, J. (2000). Authentic assessment of teaching in context. *Teaching and Teacher Education, 16*, 523-545.

Doolittle, P. (1994). *Teacher portfolio assessment*. (ERIC Document Reproduction Service No. ED385 608).

Fleeney. S., & Chun, R. (1985). Research in review: Effective teachers of young children. *Young Children, 41*(1), 47-52.

Fritz, S., Brown, F. W., Lunde, J. P., & Banset, E. A. (1999). *Interpersonal skill for readership*. NJ: Printice Hall.

Georgi, D., & Crowe, J. (1998). Digital portfolios: A confluence of portfolio assessment and technology. *Teacher Education Quarterly, 25*(1), 73-84.

Gober, Y. S. (2002). *Six simple ways to assess young children*. NY: Delmar.

Goffin, S. G. (2002). 미국의 영유아교육기관 인정제. 2002년 제10회 국제학술대회, 영유아교육기관의 인정제: 한국 · 일본 · 미국 · 영국 · 호주. 이화여자대학교 유아교육과 BK 21 핵심 사업팀.

Gullo, D. F. (1994). *Understanding Assessment and Evaluation in Early Childhood Education*. New York: Teachers College Press.

__________ (1997). Assessing student learning through the analysis pupil products. In B. Spodek, B., & Saracho, D.(Eds), *Yearbook in Early Childhood Education, &: Issues in Early childhood educational assessment and evaluation*(pp. 129-146). New York: Teachers College Press.

Hay. D. B. (2007). Using concept maps to measure deep, surface and non-learning outcomes. *Studies in Higher Education, 32*(1), 39-57.

Helm, J. H., Beneke, S., & Steinheimer, K. (1998). *Teacher materials for documneting young children's work*. New York: Teachers College Press.

Hill, B. C., & Ruptic, C. (1994). *Practical aspects of authentic assessment: Putting the pieces together*. Norwood, MA: Christopher-Gordon Publishers, Inc..

Hoper, L. J. (1999). *Portfolio assessment as summative documentation in a teacher preparation program*. ERIC, ED 435754.

Hopkins, W. S., & Moore, K. D. (1993). *Clinical supervision: A practical guide to student teacher supervision*. NY: Wm. C. Brown Communications, Inc.

Howes, D. W., & Leatherman, J. M. (2005). *An administrator's guidebook to early care and education programs*. Boston; Pearson Education, Inc.

Hurst, B., Wilson, C., & Cramer, G. (1998). Professional teaching portfolios. *Phi Delta Kappan, 79*(8). 578-583.

Illinois State Board of Education (2002). *Standards for certification in early childhood education*. www.isbe.net에서 인출.

Indiana Department Education (2007). *Professional teacher standards*. www.doe.in.gov에서 인출.

Interstate teacher Assessment and Support Consortium (2013). *INTASC model standards for beginning teacher licensing, assessment, and development*. https://s3-eu-west-1.amazonaws.com에서 인출.

Jacobs-Lawson, J. M.,- & Hershey, D. A. (2002). Concept maps as an assessment tool in psychology courses. *Teaching of Psychology, 29*(1), 25-29.

Kuczen, B.(1997). 아동의 스트레스. 강영자, 박성옥, 양명숙 편역. 서울: 양서원(원저 출판: 1987).

Kentucky Education Professional Standards Board (2003). *New teacher standards for preparation and certification: Interdisciplinary early childhood education birth to primary*. www.kyepsb.net 에서 인출.

Liling, R. E., & Suh-Ing Hsieh, R. M. (2005). Concept maps as an assessment tool in nursing course. *Journal of Professional Nursing, 21*(3), 141-149.

Macdonald, S. (1997). The Portfolio and Its Use: A road map for assessment. Sputhern Early Childhood Association.

Martin, S. (1999). *Take a look: Observation and portfolio assessment in early childhood*(2ed, ed). Ontario, Canada: Addison-Wesley.

McDonald, D. (2009). *Elevating the field: Using NAEYC early childhood program accreditation to support and reach higher quality in early childhood programs* (NAEYC public policy report.). https://www.naeyc.org/state/pdf/에서 인출.

McMillan, J. H. (1997). *Classroom assessment: Principles and Practice for Effective instruction*. Boston: Allyn and Bacon.

Meisels, S. A., & Steels, D. (1991). The early childhood portfolio collection process. *Center for the human growth and development*. Ann Arbor, MI: University of Michigan.

Moffatt, C. W., & Moffatt, T. L. (2003). *Handbook for the beginning teacher*. MA: Pearson Education, Inc.

NAEYC (2003). Early childhood curriculum, assessment, and program evaluation. https://www.naeyc.org.에서 인출.

______ (2004). *Accreditation*. http://www.naeyc.org/에서 인출.

National Board for Professional Teaching Standard (2012). *Early childhood generalist standards*(3th ed). https://www.nbpts.org/에서 인출.

______ (2006). *NAEYC accreditation*. http://www.naeyc.org/에서 인출.

NCAC (2001). *Recommend changes to the QIAC*. http://www.ncac.gov.au에서 인출.

______ (2004). *Quality improvement and accreditation system handbook*(2nd). National child care Accreditation Council Inc.

______ (2006). *Quality Improvement and accreditation system handbook*(4nd). National Child Care Accreditation Council Inc.

NIEER (2004). Preschool assessment: A guide to developing a balanced approach. *Preschool Police Matter, 7*, 1-10. http://nieer.org/에서 인출.

OFSTED (2004). *OFSTED plan for training and developing inspectors*. http://www.ofsted.gov.uk에서 인출.

Pheasant, M. (1985). *Aumsville school district's readiness program: Helping first graders succeed*. Oregon School Study Council, Eugence(ERIC No. ED 252 967).

Reiman, A. J., & Thies-Sprinthall, L. (1998). *Mentoring and supervision for teacher development*. N. Y.: Longman. Inc.

Roe, B. D., & Ross, E. P. (1998). *Student teaching and field experiences handbook*. New Jersey: Prentice-Hall, Inc.

Ross, J. A., & Broce, C. D. (2007). Teacher self-assessment : A mechanism for faciliating professional growth. *Teaching and Teacher Education, 23*, 146-159

Salovey, P., & Mayer, J. D. (1996). EQ: 감성지능학습법, 홍명희(역). 서울: 해냄출판사.

Sciarra, D. J., & Dorsey, A. G. (2002). *Leaders and supervisiors in child care programs*. NY: Delmar, Thomson Learning, Inc.

Senita, J. (2008). The use of concept maps to evaluate critical thinking in the clinical setting. *Teaching and Learning in Nursing, 3*, 6-10.

Shaklee, B. D., Barbour, N. E., Ambross, R., & Hansford, S. J. (1997). *Designing and using portfolios*. Boston: Allyn & Bacon.

Shulman, J. H. (1991). Revealing the mysteries of teacher-written cases: Opening the black box. *Journal of Teacher Education, 42*(4), 250-262.

Sparks-Langer, G., Simmons, J. M., & Pasch. M. (1990). Reflective pedagogical thinking: How can we promote it and measure it. *Journal of Teacher Education, 41*(4), 23-32.

Stiggins, R. J. (1994). *Student-centered classroom assessment*. Macmillan College Publishing Com.

Tan, A. L., & Towndrow, P. A. (2008). Catalyzing student-teacher interactions and teacher learning in science practical formative assessment with digital video technology. *Teaching and Teacher Education, 30*, 107.

Teaching Strategies (2012). *The Importance of the assessment cycle in the creative curriculum for preschool*. https://teachingstrategies.com에서 인출.

Vidmar, D. J. (2006). Reflective peer coaching: Crafting collaborative self-assessment in teaching. *Research Stratgies, 20*, 135-148.

Washington State Office of Superintendent of Public Instruction (2008). *Guide to assessment in early childhood: Infancy to age eight*. Olympia, WA: Washington State Office of Superintendent of Public Instruction.

Wolf, K., & Dietz, M. (1998). Teaching portfolios: Purposes and possibility. *Teacher Education Quarterly, 25*(1), 9-22.

Wolf, P., Hill, A., & Evers, F. (2006). Handbook for Curriculum Assessment. Ontario, Canada: University of Guelph.

부록

실제 활용 가능한 최신 평가 양식

1. 교사의 성격 진단

	문항	그렇다	아니다
1	힘들게 일하고 나서 긴장을 풀지 못한다.		
2	경쟁을 좋아하고, 이기는 것을 중요하게 생각한다.		
3	성급하다.		
4	동시에 두 가지 일을 시도한다.		
5	기다리는 것을 싫어하고 안절부절 못 하거나 참을성이 없다.		
6	음식을 너무 빨리 먹는다.		
7	스스로 마감 시간을 정해 놓는다.		
8	캐비넷이나 문의 고리가 열리지 않을 때 비이성적으로 화를 낸다.		
9	시간관념이 매우 강하다.		
10	신중하게 취미와 여가 활동을 정한다.		
11	좀 더 성취하기 위해서 밤늦게까지 일한다.		
12	때때로 대화 도중에 토론을 떠나 다른 것을 생각하거나 다른 단어들을 늘어놓는다.		
13	항상 바쁘다.		
14	별도의 에너지가 충전되어 있는 것처럼 보인다.		
15	사고를 일으킬 경향이 있어 보인다.		
16	성취하기를 희망하나 그 일을 즐기기 위해서 시간을 보내지는 않는다.		
17	거의 모든 일에 강한 관심을 가지고 있다.		
18	활동이 제한되어 있다.		
19	이야기를 빠르게 한다.		
20	제스처를 사용하고 말을 할 때 강한 억양을 쓴다.		
21	상당한 인정을 받고자 갈망한다.		
22	일을 할 때 성공해야 한다는 압박감을 갖는다.		
23	리더가 되고자 한다.		
24	논쟁과 토론을 즐기는 것처럼 보인다.		
25	다른 사람이 느린 것을 참지 못한다.		
26	조용히 앉아 있지 못한다.		
27	자주 싸운다.		
28	다른 사람보다 우월해야 하고 우월해 보이는 것이 매우 중요하다.		
29	경쟁자가 들어오는 경우 더욱 일에 노력하는 것처럼 보인다.		

	문항	그렇다	아니다
30	학업(업무)이나 경쟁적인 운동에 힘을 쏟는다.		
31	아프더라도 끊임없이 숙제(업무)에 대하여 물어본다.		
32	모든 일이 계획적이다.		
33	시간을 쓸데없이 소비하는 것을 싫어한다.		
34	학업(업무) 외의 일에 관심과 취미가 적다.		
35	자주 적의적인 행동을 한다.		

분석		
	15개 이상(완벽형)	15개 미만(여유형)
장점	• 모든 일을 체계적으로 추진함. • 지속적으로 자신의 발전을 추구함. • 소속 기관 및 사회 발전에 공헌함.	• 스트레스를 적게 받음. • 인간관계에서 갈등이 적음. • 질병에 걸릴 확률이 낮음.
단점	• 스트레스를 많이 받음. • 인간관계에서 갈등이 많음. • 질병에 걸릴 확률이 높음.	• 업무 추진력이 부족함. • 개인의 발전에 관심이 적음. • 소속 기관 및 사회 발전에 기여가

출처: Kuczen, B.(1997). 아동의 스트레스. 강영자, 박성옥, 양명숙 편역. 서울: 양서원(원저 출판: 1987).

2. 교사의 정서지능 측정 척도

	문항	매우 그렇다	대체로 그렇다	보통이다	대체로 그렇지 않다	전혀 그렇지 않다
		5	4	3	2	1
1	나는 어떤 일(공부, 책 읽기, 작업 등)을 할 때, 옆에서 일어나는 상황에 관계없이 그 일에 몰두해 있는 빈도가 많다.					
2	나는 상대방의 말과 몸짓, 표정, 음조 등을 통해서 그 사람의 감정을 정확하게 분별하여 예민하게 느낄 수 있다.					
3	나는 일상생활에서 일어나는 감정의 변화를 분별할 수 있는 능력이 우수하다.					
4	나는 잘못을 지적당하거나, 스스로 잘못을 깨달았을 때, 자존심 때문에 고집을 부리지 않고 곧바로 잘못을 인정하며 생각이나 행동을 고친다.					
5	나는 언어, 비언어(표정, 음조, 행동)를 사용하여 장소, 시기, 상황에 맞게 감정을 표현한다.					
6	나는 감정이 격해질 때 나타나는 습관을 알고 있다.					
7	나는 금연 또는 다이어트와 같은 결심을 하면 실천하는 편이다.					
8	나는 운전 실력을 믿고 있으나 과속(음주) 운전과 같은 모험은 하지 않는다.					
9	나는 영화를 보고 주인공의 입장이 되어 웃거나 울기를 잘한다.					
10	나는 주말이면 여러 공식적, 비공식적 모임에 참여하느라 바쁘고 적극 참여하여 주도권을 갖는다.					
11	나는 싸움을 하여도 그 감정이 다른 사람에 비하여 오래 가지 않는다.					
12	나는 내가 한 일이 비록 잘못되었거나 실패, 낭패를 보았어도 낙담하지 않고 다음에는 잘할 수 있다는 자신감을 가지고 다시 도전한다.					
13	나는 분노(화)가 났을 때, 상대방에게 있는 그대로 화를 폭발하지 않고 절제하는 능력이 다른 사람에 비하여 강하다.					

	문항	매우 그렇다	대체로 그렇다	보통이다	대체로 그렇지 않다	전혀 그렇지 않다
		5	4	3	2	1
14	나는 일어난 상황에 대해 상대방이 어떻게 해석하는지, 상대방(상사, 부하, 학생)의 관점에 대해 유추해 내는 능력이 우수하다.					
15	나는 유머가 있고, 농담을 잘하며, 다른 사람들이 나와 함께 있으면 즐거워한다.					
16	나는 격한 감정이 일어났을 때, 그대로 받아들이지 않고 벗어나려고 열심히 노력한다.					
17	나는 지나치게 긴장하여 시험을 망치거나 상관 앞에서 말을 더듬었던 경험이 전혀 없다.					
18	나는 기분 나쁜 일이 있어도 말로 잘 표현하지 않고 참아 내며, 승화시키거나 어려움을 무릅쓰고 실천해 내는 능력이 강하다.					
19	나는 교수-학습 활동 과정에서 학생과 상호작용이 자연스럽고 호흡이 잘 맞는다.					
20	나는 '내일 어려운 수술을 받게 된다.' 와 같은 상황에서도 잠을 잘 수 있다.					
21	나는 누구에게나 마음을 열어 놓고, 감정을 솔직하게 표현한다.					
22	나는 신체적, 정신적으로 다른 사람에 비하여 좀처럼 스트레스를 받지 않는다.					
23	나는 다툼이 있을 때, 앞장서서 화해를 잘 시킨다.					
24	나는 부부 싸움을 해도 '칼로 물 베기 식' 이며 결혼생활(미혼자는 가정생활)이 행복하다.					
25	나는 나에게 부여된 임무에 몰입하여 어려움을 무릎쓰고 끝까지 최선을 다하여 마무리 짓는다.					
26	나는 어려움에 부딪혀서 지금보다 나아지고 좋아질 것이라는 희망을 갖는다.					
27	나는 전근을 갔을 때, 심리적·감정적으로 동요되지 않고 새로운 학교 환경에 쉽게 익숙해진다.					

	문항	매우 그렇다	대체로 그렇다	보통 이다	대체로 그렇지 않다	전혀 그렇지 않다
		5	4	3	2	1
28	나는 여러 사람이 모여 서로 교제하며, 다른 사람과 사귀기를 좋아한다.					
29	갑작스런 사고나 위기 상황에 처했을 때 나는 침착하고 담담하게 행동할 수 있다.					
30	나는 내부에서 일어나는 감정을 빠르고 예민하게 느낀다.					
31	나는 언어적·비언어적 표현력이 풍부하고 대인 관계에서 대화 기술이 우수하다.					
32	나는 신체적·정신적으로 결함이 없으며, 어려운 임무가 주어져도 적극성을 가지고 자신 있게 해 낼 수 있다.					
33	나는 일을 할 때 '즐겁고 기쁜 마음을 가지고 하는 일에 몰두하는 감정 상태'가 되는 빈도가 다른 사람에 비해 높다.					
34	나는 '허무감, 무기력함, 자기비하, 불안감 등'에 빠졌다가도 다음 날에는 그런 감정에서 벗어나 근무에 지장을 받지 않는다.					
35	나는 외부의 자극에 대하여 일어나는 감정을 좋은 쪽으로 해석해서 받아들인다.					
36	나 자신의 이익보다 공동의 이익이나 타인의 이익을 우선 생각하고 실천하다.					

분석	
요인	문항
자신의 정서 인식하기	3, 6, 11, 16, 30, 32, 35
자신의 정서 조절하기	4, 8, 13, 17, 20, 29, 34
자신을 동기화하기	1, 7, 12, 18, 22, 25, 26, 33
타인 정서 인식하기	2, 9, 14, 19, 24, 27, 36
대인 관계 다루기	5, 10, 15, 21, 23, 28, 31
계산 방법	5→5, 4→4, 3→3, 2→2, 1→1로 계산하여 영역별 점수를 낸다.

출처: 최승규(2001). 초등학교 교사의 정서지능과 직무 만족도의 관계에 대한 연구. 수원대학교 산업경영대학원 석사학위 논문.

3. 교사의 의사결정 양식 평정척도						
문항		매우 그렇다	대체로 그렇다	보통이다	대체로 그렇지 않다	전혀 그렇지 않다
		5	4	3	2	1
1	나는 확실히 하기 위해 정보를 항상 두 번 체크한다.					
2	정확한 사실에 기초해 의사결정 한다.					
3	논리적이고 체계적인 방법으로 의사결정 한다.					
4	신중한 사고를 통해 의사결정 한다.					
5	의사결정을 할 때, 특별한 목적에 따라 다양한 선택을 고려한 후 내린다.					
6	나는 본능에 따라 의사결정을 한다.					
7	나는 직관에 따라 의사결정을 한다.					
8	나는 나에게 옳다고 생각되는 의사결정을 한다.					
9	의사결정을 할 때, 합리적인 이유보다는 내가 옳다고 생각하는 것이 더 중요하다.					
10	나는 의사결정을 할 때, 스스로의 내적인 감정과 반응을 믿는다.					
11	중요한 결정을 할 때 다른 사람의 도움을 필요로 한다.					
12	다른 사람의 도움이나 상의 없이 중요한 결정을 내리는 일이 드물다.					
13	다른 사람의 도움을 받을 때, 중요한 결정을 내리기가 훨씬 쉽다.					
14	중요한 결정을 내릴 때 다른 사람의 의견을 이용한다.					
15	중요한 결정을 내려야 할 때, 다른 사람이 올바른 방향을 지도해 주기를 바란다.					
16	어떤 압력이 가해지기 전까지 중요한 결정을 내리는 것을 회피한다.					
17	가능하다면 중요한 결정을 내리는 것을 회피한다.					

	문항	매우 그렇다	대체로 그렇다	보통이다	대체로 그렇지 않다	전혀 그렇지 않다
		5	4	3	2	1
18	중요한 결정을 내려야 하는 시기가 올 때까지 항상 늦장을 부린다.					
19	항상 마지막 순간에 중요한 결정을 내린다.					
20	항상 중요한 결정을 미루는 편인데, 그것에 대해 생각하는 게 편하지 않기 때문이다.					
21	나는 결정을 빠르게 내리는 편이다.					
22	나는 순간적인 느낌에 의해 어떤 결정을 내린다.					
23	나는 순간적이고 빠른 결정을 내린다.					
24	나는 즉흥적인 결정을 내린다.					
25	나는 어떤 결정을 내릴 때, 그 순간 가장 자연스러운 것을 택한다.					

해석

유형	문항 수	문항 번호	평균(표준편차)*
합리적 스타일	5	1-5	3.62(0.54)
직관적 스타일	5	6-10	3.18(0.62)
의존적 스타일	5	11-15	3.36(0.64)
회피적 스타일	5	16-20	2.69(0.85)
충동적 스타일	5	21-25	3.07(0.78)

출처: 최지혜(2003). 사고 양식, 의사결정, 창의적 인성 간의 관계 연구. 숙명여자대학교 대학원 석사학위논문.

* 최상문(2007) 연구에서 유아교사들의 평균(표준편차) 점수임.

4. 유아에 대한 태도				
문항		그렇게 하지 않는다	그렇게 한다	항상 그렇게 한다
		1	2	3
1	친절하고, 따뜻하고, 애정이 깊다.			
2	유아 수준에서 상호작용을 하기 위해 낮게 구부린다.			
3	조절되고, 적절한 목소리를 사용한다.			
4	개인 유아에 대한 존중을 보여준다.			
5	발달 수준과 변화를 인식한다.			
6	독립심과 자립심을 격려한다.			
7	의사소통에서 자아 존중감을 촉진한다.			
8	문제 해결에서 중재를 제한한다.			
9	고정관념과 낙인을 피한다.			
10	긍정적인 행동을 강화한다.			
11	타임아웃의 사용을 최소한으로 한다.			
12	규칙적으로 유아들에 대한 관찰기록을 한다.			

출처: Sciarra, D. J. & Dorsey, A. G.(2002). *Leaders and supervisiors in child care programs*. NY: Delmar, Thomson Learning, Inc.

5. 유아 지도 기술

	문항	항상 그렇다 4	자주 그렇다 3	때때로 그렇다 2	드물게 그렇다 1	서술
1	유아들에게 감정을 표현하도록 제안한다.					
2	유아가 표현하는 감정에 반응하고 수용한다.					
3	자신과 다른 팀 구성원들을 위한 합리적인 제한을 설정하고 실행한다.					
4	유아에게 제공된 방향들을 추구한다.					
5	필요할 때 행동으로 하고, 비효율적인 언어적 지시를 사용하지 않는다.					
6	유아들의 놀이를 지배하지 않고 유아들의 놀이에 참여한다.					
7	유아들에 의해서 제공된 비언어적 단서를 정확하게 해석하고 반응한다.					
8	유아의 행동을 칭찬하여 적절한 행동을 강화한다.					
9	부적절한 행동을 무시하므로 잘못된 행동에 관심을 제공하지 않는다.					
10	일부 활동을 다룰 때도 전체 집단의 활동을 인식한다.					
11	적절한 행동을 강화하기 위해서 비언어적 기술을 사용한다.					
12	산만한 놀이와 말을 수용할 수 있는 표현 수단으로 바꿔 주고 들려준다.					
13	유아들에게 유아와 성인 양쪽에 수용될 수 있는 선택을 제공하고 유아의 결정에 동의한다.					
14	사회적 상호작용을 기르기 위해서 유아들 사이의 상호작용을 중재한다.					
15	유아들이 자신의 행동에 점차 책임감 있게 하기 위해서 안내 기술을 사용한다.					
16	문제를 예상하고 그것을 예방하기 위해서 계획한다.					
17	무례한 행동을 다루는 데 체벌이 아닌 방법을 사용하고, 유아의 자아 인식을 훼손하지 않는다.					
18	융통성 있는 안내 전략을 발달시킨다.					
19	유아들이 사회 규칙을 만들고 논쟁을 진정시키는 효과적인 방법으로 유아들을 안내한다.					
20	문제 상황을 피하지 않는다. 대안적인 아이디어를 생각하고 해결 방안을 실행하고 평가한다.					

출처: Sciarra, D. J. & Dorsey, A. G.(2002). *Leaders and supervisiors in child care programs*. NY: Delmar, Thomson Learning, Inc.

6. 교사-유아 상호작용

문항		그렇다	아니다
애정적	신체 접촉		
	눈 맞춤		
	유아 관찰		
	칭찬 격려		
참여적	질문, 제안, 설명		
	이야기 들어주기		
	책 읽어 주기		
	도와주기		
	질문에 답할 기회 제공		
	활동의 시범 기회 제공		
통제적	금지, 지시		
	위협		
	비난, 짜증		
방임적	유아의 요구에 무응답		
	멍하니 앉아 있기		

출처: 박선미(2005). 유아에 대한 교사의 호감도, 교사-유아 상호작용, 유아 행동에 대한 교사의 귀인 방식 연구. 이화여자대학교 대학원 석사학위논문.

7. 가정-교사 의사소통 평정척도

	문항	그렇게 하지 않는다	그렇게 한다	항상 그렇게 한다
		1	2	3
1	교사는 가정의 요구에 민감하다.			
2	교사는 가족과 의사소통을 시작할 수 있다.			
3	가족들은 교사에게 개인적 정보를 드러내는 것에 편안함을 느낀다.			
4	만약 문제가 나타나면, 정확하고 민감한 방법으로 가족들에게 통보한다.			
5	교사는 가족의 문제에 대해서 비밀을 유지한다.			
6	교사는 가족의 관심을 직접 불러일으킬 수 있는 이슈를 알고 있다.			
7	가족들에게 유아의 진보를 보여주는 충분한 정보를 정규적으로 제공한다.			
8	매 학년 동안 적어도 두 번의 공식적인 유아 평가를 가족들에게 제공한다.			
9	평가는 유아 성장과 진보에 초점을 둔다.			
10	교사는 각 유아의 가족을 위한 가족-교사 협의회를 준비하고 진지하게 수행한다.			
11	가능하다면, 유아들이 수행한 작업을 가족-교사 협의회에서 검토한다.			
12	가족들은 기관에 익명으로 피드백을 제공할 수 있다.			
13	가족의 피드백은 조심스럽게 검토되고 제공된 의견에 기초하여 변화를 만든다.			

출처: Arnold, M.(2005). *Effective communication techniques for child care*. NY: Tomson Delmar Learning.

8. 동료에 대한 태도와 기술				
문항		그렇게 하지 않는다	그렇게 한다	항상 그렇게 한다
		1	2	3
1	다른 사람들에게 친절하고 존중을 보인다.			
2	일을 공정하게 나누려고 노력한다.			
3	아이디어와 자료를 제공하고 공유한다.			
4	험담을 피하고 직접 의사소통한다.			
5	학습 태도에 대해서 비판주의로 접근한다.			
6	도움이 되는 방법을 찾는다.			

출처: Sciarra, D. J. & Dorsey, A. G.(2002). Leaders and supervisiors in child care programs. NY: Delmar, Thomson Learning, Inc.

9. 청취 능력 평가

	문항	매우 그렇다	대체로 그렇다	보통이다	대체로 그렇지 않다	전혀 그렇지 않다
		5	4	3	2	1
1	나는 결정하기 전에 모든 증거를 고려한다.					
2	나는 의사소통에서 말하는 사람의 감정에 민감하다.					
3	나는 창의적으로 일에 접근한다.					
4	나는 상대방이 말하는 것에 집중한다.					
5	나는 다른 사람이 의견을 말하도록 격려한다.					
6	나는 다른 정보와 아이디어가 서로 어떻게 관련되는지를 알 수 있다.					
7	나는 누군가가 이야기할 때, 내가 동의하든 안하든 전체 내용을 들을 수 있다.					
8	말하는 사람이 내가 이해했다는 것을 즉시 알게 한다.					
9	스트레스를 받는 상황에서도 나는 내가 말한 것을 기억한다.					
10	나는 발표에서 주요한 점을 인식하고, 세부적인 것에 의해서 분산되지 않는다.					
11	나는 말하는 사람의 얼굴 표정, 자세, 비언어적 행동을 알아차린다.					
12	나는 누군가가 나에게 이야기할 때 말한 것을 주의 깊게 듣는다.					
13	나는 누군가가 나에게 말하고 있을 때, 개인적인 관심을 보인다.					
14	나는 누군가가 내게 제공한 정보를 며칠 후에도 기억할 수 있다.					
15	나는 정보와 요청에 적시에 적절한 방법으로 반응한다.					
16	나는 말하는 사람이 접근했을 때 들을 준비가 되어 있다.					
17	나는 결론을 내리기 전에 모든 정보가 제시될 때까지 기다린다.					
18	나는 사람과 상황은 시간에 따라 변화된다는 사실을 인정한다.					

	문항	매우 그렇다	대체로 그렇다	보통 이다	대체로 그렇지 않다	전혀 그렇지 않다
		5	4	3	2	1
19	누군가가 나에게 이야기할 때, 나는 다른 사람의 대화, 시끄러운 주변, 전화에 의해서 산만해지지 않을 수 있다.					
20	나는 상황을 더 잘 이해하기 위해서 정보를 찾는다.					
21	나는 명확하고 직접적으로 의사소통한다.					
22	나는 세부적인 것에 반응하기보다는 메시지의 주요한 점에 초점을 둔다.					
23	나는 나와 다른 관점을 존중한다.					
24	나는 지난 주나 한 달 전에 일어났던 일들의 세부적인 것을 기억한다.					
25	나는 말하는 사람이 방해받지 않고 이야기하게 한다.					
분석	집중: 4, 12, 13, 16, 19 이해와 해석: 2, 10, 11, 22, 25 분석과 평가: 1, 7, 17, 18, 23 반응: 5, 8, 15, 20, 21 기억: 3, 6, 9, 14, 24	20~25 점: 우수한 청취력 15~20 점: 적절한 청취력 10~15 점: 청취력의 문제				

출처: Fritz, S., Brown, F. W., Lunde, J. P., & Banset, E. A.(1999). *Interpersonal skill for readership*. NJ: Printice Hall.

저자 소개

최일선

이화여자대학교 사범대학 유아교육과(문학사)
이화여자대학교 일반대학원 유아교육과(문학석사, 문학박사)
현재 경인교육대학교 유아교육과 교수
저서 『유아교육기관에서의 유아생활지도』
『유아사회교육』
『유아교육개론』

조운주

이화여자대학교 사범대학 유아교육과(문학사)
이화여자대학교 일반대학원 유아교육과(문학석사, 문학박사)
현재 국립 한국교통대학교 유아교육과 교수
저서 『유아교육기관에서의 유아생활지도』
『유아사회교육』
『반성적 실천을 위한 유아교육실습』

5판

유아교육 평가의 이론과 실제

초 판 1쇄 발행 2010년 8월 14일
초 판 2쇄 발행 2012년 3월 8일
개 정 2쇄 발행 2014년 2월 24일
제3판 1쇄 발행 2016년 8월 30일
제4판 1쇄 발행 2018년 1월 30일
제5판 1쇄 발행 2020년 9월 4일

지은이 | 최일선 · 조운주
펴낸이 | 김기섭
편집인 | 이윤희
펴낸곳 | 창지사 www.changjisa.com
08589 서울시 금천구 가산디지털 1로 83 파트너스타워 1차 9층
전화 (02) 719-2211~3
팩스 (02) 701-9386
등 록 | 1977년 4월 28일 · 제1-421호

ISBN 978-89-426-1378-6 (93370)

값 19,000원

이 도서의 국립중앙도서관 출판예정도서목록(CIP)은 서지정보유통지원시스템 홈페이지(http://seoji.nl.go.kr)와 국가자료공동목록시스템(http://www.nl.go.kr/kolisnet)에서 이용하실 수 있습니다.(CIP제어번호: CIP2020036597)